本书由国家体育总局资助出版

中国体育
法治发展报告

(2020)

马宏俊 主编

中国政法大学体育法治研究基地

北京大学出版社
PEKING UNIVERSITY PRESS

图书在版编目(CIP)数据

中国体育法治发展报告. 2020 / 马宏俊主编. —北京：北京大学出版社，2021.12

ISBN 978-7-301-32846-0

Ⅰ.①中…　Ⅱ.①马…　Ⅲ. ①体育法—研究报告—中国—2020
Ⅳ. ①D922.164

中国版本图书馆 CIP 数据核字(2022)第 005384 号

书　　名　中国体育法治发展报告（2020）
ZHONGGUO TIYU FAZHI FAZHAN BAOGAO(2020)
著作责任者　马宏俊　主编
责任编辑　李　娜
标准书号　ISBN　978-7-301-32846-0
出版发行　北京大学出版社
地　　址　北京市海淀区成府路 205 号　100871
网　　址　http://www.pup.cn　http://www.yandayuanzhao.com
电子信箱　yandayuanzhao@163.com
新浪微博　@北京大学出版社　@北大出版社燕大元照法律图书
电　　话　邮购部 010-62752015　发行部 010-62750672
编辑部 010-62117788
印 刷 者　北京市科星印刷有限责任公司
经 销 者　新华书店
730 毫米×1020 毫米　16 开本　19.5 印张　253 千字
2021 年 12 月第 1 版　2021 年 12 月第 1 次印刷
定　　价　69.00 元

致谢:国家体育总局、中国法学会体育法学研究会

编 委 会

编写说明

2020年是“十三五”发展规划的总结之年，“十四五”体育发展规划的编制之年，是贯彻落实党的十九届四中、五中全会精神，全面落实体育强国建设纲要的开局之年，同时也是我国体育事业发展极为艰难的一年。年初，新冠肺炎疫情在武汉等地先后暴发，为防控疫情采取必要管控措施，群众体育、竞技体育、体育产业及体育文化等都受到较大影响。尽管如此，我国体育法治在2020年仍然取得了长足发展，体育法律规范体系得到进一步完善，为依法治体、依法行政提供了重要保障；体育执法工作日趋规范，体育行业协会治理进一步深入，体育行政部门和各级各类体育行业协会的职责更加清晰；反兴奋剂法治建设取得突出成绩，有效保障了重大赛事的举办；体育法治应急能力在突发事件中得到增强，保障了体育赛事、体育文化活动的开展；体育法理论研究成果丰硕，促进了体育法治的规范化、科学化和体系化。

与此同时，也仍然存在发展和进步的空间。虽然体育法律、法规、规范性文件数量庞大，但效力层级普遍不高，体育立法质量尚需提升，法律规范之间的衔接有待进一步研究设计；体育法治监督体系存在行业标准建设不健全、运行机制不规范不透明、政社不分、运动员属性不清晰等问题。就体育法治保障而言,我国的体育法学还属于一门新兴学科,不论是理论基础还是法律实务都尚有欠缺。一方面,体育法学论文鲜见刊发于权威法学期刊;另一方面,高层次的应用型、复合型、国际型体育法治人才急缺,鲜有能够深度参与国际体育活动的体育法治领军人才,难以在国际体育规则制定、体育纠纷协调解决中发挥独到作用。整体上,在国际层面话语权不大,与我国目前体育大国的地位极不相符。在法治宣传方面,依旧力度不足,部分规则仅存在于体育行业内部,整个社会对于体育法学的认知尚浅,规则意识不强。

本书是“中国体育法治蓝皮书”系列的第二本,是在《中国体育法治发展报告(1949—2019)》(以下简称“第一本”)的基础上,通过对我国2020年体育法治发展状况进行年度监测,以及从权威机构获得相关资料,对数据资料进行分析,得出结论并给出对策建议,形成9份具备原创性、实证性、专业性的研究报告。

本书保留了第一本中的中国体育法治发展概况和中央体育立法发展报告,并形成年度报告;将第一本中的地方体育立法发展报告改为《地方体育法治建设报告(2020)》;将国家体育行政部门改革发展报告、地方体育行政部门改革发展报告合并为《体育行政部门依法行政报告(2020)》;将体育行业协会改革发展报告、体育行业协会规则发展报告合并为《体育行业协会治理报告(2020)》;将体育纠纷行政解决发展报告、体育纠纷司法解决发展报告、体育仲裁制度发展报告、我国体育行业协会纠纷解决机制发展报告等4份报告合并为《体育纠纷解决机制建设报告(2020)》;将奥运会法律事务发展报告、亚运会法律事务发展报告、其他重大赛事法律事务发展报告等3份报告合并为《重大赛事法律事务分析报告(2020)》;将体育法学研究领域发展报告、体育法学学术组织发展报告、体育法学学术活动发展报告、体育法学研究项目发展报告等4份报告合并为《体育法学研究报告(2020)》;新增《反兴奋剂法治建设报告(2020)》。第一本中的体育标准法治发展报告、体育普法发展报告将根据体育法治年度或者阶段发展情况,未来将以专题报告方式呈现。以后年度体育法治发展报告将包括1个总报告,7个分报告(主题分别为体育立法、体育依法行政、体育行业协会治理、体育纠纷解决机制建设、反兴奋剂法治建设、重大体育赛事法律事务分析、体育法学研究)。

“知易行难”,“中国体育法治蓝皮书”系列已出版两本,“筑路式”研究已具航标,我们携手诸位法学专家,关注体育法治状况,发布最新研究成果,继续出版具有连续性、前沿性、时效性的公开出版物。

马宏俊

2021年11月

专题报告及作者

《中国体育法治发展概况(2020)》,马宏俊、罗小霜、宋雅馨

《中央体育立法发展报告(2020)》,袁钢、孔维都

《地方体育法治建设报告(2020)》,陈华荣、王桢、张健、帖宝婷

《体育行政部门依法行政报告(2020)》,张鹏、刘韵

《体育行业协会治理报告(2020)》,张笑世、宋彬龄

《体育纠纷解决机制建设报告(2020)》,赵毅、徐士韦、陶然

《反兴奋剂法治建设报告(2020)》,姜涛、李真、张肇廷

《重大赛事法律事务分析报告(2020)》,董金鑫、熊瑛子

《体育法学研究报告(2020)》,周青山、张于杰圣、敖忠

要　目

总报告

分报告

体育立法篇

体育行政篇

体育纠纷解决篇

体育赛事篇

体育法学研究篇

详　目

总报告

分报告

体育立法篇

体育行政篇

体育纠纷解决篇

体育赛事篇

体育法学研究篇

总报告

中国体育法治发展概况(2020)

一、中国体育法治发展年度概况

自改革开放以来,中国的体育事业获得了长足的进步,在党中央和国务院的领导下,全国体育系统坚决贯彻落实依法治国的重大战略,持续推动体育领域依法行政和依法治理建设走向深入。2020 年是“十三五”体育发展规划的总结之年,也是“十四五”体育发展规划的编制之年,同时是贯彻落实党的十九届四中、五中全会精神,全面落实体育强国建设纲要的开局之年。国家体育总局(以下简称“体育总局”)印发的《体育强国建设纲要》要求我国“到 2020 年,建立与全面建成小康社会相适应的体育发展新机制,体育领域创新发展取得新成果,全民族身体素养和健康水平持续提高,公共体育服务体系初步建立,竞技体育综合实力进一步增强,体育产业在实现高质量发展上取得新进展”。体育事业的腾飞离不开体育法治的促进与保障,2020 年中国体育法治发展迅速,具体体现如下:

(一)体育法律规范体系得到完善

要实现依法治体,全面完善的体育法律法规和政策性文件不可或缺。根据《现行有效的体育法律、法规、规章、规范性文件和制度性文件目录》,截至 2020 年 12 月 31 日,我国共有体育法律 1 部,行政法规 7

部,中央与国务院文件30件,部门规章29件,规范性文件175件(其中包括群众体育30件、竞技体育15件、青少年体育15件、体育经济30件、劳动人事40件、其他文件45件),地方性法规、规章和规范性文件264件,总局制度性文件72件。由此可见,我国已经形成较为完善的体育法律规范体系。

2020年,我国积极推进体育法律规范的立、改、废、释工作。2020年1月1日起,体育总局印发的《体育规划管理办法》正式施行,意在推动体育规划工作科学化、民主化、法治化、规范化,充分发挥规划在推进体育强国建设和实现体育治理体系和治理能力现代化进程中的战略引领作用。体育规划的法治化使得体育法治得到进一步发展,权威性和公正性都有所提升。体育总局办公厅进一步印发《2020年全国体育政策法规规划工作要点》,明确规定了要加强体育法治建设的基本目标,并详细拟定《国家体育总局2020年度法规、规章和规范性文件制定计划》。2020年,我国起草了体育行政法规1部、国务院办公厅文件2部、部门规章1件、规范性文件4件。同时,积极推动修订《中华人民共和国体育法》(以下简称《体育法》)、《反兴奋剂条例》《航空体育运动管理办法》《健身气功管理办法》等重要的体育法律文件。

除了体育领域的法律规范,2020年我国更加重视体育法律配套制度的完善,修订了《中华人民共和国刑法》,兴奋剂正式入刑,宣告了我国体育法治的重大进步;对接了国际奥委会标准,体现了中国积极回应国际组织要求的大国担当和负责任的态度;同时推动修订《反兴奋剂管理办法》以实现反兴奋剂的"行刑对接",在处罚体系、责任体系上进行了对接,使得构成犯罪的行为被追究刑事责任有了实实在在的刑法依据,是我国体育法治发展的一大飞跃。

2020年,我国进一步完善法规、规章和规范性文件清理长效机制,经2019年12月20日第16次局长办公会审议通过,废止《国家体育总局关于运动项目管理中心工作规范化有关问题的通知》等13件规范性文件,对不符合深化体育体制机制改革要求、不符合奥运备战工作实际、不符合新时代经济社会发展和当前体育强国建设需要的文件开展了集中处理。

体育事业不断发展的过程,也是体育法治不断实践、不断完善的过程。体育法治为体育事业的健康发展提供了重要的保障作用,体育法律规范体系的完善同时促进了依法治体,为有法可依、依法行政提供了重要条件,是中国体育法治的重要内容。

(二)体育法治理论研究进一步发展

法治的发展无法脱离科学完善的理论研究,理论研究能够促进体育法治的规范化、科学化和体系化。2020年,我国的体育法治理论研究取得了极大的进展。体育法学界对体育法学的内涵、研究对象、内容结构体系、体育法的本质特征等基础理论的研究进一步加深,学者出版多部体育法学学科理论教材及体育法学领域著作,发表体育法学相关论文数百篇。实践中,体育行政部门也逐渐将法学理论应用于实践之中,如在参评体育总局政策法规司积极开展的决策咨询研究项目的63个项目中,关于体育法治、体育制度、体育政策的重大项目有2个,重点项目有8个,一般项目有4个。这些项目已经顺利结项,建立了体育决策咨询项目成果库和体育行政执法案例库,将体育法治建设的研究成果和实践经验提供给各级体育部门和体育工作者使用。体育总局还积极组织开展中国法学会体育法学研究会的换届工作,为体育法治理论研究的人才基础提供了坚实的保障。体育法学研究队伍逐步壮大,研究活动更加活跃,研究成果更加贴近体育实践需要,对外体育法学学术交往愈显活力。

(三)体育执法工作日趋规范

自《体育法》实施以来,我国已经初步形成了包括行政处罚、行政复议、行政诉讼和国家赔偿制度在内的体育执法监督、检查制度,以及上下衔接、公开透明、协调有序的体育执法机制。

2020年,我国的体育行政执法更加规范,职权更加清晰。2019年12月,体育总局印发《关于进一步加强和规范体育领域事中事后监管的若干意见》,明确了体育部门的监管职责,进一步加强和规范体育领域事中事后监管工作,要求各级体育行政部门明确监管主体,落实监管责任,梳理监管事项,完善监管制度,创新监管方式,形成监管合力,强化组织保障,全面提升水平。这一规定对强化体育执法监督,明确各相关部门和各级体育行政部门的监督职能具有重要意义,同时有利于积极推动地方体育执法,促使相关部门积极协商,推进将体育执法纳入综合执法范畴的工作进程。体育总局在各地开展体育行政系统的执法培训,围绕落实行政执法的"三项制度"和规范性文件合法性审查制度,推动了地方体育执法工作的有效开展。

体育领域"放管服"改革进一步深化,体育总局清理全部非行政许可审批事项;设立行政审批办公室,严格做好行政审批工作,确保"零超时";在国家"互联网+监管"平台公布体育系统监管事项目录清单和行政检查事项实施清单;推行体育涉企经营事项"证照分离"改革;清理体育领域证明事项;积极推动公共体育服务事项全公开;落实取消商业性和群众性体育赛事活动审批要求,加强体育赛事活动的监管和服务;颁布《体育赛事活动管理办法》,取消商业性和群众性体育赛事审批,激发社会与市场活力;推进行政决策法治化,规范规章和规范性文件制定程序;落实政府法律顾问制度,为总局重大决策、重大行政行为提供法律咨询意见及法律服务;依法有效化解体育领域社会纠纷,进一步实现了政府体育职能的转变,积极推进了法治政府建设,取得了良好成效。

相比2019年,体育总局向省、市、县体育主管部门多下放五项行政许可事项,这使得体育行政审批制度改革得到进一步深化。根据国家发改委、民政部等十部门印发的文件精神,体育总局按照"五分离、五规范"的改革要求,有序推进了体育协会的脱钩工作,并且已于2020年底基本完成。同时,实现了行业协会商会的职能分离和人员管理分离,尽可能排除行政对体育行业的不合理干预,这对体育行业的发展具有重要的促进作用。

(四)体育法治宣传成效显著

2020年我国体育法治宣传收效显著。2020年是我国法治宣传教育第七个五年规划(2016—2020年)的最后一年,在这一年里,我国加强法治宣传教育和培训,不断强化各级体育部门领导干部和体育工作者的法治观念。贯彻落实"谁执法谁普法"的普法责任制,坚持系统内普法与社会普法并重的基本原则,各级体育行政部门都将普法工作纳入其工作的总体布局中,制定了本部门普法规划、年度普法计划和普法责任清单。例如,为推动体育执法与体育普法相结合,体育总局先后出版了《体育法规知识讲座》《运动员普法手册》《〈中华人民共和国体育法〉学习辅导材料》等10余部普法读物,多次与新闻媒体联合举办体育法知识竞赛和有奖征文活动,形成了全社会宣传学习体育法律法规的良好氛围。

(五)体育法治应急能力增强

2020年暴发的新冠肺炎疫情使得国内的各项工作停滞不前。疫情防控下的体育法治发展,显示出了我国体育法治优秀的应急能力和应变能力。

在公共体育层面,2020年4月1日发布教育部应对新冠肺炎疫情工作领导小组办公室《关于新冠肺炎疫情期间暂停恢复大型体育活动和聚集性活动的通知》,2020年5月12日发布教育部应对新冠肺炎疫情工作领导小组办公室《关于在常态化疫情防控下做好学校体育工作的指导意见》,要求各地体育行政部门结合当地实际,推出简便易行、科学有效的居家健身方式,积极上线"防控疫情,居家健身方法检索平台",通过鼓励居家健身兼顾疫情防控和群众体育事业发展。

在竞技体育层面,严格国家队驻训基地的疫情防控管理,完善保障措施,在满足疫情防控需求的同时备战东京奥运会。疫情得到缓解后,能够根据各地的疫情情况继续举行体育赛事和开展群众性体育活动,体现了我国体育法治杰出的应变能力。

总体而言,我国的体育法治在2020年度取得了很大发展,但仍然存在进步的空间。就目前而言,虽然我国已经形成了较为完善的体育法律规范体系,体育法律法规和规范性文件数量庞大,但法律效力层级不高,体育法律仅有1部,行政法规仅有7部,其他的都是部门规章和政策性文件。此外,体育立法质量还需要进一步提升,法律规范之间的衔接还需进一步研究探讨;体育法治监督体系存在行业标准建设不健全、运行机制不规范不透明、政社不分、运动员属性不清晰等问题。就体育法治保障而言,我国的体育法学还是一门新兴学科,不论是理论基础还是法律实务都尚有欠缺。另外,体育法治高端人才短缺,能够从事国际体育法治事业的体育法律人才更少,导致我国在某些国际体育案件中无法占据优势,国际层面话语权不大,与我国目前体育大国的地位不相符。在法治宣传层面,体育法治宣传力度依旧不足,部分规则仅被体育行业内部所熟知,整个社会对于体育法学的认知尚浅。

二、中国体育法治立法概况

随着依法治国和建设体育强国的全面推进,我国体育事业进入蓬勃发展时期,各部门对于体育法治工作的重视程度也不断提高。体育总局政策法规司有关立法数据显示,目前中国体育法治状况主要存在法律文件层级较低,集中于部门规章和规范性文件,唯一的部门法《体育法》久未修改、滞后于目前的社会体育发展现状等问题。2020 年 1 月体育总局政策法规司发布了《国家体育总局 2020 年度法规、规章和规范性文件制定计划》,体育总局 2020 年度计划完成 31 项法律文件的起草和修订工作。

(一)兴奋剂违规行为入刑

世界反兴奋剂机构诉孙杨兴奋剂违规案是体育法真正进入中国大众视野的第一案,这一事件在某种意义上提高了人们对于兴奋剂违规行为的重视程度,引起了体育界、法学界甚至普通人对于兴奋剂问题的关注和思考。

兴奋剂违规行为在国际体育领域屡禁不止,兴奋剂违规行为不仅对运动员身体健康造成损害,而且扰乱了公平公正的体育秩序。随着兴奋剂使用日益猖獗,国际体育领域对这一违规行为的打击力度也不断加强,一些国家如德国、意大利已经采取将反兴奋剂规定写入刑法的方式来打击这一行为。

2020 年 1 月 1 日,最高人民法院发布的《关于审理走私、非法经营、非法使用兴奋剂刑事案件适用法律若干问题的解释》(以下简称《反兴奋剂刑事司法解释》)正式生效实施,这一法律文件表明了我国正式将反兴奋剂写入刑事司法,对兴奋剂的源头进行严格管控,惩治体育运动中非法使用兴奋剂的行为,并进一步落实兴奋剂监管责任。《反兴奋剂刑事司法解释》虽然主要规范的是生产经营、弱势群体保护、社会公共秩序管理等领域中的兴奋剂违法行为,并未明确规制竞技体育中运动员服用兴奋剂的行为,也没有创设新的罪名和明确具体实施操作,但是对维护体育竞赛的公平竞争依然起到了强有力的作用,也有力地打击了兴奋剂违规行为,从法律制度上有力地保障了体育竞技场上的公平竞争和体育运动员的身心健康,有利于推动体育事业的可持续发展。

2020年9月10日,反兴奋剂中心发布了《反兴奋剂规则(征求意见稿)》,正式的《反兴奋剂规则》文件也在2020年12月28日正式发布。此文件主要细化了实际操作中的程序规范,体现了适应国际反兴奋剂工作的发展趋势,配合将于2021年1月1日起生效的《世界反兴奋剂条例》,争取进一步规范体育运动中的反兴奋剂工作,彰显公平、公正、真实、拼搏的体育运动精神,同时能够更好地保护运动员的人身权利和心理健康。9月22日,习近平总书记作出重要指示,坚决推进反兴奋剂斗争,强化拿道德的金牌、风格的金牌、干净的金牌意识,坚决做到兴奋剂问题"零出现""零容忍"。这一重要指示也体现了中共中央对体育领域兴奋剂问题的高度重视,兴奋剂问题关乎我国体育大国的国际形象,必须认真严肃对待。

同年12月26日,《刑法修正案(十一)》中将"妨害兴奋剂管理罪"写入刑法,这是反兴奋剂问题在立法层面上的重大突破。修正案针对三类严重的兴奋剂违规行为进行专门规定,包括引诱、教唆、欺骗使用兴奋剂罪,非法提供兴奋剂罪和组织、强迫使用兴奋剂罪。不同于之前司法解释重在打击兴奋剂源头,这次主要针对妨害兴奋剂管理的行为,重点打击引诱、教唆、欺骗运动员使用兴奋剂的人员,包括背后的团队成员、辅助人员等作出的妨害兴奋剂管理的行为。刑法本具有谦抑性和制裁手段严厉性,如果不是因为行政处罚、民事处罚难以震慑兴奋剂违规问题,也不必采用刑罚进行解决。对于兴奋剂违规问题,刑罚作为最后的防线,在《刑法修正案(十一)》中得以采用,体现了我国对于解决这一问题的决心和信心,有利于维护体育运动公平竞争的初心和纯洁性,也保护了体育运动员的身心健康和公平竞争的权利。

(二)《民法典》对中国体育法治的影响

2020年5月28日,第十三届全国人民代表大会第三次会议表决通过了《中华人民共和国民法典》(以下简称《民法典》),并决定其于

2021年1月1日起生效。民法典作为“社会生活的百科全书”,是市场经济的基本法,是民事权利保护的宣言书,是民事立法的集大成者。它的颁布在我国法治建设历史上具有里程碑意义,是新时代我国社会主义法治建设的重大成果,必将对我国法治国家、法治政府、法治社会建设带来更积极、更全面、更规范的影响,也会对坚持和完善中国特色社会主义制度、推进国家治理体系和治理能力现代化,保障人民群众美好幸福生活提供充分的法律保障。

同样,《民法典》与我国体育法治息息相关,法学界与体育学界随即也开展了关于《民法典》对体育法治影响的学术研讨,不少学者和业界专家纷纷提出自己的看法。《民法典》从多方面体现出法律对体育事业发展的私法关怀。民法作为私法,其实在某种意义上也调整着体育法律关系,有助于优化体育产业的规则意识,解决目前存在的一些体育纠纷,从制度设计层面引导体育法的发展和完善,也有利于体育活动的规范发展。

例如,《民法典》第496条至第498条规定了格式条款的内容。在体育运动中,许多俱乐部与其成员之间签订的雇佣合同都会涉及格式条款问题,法律通过规定格式条款无效的几种情形,以及强制规定合同提供方的提示和说明义务,来尽可能地保障运动员一方的权利,保障相对而言处于弱势地位的运动员的利益,从而在俱乐部和运动员之间的权利保障中寻求平衡点。

此外,《民法典》第1176条规定了文体活动中的自甘风险免责条款,也是2020年中国体育法治的热点之一。体育活动中由于存在一定的肢体对抗,难以避免地存在着固有风险,如果将这种固有风险一概地归因于其他参加者,那么人们在体育活动中就难以全身心投入,参加体育活动的积极性也会大打折扣。正因如此,立法者将自甘风险原则写入《民法典》,这主要是考虑到除一般的体育活动以外,近年来逐渐兴起的户外探险等活动也存在类似风险。此处的风险包括竞技体育活动中运动员之间的伤害、看台上的观众因观看比赛遭受伤害、户外探险活动中“驴友”受到伤害等多种活动风险。运用自甘风险原则,需要满足四个构成要件:结合主客观条件可以判断出受害人明知活动风险的存在;受害人在参加这一活动时具有自愿性;造成的风险是参加这一活动本身可以预见虽不确定但难以避免的固有风险;活动中的其他参加者无故意和重大过失。如此一来,免除了其他参加者对活动固有风险的责任承担,能够更好、更公平地定分止争,让人们在参与文体活动时能更全身心投入其中,活动组织者也不必因为害怕承担过高的风险而畏首畏尾,从长远角度看自然有利于体育事业的发展。

除了自甘风险原则,《民法典》中对以往公平责任的限缩、严格适用对于体育活动的发展也产生了不小的影响。在《民法典》出台以前,法官在司法实践中对公平责任的适用享有事实上的自由裁量权,并且从以往的司法案例来看,在学校、其他组织者组织的体育活动中,考虑到受害人及其家庭的心情,为了维护社会秩序,哪怕学校和活动组织者并没有过错,法官往往也会倾向于适用公平责任让其承担一定的赔偿责任。《民法典》实施以后,对于学校和体育活动组织者而言,只要其尽到了合理的安全保障义务,自身没有过错,法官不能再无条件地适用公平责任而判其承担责任。结合《民法典》第 1198 条关于安全保障义务的规定,以及第 1199 条和第 1200 条对学校注意义务的规定,目前在学校体育这方面已经形成了较为完善的法律规定,能够在一定程度上改善学校因为害怕承担过高的责任而不敢、不愿意开展更多的校园体育活动的现状,对于学校体育的发展将起到良好的推动作用,能够进一步促进体育事业的稳步发展。

由此可见,《民法典》从格式条款、自甘风险原则的立法、公平责任适用的法律限制、安全保障义务等多方面对体育活动产生影响,从而更好地保护体育运动员的权利,更好地平衡体育活动组织者和运动员之间的利益,为体育运动的顺利开展打好基础,有利于体育事业的发展和进步。

(三)《著作权法》与体育知识产权保护

2020年11月11日,第十三届全国人民代表大会常务委员会第二十三次会议正式通过了修改《中华人民共和国著作权法》(以下简称《著作权法》)的决定,并自2021年6月1日起施行。新修正的《著作权法》第3条将原来的电影作品和以类似摄制电影的方法创作的作品改为"视听作品",这一改变将影响体育赛事节目的定性,进而对体育赛事法治问题产生影响。体育赛事节目究其本质和产业获利权有关,但是《体育法》并没有对此进行规定,以前的《著作权法》对此也没有进行专门规定,导致有关体育赛事节目的保护处于立法空白的窘境中。在以往的司法案例中,法官只能从独创性要求出发进行个案判断,但实质上从法理角度看还是有些许牵强,以及存在难以举一反三的弊病。

例如,2020年7月8日,杭州互联网法院作出了该院第一例涉及体育赛事节目的案例宣判。该院认为该案中的体育赛事节目因为已经达到独创性程度要求,所以属于《著作权法》(2010年)第3条规定的"以类似摄制电影的方法创作的作品"。当然其他体育赛事节目是否构成"以类似摄制电影的方法创作的作品"还需要针对个案中的节目拍摄方式、镜头选择、呈现方式等多种因素进行具体分析和判断,不能一概而论。盗播赛事使节目版权方受到严重的打击,进而也会影响体育赛事行业的发展,影响体育事业的健康发展。2020年9月北京市高级人民法院对凤凰网中超联赛转播案的再审判决,采用"独创性有无"的判断标准,认定该案中的体育赛事节目构成"以类似摄制电影的方法创作的作品",虽然对于体育赛事节目的转播权起到了保护作用,但对独创性要求的弱化还是存在著作权法上的争议。不可否认的是,这一再审判决成为体育知识产权保护中的重要事件,凸显了当今社会应该持有的对体育知识产权保护的重视态度。

新修正的《著作权法》明确了视听作品的法律概念,虽然对其范围界定尚未有定论,依然存在边界模糊的问题,但这一修正实质上为体育赛事节目的保护开辟了新道路,并且通过将广播电台和电视台有权禁止未经许可的行为范围扩大到包括第三人通过信息网络进行传播的行为,有利于改善互联网快速发展的环境下体育赛事直播节目经常被侵权传播的现状。

(四)司法建议书

当前我国体育事业和法治事业蓬勃发展,在总体趋势向好向上的同时,由于越来越多的体育纠纷无法得到及时有效的解决,体育纠纷中的当事人陷入"欲告无门"的窘境,运动员的体育权利难以得到切实有效的保护。

2012年8月4日,大连万达公司与足球运动员王某签约,约定该球员作为大连万达公司的注册业余球员出国接受相关足球培训,后来王某未经公司批准擅自加入国外某一足球俱乐部。双方因此发生纠纷,万达公司一方主张王某的行为构成合同违约,并给公司造成了极大的损失,要求王某对此进行赔偿并支付违约金。后来在北京市朝阳区人民法院的调解下,双方自愿达成调解协议。

在该案审理过程中,北京市朝阳区人民法院发现当前我国司法实践中对于体育纠纷的管辖存在空白,并于2020年5月19日分别向体育总局和中国足球协会(以下简称"中国足协")发送司法建议,建议加快推进建立专门体育仲裁制度;在体育仲裁制度建立前,体育总局应当加强对各体育协会的监督指导;要求各体育协会不得限制其会员单位或运动员就体育纠纷向人民法院起诉的权利。体育总局对北京市朝阳区人民法院的司法建议高度重视,表示会配合全国人大及其常委会推动修法工作,加快建立体育仲裁制度和专门的体育仲裁机构,并在指导中国足协的基础上加强对全国性单项体育协会相应的监督指导。

从现有的体育法律体系来看,我国《体育法》中虽然规定由体育仲裁机构负责处理体育纠纷,但目前我国实际上还没有建立专门的体育仲裁机构,当事人陷入了事实上求助无门的困境。此外,部分体育协会发布的文件(比如中国足协)规定了“不得将争议诉诸法院”和“一裁终局”的原则,但从法理上看这些协会下设的仲裁委员会并非法律规定的仲裁机构,并无法律上仲裁机构所享有的一裁终局的权力,所以这些规定的合法性存疑,也不利于保护当事人的诉权,当事人若选择诉诸法院,协会对此并无法律约束力。

在法律发展的长河中,实践中典型的司法案例有助于推动停滞的制度改革。随着体育纠纷的增多和人们权利意识的增强,推动我国独立体育仲裁制度的建立已经是难以回避的问题,体育总局应主导推动体育仲裁制度的建立,同时强调通过仲裁员选派机制保证体育仲裁机构的独立性。

(五)其他体育法治立法性事件

2020 年 4 月 21 日,体育总局发布《关于进一步健全机制充分发挥法律顾问作用的意见》,明确各机构、全国性单项体育协会组织要完善法律顾问聘用制度,明确法律顾问的工作职责,健全法律顾问使用机制,以期真正发挥出这一制度的实际功效,提高依法治体的水平,促进体育治理体系和治理能力的现代化。

2020 年在新冠肺炎疫情的大背景下,我国体育法治领域有不少文件和疫情形势息息相关,随着疫情形势的变化,对于体育活动和健身场所的限制举措也发生变化。如,4 月 6 日,国务院在《国务院应对新型冠状病毒感染肺炎疫情联防联控机制关于进一步做好重点场所重点单位重点人群新冠肺炎疫情防控相关工作的通知》中要求暂不开展如马拉松长跑等大型聚集性体育活动,对此类体育活动进行临时的管控限制。后来随着疫情形势的好转,4 月 21 日北京市体育局印发了《北京市体育健身场所新冠肺炎疫情常态化防控指引》,北京市体育局表示可在疫情防控原则的基础上有序开放体育健身场所,但对体育场所开放的条件和顺序进行了具体规定。5 月 29 日体育总局发布《体育总局统筹推进新冠肺炎疫情防控与体育工作领导小组关于有序恢复体育赛事活动的指导意见》,明确在疫情防控常态化背景下的中超赛事恢复标准,防控方案必须通过审核评估,体育赛事活动的恢复将根据疫情形势的变化进行动态调整,在防控基础上组织体育赛事活动,丰富人民的体育文化活动。2020 年夏季北京疫情反弹,6 月 17 日北京市体育局再次紧急发布了《关于暂停体育赛事活动举办和部分体育健身场所开放的紧急通知》,暂停开展有关赛事活动,并关停一些健身场所。后来随着国内疫情形势逐渐稳定,7 月 6 日体育总局又发布《科学有序恢复体育赛事和活动推动体育行业复工复产工作方案》,要求科学合理地进行体育产业的复工复产,推动体育活动和相关赛事重新开展。

2020 年 5 月 1 日起,体育总局制定的《体育赛事活动管理办法》正式生效,该办法主要是为了对体育赛事活动进行科学规范的管理,以促进体育运动的可持续发展。该办法着重明确体育赛事活动中应坚持政府监管和行业自律相结合,明确了体育赛事名称的规范性使用,规定了目前少数特殊的仍需报批的体育赛事活动的申办和审批程序,保护活动组织者的合法权益,保护活动相关的无形资产权利。此外,该办法进一步明确了相关部门和协会应提供指导和服务,维护活动秩序,平衡各方合法权益并出台具体举措,最后还明确规定了相应的法律责任,为体育赛事活动的开展提供了较为全面的管理原则和措施,有利于体育事业的健康发展。

由于新冠肺炎疫情,职业联赛被迫延期,许多足球俱乐部难以正常运营,入不敷出,对足球产业造成巨大冲击。2020 年 5 月 8 日,中国足协根据国际足球联合会(以下简称“国际足联”)《关于应对新冠疫情足球管理问题指南》发布限薪令,建议俱乐部和球员通过工会就薪酬调整方案进行协商,建议降薪的参考比例为 30%至 50%,确保手续完备,规定降薪争议由中国足协仲裁委员会负责审理和裁决。限薪令的目的是维持职业俱乐部的运营,但是在实际操作上存在着法理和情理上的难题,比如其制定过程中合法性有所缺失,该倡议也有可能涉嫌违反反垄断法,在实际操作过程中也可能出现阴阳合同、隐性利益等诸多问题。

2020 年 6 月 11 日,体育总局、教育部、公安部、民政部、人力资源和社会保障部、卫生健康委等八部委发布《关于促进和规范社会体育俱乐部发展的意见》,全面支持社会体育俱乐部有序发展并努力突出其发展重点,规范培训行为,强化监督管理,进一步促进全民健身、竞技体育和体育产业发展。

2020 年 9 月 30 日,北京市体育局发布《关于促进全民健身和体育消费推动体育产业高质量发展的实施意见(征求意见稿)》,该文件主要是为了响应重视体育产业发展的政策要求,解决体育市场活力仍不充分、全民健身供给侧发展不足、体育产业发展不平衡等难点问题,进一步激发民众健身锻炼的愿望和需求,刺激消费热情,带动体育产业持续发展,也为 2022 年冬奥会的筹备提供支持,并以此为契机进一步发展冰雪运动。

2020 年 9 月 30 日,国务院办公厅发布《关于加强全民健身场地设施建设发展群众体育的意见》,进一步贯彻了我国全民健身战略构想,在新冠肺炎疫情防控的大背景下,呼吁人们加强健身,努力形成全民参与体育健身活动的良好氛围,完善全民健身的顶层设计,增加健身设施供给,满足群众体育健身的需求,并对其进行科学指导。

总体来看,2020 年虽然处于新冠肺炎疫情防控的大背景下,体育运动以及体育赛事被迫缩减,但这一年度中国体育法治依然在稳步发展,虽然《体育法》仍未进行正式的修订工作,但包括兴奋剂入刑、《民法典》制定、体育知识产权的进一步保护、体育仲裁制度的司法建议等各方面工作的推进,都会为未来《体育法》的修订工作打下坚实基础,我们可以展望中国体育法治的良好发展。

三、中国体育法治实施概况

(一)2020 年体育行政执法概况

体育行政执法是国家及地方体育行政机关在其法定的职责范围内,将体育法律法规具体贯彻,适用于特定的对象或案件的活动。其本身是行政执法权在体育领域的具体体现和运作,因此既有一般行政执法的性质,也反映了体育领域自身的特殊要求,是体育法治实施的重要组成部分。在全面依法治国的今天,体育行政执法对于健康中国和体育强国战略实施的保障作用更加凸显,已经成为体育法治建设当中不可或缺的重要组成部分。

1. 体育行政执法手段在疫情中展现出的危机

(1)传统执法手段实施乏力

2020 年体育行政执法受到新冠肺炎疫情的冲击,传统执法手段实施乏力。在强制性体育行政执法层面,2020 年中央以及地方体育行政部门作出的体育行政处罚与行政强制案件的数量均大幅下降。

2020 年,体育总局审批了 1 例全国性、跨省(区、市)的健身气功活动的举办,然而 2019 年审批了 22 例,2018 年审批了 16 例;2020 年审批了 4 例攀登 7000 米以上山峰活动和外国人来华登山活动的举办,然而 2019 年审批了 52 例,2018 年审批了 71 例;2020 年审批了 5 例携带射击运动枪支弹药出入境,然而2019年审批了49例,2018年审批了39例;2020年审批了11例国际性或全国性航空体育竞赛活动的举办,然而2019年审批了41例,2018年审批了48例。

在地方层面,以北京市为例,全市体育系统共作出行政处罚7件,数量上大大低于2019年的52件。全国多地如嘉兴、湖州、长沙、大同等地的体育行政处罚与行政强制的数量甚至为零。在行政审批方面,疫情导致国内外重大体育赛事的举办、大型体育项目活动的开展受到巨大冲击。仅体育总局2020年进行的各项行政审批的数量就同比下滑超过七成,为近三年最低。而由中央指定地方实施的行政审批也同步呈现下滑趋势。同时在疫情期间,出于防疫要求,各地均要求暂停部分行政许可事项的实地核查,由主办方按照实际情况对相关体育活动进行延期。

(2)2020年部分体育行政执法手段异军突起

新冠肺炎疫情肆虐,全国乃至全球体育活动陷入举步维艰的停滞期。在此客观环境下,具有冲突性和对抗性的体育违规违法行为数量大幅减少,而各界对体育执法主体有效协调和管理体育活动的需求增加。2020年行政检查以及信用工具的适用受到广泛关注,但是在行政检查以及信用工具的适用中仍然存在较多的问题,有待进一步完善。

首先,需要加大体育行政检查的力度,充分调动体育执法主体的主动性。体育行政检查涉及体育赛事准备情况、高危险性体育项目的经营、全民健身活动场所、体育经营活动和体育市场等方面。而从各地的实施情况看,2020年行政检查成了各级体育主管部门的重要执法手段。以北京市和杭州市为例,2020年北京市体育系统执法检查总量为6623件,比2019年的5294件增加1329件,增幅为25.1%。杭州市2020年执法检查612件,比2019年的107件增加505件。由此可见,行政检查这一执法手段在2020年取得了跨越式的发展,其重要性正在逐步凸显。这与2019年颁布的《关于进一步加强和规范体育领域事中事后监管的若干意见》(以下简称《意见》)具有密切的联系。《意见》旨在通过日常检查以及专项检查,深化体育领域简政放权、放管结合、优化服务改革,进一步加强和规范体育领域事中事后监管工作。但是,《意见》中仅仅对行政检查进行了粗放式的规定,无法满足在体育行政检查大规模实施的背后,所要求的执法主体、程序、标准的明确化和系统化,为体育行政检查主体留下了过大的自由裁量空间。

其次,需在体育执法领域中进一步加强信用工具的适用。信用工具是以客观的信用信息为基础、以分类管理手段和声誉机制为后盾的规制工具,作为一种市场监管手段,行政主体在履职的过程中,通过记录、评价、公开和使用公民、法人或者其他组织的公共信用信息以达到监管目的。其能发挥规制体育市场的强大作用归根到底依靠调动体育市场自身的力量,而非外部的行政权力,尽可能减少行政权的干预,以符合简政放权的要求。2020年在疫情的冲击下,传统执法手段实施乏力进一步引发了对于执法手段多元化的思考。在此背景下,各地继续在体育执法领域积极运用信用工具,因地制宜开展一系列工作部署。其中江苏省已经在该领域走在了全国前列,2020年江苏省体育局发布《全省体育领域信用体系建设工作方案》推动体育领域信用体系建设工作,从建立体育领域信用主体清单、采集体育领域基础信用信息、建设信用监管平台、研究信用评价标准、实施信用承诺制度、组织信用审查、推进信用信息公示等方面全方位构建严密的体育信用网络。各地致力于在网络化、大数据时代,通过信用工具降低监管成本,提高监管效率,促进体育市场主体自觉自律。

2. 2020年体育行政执法的工作要点以及落实情况

(1)全面推行行政执法规范化,落实行政执法“三项制度”

2019年发布的《国家体育总局贯彻落实行政执法公示制度执法全

过程记录制度重大执法决定法制审核制度实施方案》要求在体育行政执法中全面推行“三项制度”,即行政执法公示制度、执法全过程记录制度、重大执法决定法制审核制度,并在行政许可、行政处罚、行政检查等工作中予以贯彻落实。2020 年各地依照实际情况出台相关工作方案,落实公示的时间和途径、信息记录方式、档案信息管理、法制审核决策程序及监管等工作细节,并就“三项制度”的实施计划以及组织保障等进行细化规定,旨在进一步规范公正文明执法,保证执法有理有据、执法全程留痕,确保各个环节有据可查,确保行政行为合法、规范、适当、正确,消除行政争议隐患,事前预防行政争议法律风险,坚持依法稳妥办理行政复议和行政诉讼案件,坚决纠正行政不作为、乱作为和消极作为。

(2)建设地方体育行政部门和专门执法部门并存的专业执法队伍

一支素质过硬的执法队伍是公正文明执法的先决条件,能够保障体育行政执法的社会效果,对于体育强国建设而言至关重要。目前我国体育行政执法致力于整合综合执法及专门执法的优势,建立地方体育行政部门和专门执法部门并存的专业执法队伍。2020 年多地开展执法机制改革,加强综合执法统筹协调,合理配置执法资源,充实并加强承担体育行政执法工作基层执法力量的配备,加强地方执法能力,提高执法水平。2020 年各地严格执行行政执法人员持证上岗和资格管理制度,未经行政执法资格认定并培训考试合格的,不得从事执法活动,同时各地还根据工作需要有计划地安排专门培训,通过网上法律知识竞赛、网上学法考试等方式提高执法人员专业素养,丰富跨行业领域执法工作经验,确保队伍人员专职化与专业化。

(3)加强权力运行监督,确保法律的正确实施

全面推进政务公开工作,完善行政权力运行监督机制,打造“阳光政府”。各地及时梳理应当主动公开的公共体育服务信息,部分地区

制作体育执法年度统计报告,公示行政执法有关信息,严格执行信息公开保密审查制度,做好行政部门内部权力制约和监督,自觉接受人大权力监督以及监察、司法、审计、社会舆论监督。

总之,2020年体育行政执法面临挑战的同时,也迎来了机遇。疫情促使各级体育行政主管部门及时转变工作思路,形成行政平衡、服务合作和正当程序等现代行政价值理念,加快推进执法机制改革,构建公正高效的法治政府,适应实际需求,积极探索新型体育行政执法手段,并结合大数据、人工智能等趋势,进一步探索和完善其实现途径。

(二)2020年体育司法概况

法律的实施包括执法和司法两个层面,其中司法被誉为保障人民自由权利,维护社会公平的最后一道防线。司法将国家公权力作为后盾,其基本功能的实现体现在借助公共权力为各种法律争端提供终局性、权威性的解决方案,并以国家机器保障其实现。因此,司法对于体育领域的一些民事纠纷、行政纠纷及刑事违法问题的解决具有极强的现实价值。但体育司法也必须考虑到体育纠纷不同于其他类型的法律争端,具有极强的专业性以及技术性,其纠纷解决机制依旧主要依赖于体育行业的行业自治。

1. 2020年体育司法诉讼案件数据整理

通过检索"中国裁判文书网",发现我国2020年体育诉讼纠纷主要为民事纠纷,其中驳回起诉的有胡旭、徐俊与上海申鑫足球俱乐部有限公司追索劳动报酬纠纷[(2020)沪0105民初9824号、(2020)沪0106民初25690号],李家赫与辽宁足球俱乐部股份有限公司劳动争议[(2020)辽0102民初6698号],RAFAELFEITALDASILVA劳动争议[(2020)辽0291民初376号],吴高俊、刘尚坤、冯永涛、薛瑞岩等人与辽宁足球俱乐部股份有限公司、宏运集团有限公司劳动争议[(2020)辽0102民初12798号、(2020)辽0102民初12797号、(2020)辽0102民初

12509号],石笑天与辽宁足球俱乐部股份有限公司劳动纠纷[(2020)辽0102民初18358号],谢兆宇与大连超越足球俱乐部有限公司劳动争议[(2020)辽0204民初1672号],张燕中与强爽合同纠纷[(2020)晋1129民初266号],沈震森合同纠纷[(2020)浙0203民初10198号];驳回上诉的有权恒、大连超越足球俱乐部有限公司劳动争议[(2020)辽02民终2152号],威海远乡户外运动有限公司、陈玉松合同纠纷[(2020)鲁10民终754号];驳回上诉,维持原裁定的有解金余、龚斌与海安市信鸽协会合同纠纷[(2020)苏06民终370号、(2020)苏06民终371号];撤销原裁定,指定法院重新审理的有孙小璐、刘世桓、姜中笑等人与福建天信足球俱乐部有限公司劳动争议[(2020)闽01民终7445号、(2020)闽01民终7447号、(2020)闽01民终7444号]。

除上述民事案件外,还有2件行政案件,其中邢某与白山市人民政府、白山市城市管理行政执法局行政复议纠纷[(2020)吉0602行初44号]被法院裁定驳回原告请求;保定英利易通足球俱乐部有限公司与中国足协行政诉讼纠纷[(2020)京0105行初332号]被法院裁定不予立案。

2. 2020年体育司法诉讼案件特点分析

(1)案件数量少,且集中于民事诉讼

从上述数据可见,2020年体育领域司法诉讼案件数量十分有限,集中于民事案件,行政案件仅有2例,且没有体育刑事诉讼。而对相应的民事诉讼进行梳理后发现,纠纷主要集中在劳动争议以及合同纠纷领域,以经济纠纷为主。这显然与疫情环境下体育活动开展乏力,行政执法数量下降,冲突性违法行为减少,体育经济形势压力倍增等客观情况密切相关。

(2)司法介入极度克制

在2020年体育民事诉讼范围内,通过对劳动争议案例进行梳理之后发现,当事人双方争议的焦点均在于因履行与足球俱乐部签订的工作合同所产生的争议是否属于人民法院民事案件的受理范围。根据《体育法》第 32 条、第 33 条以及《中国足球协会章程》的有关规定,法院认为教练员、职业足球运动员与职业足球俱乐部之间的工作合同是双方在参加职业足球运动中形成的,属于特殊的劳动关系,根据特殊优于一般的原则应当由体育仲裁机构调解、仲裁,而排除人民法院管辖,不属于人民法院受理民事诉讼的范围,因此无一例外地驳回了原告的起诉。在合同纠纷方面,上述案例中双方当事人之间的争议来自协会对其会员作出的处理决定。法院对其态度十分明确,即根据《体育法》第 32 条,认为上述事项属于行业内部自治事项,不属于法院的受理范围,因而驳回了原告的起诉。

在体育行政诉讼案件中,法院首先明确主体的法律性质。在前述 2 个案例中,法院对于行政机关所作出的行政行为依法进行合法性以及合理性的实体、程序审查,并认为中国足协属于行业自律机构而非行政机关,其行为属于行业自治行为,不属于行政行为,因此认定对行业协会所发布的文件提出的违法性审查不属于法院行政诉讼的受案范围,决定对于原告的起诉不予立案。

综上所述,司法系统对于体育领域法律争端的介入秉持克制谨慎的态度,更加关注主体间权利义务的配置,尊重体育参加者的自由,尤其是体育俱乐部以及行业协会对于体育争端解决的权力和自由,更多地将争端解决的权力交由体育仲裁机构或者行业协会内部解决,要求当事人用尽体育系统内部救济途径,否则不予立案或者驳回起诉。

(3)体育仲裁管辖成为争议核心

大多数体育诉讼案件都离不开对体育仲裁管辖的探讨。我国《体育法》第 32 条明文规定“在竞技体育活动中发生纠纷,由体育仲裁机构负责调解、仲裁。体育仲裁机构的设立办法和仲裁范围由国务院另行规定”。但是我国体育仲裁机构的建设目前仍旧停留在理论研究层面,长期以来未能取得实质性的突破,仅有少量依附于各单项体育协会的内部争议仲裁机构,这就导致了体育纠纷解决机制的不健全。

正因如此,每年都有大量的教练员、职业运动员由于多方排除自身管辖而陷入讨薪无门的窘境。在此背景下,孙小璐、刘世桓、姜中笑等人与福建天信足球俱乐部劳动争议案具有特殊性。在该案中,由于福建天信足球俱乐部已于 2020 年 5 月 23 日被中国足协取消注册资格,依据《中国足球协会章程》以及《中国足球协会仲裁委员会工作规则》的规定,中国足协仲裁委员会不予受理福建天信足球俱乐部的仲裁申请。人民法院并未以《体育法》第 32 条为依据单纯排斥竞技体育中的相关劳动争议,而是在当事人在行业内部丧失救济途径进而陷入管辖盲区之后,提供了司法解决的可能性,适用《民事诉讼法》的有关规定,指定特定的人民法院予以受理。人民法院的这一做法符合大部分学者的观点,即如果体育仲裁无法在短期内建立,人民法院应当尽快统一审理标准,着力推动法院审理涉体育纠纷,保障运动员的权益。但由于体育活动的特殊性,从长远看,司法途径始终无法弥补独立体育仲裁机构空缺带来的损害。一方面,法官对于体育纠纷的处理缺乏专业性,一般的民法思维无法完全适用于体育领域;另一方面,体育关系日渐复杂,体育仲裁制度以及专业标准的缺失使得管辖无法有效互补,难以做到同案同判。

总之,在目前体育纠纷解决机制的设计下,司法系统难以对体育纠纷进行实质性处理。独立的体育仲裁机制的缺失,使得现有的司法系统以及行业组织内部仲裁之间无法有效衔接,管辖真空的问题依然没有得到有效解决。

四、中国体育法治监督概况

法治监督是党和国家监督体系的重要内容,保证行政权、监察权、审判权、检察权依法得到正确行使,保证公民、法人和其他组织的合法权益得到切实保障。在构建党统一领导、全面覆盖、权威高效的法治监督体系理念的指导下,中国体育法治监督体系的建设工作在2020年取得了显著进展。2020年,为深化体育领域“放管服”改革,切实提高依法治体和依法监管水平,不断推动体育治理体系和治理能力现代化,抓紧完善权力运行制约和监督机制,规范立法、执法、司法机关权力行使,体育总局按照国务院《关于加强和规范事中事后监管的指导意见》,印发了《关于进一步加强和规范体育领域事中事后监管的若干意见》,加快推进体育强国建设。

该意见要求,各体育行政部门应执行向各级人大及其常委会报告工作制度,执行本级人大及其常委会的决议决定,按规定接受询问和质询,及时办理人大议案、建议以及政协提案,并对办结率、满意率进行打分测评;各级体育行政部门还应积极配合监察、审计、检察机关依法开展监督工作,建立健全“两法衔接”工作机制。实践中,一些地方的体育局建立了行政机关违法行政行为投诉举报登记制度,开通举报箱、电子信箱、热线电话等监督渠道,如实记录投诉举报信息,依法及时调查处理违法行政行为;多地体育局还开展了自查,对排除、限制竞争的政策措施进行主动清理或调整。

(一)明确监管主体,落实监管责任

体育总局各相关部门按照国务院有关要求,切实转变工作理念,认真梳理本部门监管事项,把更多资源和精力转移到加强事中事后监管上来,确保事有人管、责有人负。体育总局事中事后监管工作,由政策法规司制定相关政策,各相关部门分工负责具体实施。对体育总局现有行政审批事项,由各相关部门负责事中事后监管;对国务院历次行政审批制度改革中体育总局已经取消审批但仍需政府监管的事项,原相关审批部门继续负责事中事后监管;对审批改为备案或审批事项变更为政府内部管理事项的,原相关审批部门加强核查;对下放审批权的事项,原审批部门及时调整监管层级,指导地方体育行政部门依法开展监管工作,确保权责统一。

例如,2020 年 1 月 17 日体育总局发布的《体育赛事活动管理办法》中明确规定"体育赛事活动应当坚持政府监管与行业自律相结合的原则,实行分级分类管理",体育总局"负责全国范围内体育赛事活动的监管。县级以上地方人民政府体育主管部门(以下简称地方体育部门)负责所辖区域内体育赛事活动的监管"。此外还规定,体育部门在体育赛事活动举办前或举办中发现涉嫌不符合体育赛事活动条件、标准、规则等情形的,或收到有关单位、个人提出相关建议、投诉、举报的,应当及时予以处理;属于其他部门职责范围的,应当及时移交并积极配合协助处理。体育协会在对行业发展日常管理、评定评估和引导方面,全国性单项体育协会在章程制定、设立规范加强行业自律的主体责任方面进行了说明。具体到地方,各省级体育行政部门根据本级人民政府的监管计划任务,按照职能依法依规对本行政区域内各类体育市场主体的监管工作进行了部署。

各级体育行政部门按照法律法规和本部门"三定"规定明确的监管职责和监管事项,依法开展了监管工作,不断推进体育领域事中事后监管法治化、制度化、规范化。比如江苏省体育局依据《体育赛事活动管理办法》于 2020 年 6 月出台了《江苏省贯彻〈体育赛事活动管理办法〉实施细则》,并专章规定了"体育赛事活动监管",要求体育部门应当在官方网站或在线政务服务系统设立体育赛事活动信息管理服务平台。赛事主办方或承办方应当于赛前 30 日登录赛事举办地体育赛事活动信息平台,填报体育赛事活动基本信息。

体育部门逐步加强与落实体育赛事活动的日常检查和抽查。2020 年 7 月,浙江省体育局印发了《关于推进体育赛事改革构建现代化赛事组织体系的若干意见》,明确指出要加强体育赛事顾问督察,建立赛事顾问制度和督察制度,充分发挥顾问对赛事申办、举办的专业作用,为赛事发展服务。积极组建赛事督察队伍,对全省赛事的举办质量、成效和合法合规性进行督察。

(二)梳理监管事项,完善监管制度

1. 体育总局统一标准

体育总局各相关部门要围绕服务体育市场主体发展,制定全国统一、简明易行的监管规则,并向社会公开,提升监管有效性,降低守法和执法成本。体育总局各相关部门在2020年进一步完善了体育领域相关国家标准和行业标准,明确体育市场主体应当执行的管理标准、技术标准、安全标准、产品标准,严格依照标准开展监管,重点加强体育场地设施开放相关强制性标准的制定、修订,合理确定强制性标准底线。

2. 地方体育行政部门细化规则

地方体育行政部门对规则的细化有多重表现:第一,各级体育行政部门按照职能依法依规对从事包括体育赛事活动、体育健身休闲、体育社会培训、体育场馆经营、体育中介服务以及其他体育市场经营活动的各类主体一视同仁,公平公正进行监管,做到监管全覆盖,杜绝监管盲区,依法保护市场主体的合法权益。第二,在国家"互联网+监管"系统监管事项目录清单的基础上,自上而下全面梳理本部门职责范围内的监管事项,统一规范监管主体、监管对象、监管措施、设定依据、处理方式等内容,形成本部门监管事项目录清单,并实行动态管理。第三,对本部门现行的边界模糊、执行弹性大的监管规则,进行及时的规范清理和修订完善工作。例如,广东省体育局在2018年行政权力事项"三级四同"以及"十统一"工作的基础上,坚决压减省级行政权力事项,做到应减尽减。组织各有关部门认真学习压减工作政策和体育行政审批工作相关文件,全面梳理省级行政权力事项,特别对法律法规依据不足、属于政府内部事项等情形进行深入研究排查,大力压缩行政权力事项。经局党组会研究审议通过后,相关压减建议报省政府办公厅审批,经"三上三下",反复沟通协调、修改,最终形成行政权力事项压减事项清单。广东省体育局原有省级行政权力事项 13 项,保留 6 项,整合 2 项为 1 项,委托 1 项,重心下移 2 项,移出权责清单 1 项;压减后省级行政权力事项剩 7 项:行政许可 4 项、行政奖励 1 项、行政其他 1 项、行政处罚 1 项。在 2020 年 2 月 5 日,广东省体育局下发了《关于做好省级体育权责清单事项调整工作的通知》,制订了省级体育权责清单调整的工作方案,明确责任部门和责任人,确定了实施步骤、实施流程。为便于市、县体育行政部门尽快熟悉委托、重心下移事项,确保交接顺利,采取"一项一策,各个击破"的措施,针对每一个需要委托、重心下移的行政权力事项制订了各自的交接工作方案,有针对性地提出实施的重点、难点。其中比较严格的规定是,每个交接方案必须有实施时间、法律法规依据、实施理由、工作流程图以及具体监管措施,其中也留给了各承接单位一些裁量余地,各承接单位可根据实施方案以及广东政务服务网相关信息,进一步完善本地承接准备工作。

北京市体育局为贯彻落实市司法局《2020 年行政执法和协调监督工作要点》,制定了《2020 年行政执法检查工作计划》,扎实推进年度执法检查任务的实施,通过该文件明确了工作目标、月度检查目标、执法检查重点、执法检查内容,也明确了工作要求,加大对体育经营行业执法检查力度,促进体育经营单位规范经营,加强普法宣传,将日常执法检查与随机抽查结合起来,不断提高执法效率,并及时向社会公开检查信息。

3. 针对重点领域完善风控机制

经营滑雪场、游泳馆等涉及公众健康和安全的运动场所的体育市场主体进一步完善了内控和风险防范机制,落实专人负责制度,加强内部安全检查。

例如,广东省体育局针对高危险性体育项目经营活动场所,印发了广东省体育局《关于进一步加强射击竞技体育运动枪弹安全管理工作的通知》《关于开展全省公共体育场馆、高危险性体育项目经营活动场所安全专项检查的通知》,明确各级职责职权,指导做好各项安全检查工作。

又如,天津市体育局为加强冰雪运动场所安全监督管理,保障人民群众参与冰雪运动的安全,推动冰雪运动安全有序发展,按照体育总局、公安部、自然资源部、住房和城乡建设部、卫生健康委、应急部、市场监管总局、林草局《关于进一步加强冰雪运动场所安全管理工作的若干意见》的精神,结合天津市实际,于2020年5月制定了《天津市冰雪运动场所安全监督检查办法(暂行)》。该办法中明确了职责任务划分,市体育局负责牵头组织协调相关部门,冰雪运动项目协会负责制定冰雪体育赛事活动的参赛指南、办赛指引,各区体育行政主管部门负责相关法规与强制性国家标准的宣传、冰雪运动场所名录库的建立,以及场所安全生产培训和安全生产检查工作,形成常态化监管工作机制。

再如,上海市体育局加强了体育市场监管,特别是加强健身和培训市场管理,加大高危体育项目执法力度,在单用途预付消费卡的管理以及体育培训市场的管理中,探索建立健身行业同业互助互保机制及推出健身房七天冷静期的示范合同,积极发挥兼职法律顾问的参谋助手作用;会同市文旅局执法总队、市卫生监督部门等单位不断加强对夏季开放游泳场所的监督和检查,2020年开展联合执法检查达79次。

4. 重视对体育协会的监督

自体育总局提出体育协会改革以来,进展与阻碍并存。中央纪委国家监委驻体育总局纪检监察组于2019年提出“把中国足协、中国篮协等实体化改革的全国性体育协会一并纳入监察监督范围,确保监督没有空白和模糊地带”,并印发了《关于对体育协会实施监察监督的意见》,指出职能部门对体育协会的性质和定位认识有偏差,忽视了体育协会的公权力属性,把协会改革视作“分家单干”,不愿和不会实施监督管理;另外,体育协会及其工作人员在如何对待和接受监督问题上认识模糊,不同程度存在“自由人”“社会人”的意识,接受监督的意愿和主动性缺失;同时,体育协会制度化、规范化建设滞后于改革和事业发展的需要,自律制度和内控机制不健全,不能有效实现自我监督。

2020 年地方各级体育行政部门进一步加强对体育协会改革的指导与监管,督促体育类社会组织完善内部管控,强化自身建设。一是完善法人治理结构,严格负责人任职资格和主要负责人推荐程序。依照法规政策和章程,设立理事会及常务理事会,建立健全会员(代表)大会、理事会、监事(会)制度,严格按规定进行换届选举。严格执行党政领导干部在体育类社会组织任职、兼职的有关规定,从严规范,抓好落实。二是健全财务管理制度,体育类社会组织应有具备资质的专(兼)职财务人员,建立收支情况定期报告制度、审计制度等,鼓励聘请专业财务和审计机构提供相应服务。

除政府监管之外,2020 年 4 月 14 日,西安市体育局印发了《关于加强新时代体育社会组织建设的实施意见》,强调了社会对体育协会等体育社会组织的监督,要求体育类社会组织制定的各类行业规则、相关收费性质的培训指导服务等,应履行相关审批程序,并向社会公布;不得通过制定行业规则妨碍相关体育活动,损害群众和其他社会组织的合法权益;严禁巧立名目乱收费,杜绝只收费不服务,只收费不管理等现象。

(三)创新监管方式,形成监管合力

1. 建立健全信用制度

《体育赛事活动管理办法》要求体育部门建立体育领域信用制度

体系,将信用承诺履行情况纳入信用记录,开展信用评价。省级体育部门应当按照体育市场黑名单管理制度,将在开展体育赛事活动时严重违反法律、法规、规章的体育经营主体及其从业人员列入体育市场黑名单,并在一定期限内向社会公布,实施信用约束、联合惩戒。

各级体育行政部门在充分运用信用监管手段方面成果颇多,依据体育市场主体信用情况,在监管方式、抽查比例和频次等方面采取差异化措施,推进信用分级分类监管。地市和区县体育行政部门及时将本行政区域内符合列入体育市场黑名单的经营主体或其从业人员的信息,报送省级体育行政部门。省级体育行政部门对信息进行调查核实,确保全面准确,并在 5 个工作日内将列入体育市场黑名单的信息报送体育总局。

江苏省体育局 2020 年发布《全省体育领域信用体系建设工作方案》,提出了建立体育领域信用主体清单、采集体育领域基础信用信息、建设信用信息监管平台、研究信用评价标准、实施信用承诺制度、组织信用审查、推进信用信息公示等任务目标。为落实体育总局的要求,江苏省建立全省统一的体育领域信用信息监管平台,按行政权力事项、招投标、政府购买服务、资金奖补、消费券发放、赛事举(承)办等类别,集中相关信用数据。

2. 打造"互联网+监管"系统

《体育赛事活动管理办法》设置专章强调了体育赛事活动的监管,并对监管部门应采取的监管手段提出了综合监管、智慧监管、动态监管的要求。各级体育行政部门依托国家"互联网+监管"系统,将履职过程中形成的行政检查、行政处罚等信息以及违法失信、抽查抽检等数据信息进行了关联整合,省级体育行政部门与省公共信用信息系统对接,设置信用公示、信息查询、数据交换、监管分析功能,建立统一数据标准和接口,方便各地各部门实时上传相关数据。按照全国信用信息共享平台、国家企业信用信息公示系统等监管平台的要求,加强监管信息的共享,统一归集到相关市场主体名下。此外,充分运用大数据等技术手段,加强对相关风险的跟踪预警,探索推行以远程监管、移动监管、预警防控为主的非现场监管模式,逐步提升监管的精准化、智能化水平。

例如,广东省体育局按要求及时向省咨询投诉平台知识库提供基础数据,并依规不定期进行更新维护;妥善及时处理政务服务网、12345 热线上的咨询投诉事项;积极推进“粤省事”体育专区上线工作,同时开放粤政通及其他政务 APP 上的咨询投诉求助渠道,供群众监督。

杭州市体育局法治政府建设年度报告中为了推广体育“互联网+监管”,在全市体育系统推广使用“浙江省行政执法监管平台”和浙政钉“掌上执法”。2020 年,杭州市体育局通过监管平台累计完成即时检查 98 户次,随机抽查 10 户次,掌上执法检查率为 100%,双随机抽查事项覆盖率为 100%,监管事项主项覆盖率为 100%。根据国办考核和省数字化转型考核指标要求,从监管事项,监管对象,监管行为,“双随机、一公开”监管,协同监管等方面详细解读了事项认领率、实施清单编制率、监管事项主项覆盖率、按时完成率等考核指标,并对各区、县(市)体育部门进行了“互联网+监管”工作部署和业务指导。

3. 加强对重点领域的监督

2020 年 10 月 15 日,体育总局、公安部、民政部、卫生健康委、市场监督总局联合下发了《关于加强搏击类项目赛事活动安全管理工作的若干意见》,要求相关单位分工负责,强化监管职责,严格执法,履行属地责任,逐步建立搏击类项目赛事活动安全管理责任制度,依法开展日常检查和“双随机、一公开”检查,对于符合列入体育市场黑名单情形的市场主体,列入黑名单并通过相关部门进行联合惩处。近年来,自由搏击、综合格斗、职业拳击等搏击类项目赛事活动十分活跃,一些赛事存在规则不明确、组织不规范、现场急救措施不完善等问题。根据上述意见的精神,体育部门加强了体育行业监管,进一步健全和完善搏击类项目的行业标准、运行规范,研究起草搏击类项目国家标准,将搏击类项目社会组织纳入行业管理。

对涉及经营高危险性体育项目的市场主体,地方各级体育行政部门全面实行随机抽取检查对象、随机选派执法检查人员、抽查情况和查处结果及时向社会公开的监管措施,建立健全跨部门随机抽查事项清单,将重点领域的事项纳入跨部门联合抽查范围。将随机抽查的比例频次、被抽查概率与抽查对象的信用等级、风险程度挂钩,对有不良信用记录、风险高的加大了抽查力度,对信用较好、风险较低的适当减少抽查,并将抽查结果向社会进行了公示。

对直接涉及公共安全和人民群众生命健康的,如航空体育、健身气功、游泳、攀岩、潜水、滑雪等重点项目、重点领域的赛事活动和场馆设施,各级体育行政部门依法依规实行重点监管,强化全过程监管,加强安全监管,严格落实各环节质量和安全责任。鼓励各级体育行政部门根据地方实际和体育行业特点,探索建立体育赛事活动、体育场馆设施、体育培训机构等重点监管清单,严格控制重点监管事项数量,规范重点监管程序,对列入重点监管清单的体育市场主体,按照"双随机、一公开"方式实行全覆盖跟踪监管、直接指导、定向服务。

4. 协同监管,形成合力

协同监管要求地方各级体育行政部门主动沟通,积极协调文化、市场等监管部门,通过委托执法、联合执法等方式,会同本地区同级相关综合执法部门查处体育市场主体的违法违规行为,建立完善长效工作机制,形成协同监管工作合力。同时,综合运用行政处罚、联合惩戒、移送司法机关处理等手段,对监管中发现的违法违规问题进行惩处,在坚持依法行政的同时,灵活运用约谈、警告、责令改正等措施,及时对不当行为予以纠正。

2020年11月底,为进一步规范体育市场执法监督管理,采取措施适应综合行政执法改革,建立健全文化市场综合行政执法协同机制,切实做好行业监管与综合行政执法工作的对接,杭州市体育局联合杭州市市场监督管理局下发了《关于在全市体育健身领域开展预付式消费联合整治行动的通知》,在全市体育健身领域部署开展了预付式消费市场联合整治行动,加强体育市场监管业务指导。

天津市体育局2020年5月出台了《天津市体育系统以案释法工作制度》。以案释法的主体责任范围包括职权范围的行政审批、行政处罚、行政检查、行政确认、其他类别、批后监管、政府信息公开等方面的行政执法典型案例。体育系统以案释法工作制度是体育系统监管制度完善的一大创新。此外,2020年出台的《天津市冰雪运动场所安全监督检查办法(暂行)》对公安部门,规划和自然资源、各区农业农村、林业等部门,住房和城乡建设部门,卫生健康部门,市场监督管理部门,消防救援部门等主体在冰雪运动场所安全监督检查工作方面的监管职责进行了明确,展现出了我国体育法治监督体系网络化、规范化、协同化的良好发展势头。

5. 健全法治建设督促检查通报制度

中国体育法治建设,尤其是行政执法板块,是法治政府建设的重要内容之一,故除体育总局关于法治监督的部署以外,各级体育行政部门还需服从各级政府对于法治政府建设的要求。

以广东省体育局为例,全省体育系统法治政府建设督查工作小组组织开展了全省各地级以上市体育主管部门法治政府建设情况督查和行政执法案卷评查,发布了2020上半年度法治政府建设督促检查结果,在肯定了各地市对体育主管部门对法治政府建设的高度重视之余,总结归纳并公布了存在的问题。从发布的检查结果可以看出,对体育行政部门的法治建设规划性、计划性,规范性文件制发程序,重大行政决策程序,执法的公正文明,行政机关违法行政行为的投诉举报都进行了监督。除对规则制度文件进行检查之外,还对案卷进行了评查,抽查了各地市体育部门关于设计竞技体育运动单位枪支管理安全检查卷宗,并打分公开。

6. 鼓励创新,“定制”监管

随着文旅、体旅的深入融合和消费升级,体育旅游和户外运动已成为中国旅游业的发展新热点。各地涌现出漂流、热气球、皮划艇、全地形车等一批新业态项目。各级体育行政部门对体育市场中的新项目、新业态、新模式始终秉持鼓励创新的原则,为市场发展留足空间,同时坚守质量和安全底线,严禁简单封杀或放任不管;加强对新生事物的规律研究,量身定制监管规则和标准。

为了加强对部分无行业标准、无运营规范、无监管主体的体育旅游新业态项目的监督管理,湖州市体育产业与竞赛指导中心组织召开了体育旅游新业态项目安全监管工作协商座谈会。根据湖州市人民政府办公室《关于印发湖州市旅游新业态安全监督管理办法的通知》的要求,湖州市体育局负责游泳、潜水、滑雪和攀岩等体育项目的审批和监管工作,同时也是射箭、滑翔伞(有动力伞、无动力伞)、热气球、皮划艇、飞拉达悬崖穿越、户外拓展、水上飞机、漂流、全地形车等9个体育旅游新业态项目的主要监管部门。要做好体育旅游新业态项目安全监管工作,首先要明确项目设施设备、场地的必备条件和人员要求,强化主体责任。要明确行政部门监管职责,制定具体可操作的监管流程,做到事前事中事后全过程动态管理,牢牢掌握安全工作主动权,坚决防止安全事故发生。

五、中国体育法治保障措施概况

体育法治保障体系是党的十九届四中全会提出的新理念,是体育法治建设的重要依托,主要包括党的领导、体育法治人才队伍建设、体育法治理念和文化。党的领导是核心基础,充足的高素质体育法治人才是重要保障,先进的体育法治理念和法治文化是追求的目标,弘扬社会主义法治精神是体育法治建设的重要任务和应有之义,体育法治保障措施主要包括组织保障、人员保障和物质保障。

(一)组织保障

1. 坚持党的领导

我国体育法治建设实践必须坚持党的领导,并自觉融入一体化的党的建设之中。2020 年,体育总局各相关部门切实转变职能,履行责任,确保各项监管任务和措施落实到位。全国体育系统提高政治站位,深刻认识事中事后监管在政府职能转变中的重大意义,加强社会管理和公共服务,不断推进体育治理体系和治理能力现代化。

在地方层面,北京市体育局领导到体育学校检查防疫工作,强调加强党的领导,充分发挥支部的战斗堡垒作用和党员的先锋模范作用;浙江省体育系统召开的全省体育局局长会议,充分认识到体育事业是党的事业,为做好 2020 年工作,要求全省体育系统必须把坚持党的领导和加强党的建设落实到体育工作的各个方面、各个环节,确保党始终成为体育事业的坚强领导核心。

2. 健全制度保障

各级体育行政部门建设严格依法决策机制,规范重大行政决策程序,对重要规划计划、体育公共服务、体育市场监管、体育重大公共建设项目等决策事项,遵循科学决策、民主决策、依法决策原则,充分保障了公民、法人或其他组织的知情权、参与权、表达权和监督权;完善机关内部重大决策合法性审查机制,各类起草的地方政府规章,规范性文件的立、改、废由法制部门审核。

以广东省体育局为例,其开展了全省体育系统法治政府建设督促检查和行政执法案卷评查,向各地市级体育部门反馈针对检查和评查中发现的问题,并要求整改,全力推进依法治体迈上新台阶。杭州市体育局为加强规范性文件监督管理,依据《浙江省行政规范性文件管理办法》,落实规范性文件合法性审查和制定程序监督,严格执行规范性文件起草、论证、合法性审查、备案制度。

根据2019年发布的《国家体育总局贯彻落实行政执法公示制度执法全过程记录制度重大执法决定法制审核制度实施方案》,建立行政执法"三项制度",地方各级体育行政部门严格落实行政执法公示、执法全过程记录、重大执法决定法制审核制度,将本部门行政执法职责、依据、程序、结果等全部向社会公开,同时,全面落实行政执法责任制,尤其是地方各级体育行政部门严格依照有关规定进行问责,促进体育行政部门工作人员履职尽责,廉洁自律,公正文明执法。

以上海市体育局为例,其在加强体育市场监管,落实法律法规精神方面出台了多种制度,如制定经营性体育设施专业指导人员配备规定,依法依规开展体育健身行业单用途预付费消费卡经营活动和体育培训市场的事中事后监管;动态更新体育培训市场专业指导人员资质清单;建设体育市场监管从业人员信息库,逐步建立一人一档案的动态信息库,提高体育执法针对性;积极优化体育消费投诉处理机制,定期发布投诉数据等。

(二)人员保障

1. 行政执法人员的培训

地方各级体育行政部门加快组建高素质、职业化、专业化的监管执法队伍,但是从市区两级体育行政部门现状看,总体上法制机构人员力量薄弱,达不到工作任务的要求,区体育行政部门从事体育行政审批、行政检查人员往往身兼数职,工作压力大。普法工作还不够深入,体育行政部门平时更注重竞技体育、群众体育、体育赛事、体育产业、青少年体育等业务工作,对普法宣传重视还不够,投入还不多;普法宣传的对象也主要集中于机关干部,还未普及基层单位的运动员、教练员、管理人员等。

2020年,各级体育行政部门在落实人员技能培训方面取得了良好效果,培养了一批“一专多能”的监管执法人员。以上海市体育局为例,其着眼于优化综合执法队伍整体结构,按照“考学结合”原则,举办行政执法人员法律业务培训班,2020年有17人通过执法证考试,考核合格率为95%。杭州市体育局2020年也开展了一系列加强行政执法人员管理的工作:其组织了全市体育系统行政执法人员培训,并邀请两位行政执法监督员参与了体育行政执法培训授课和工作交流;其根据《浙江省行政执法证件管理办法》的规定,加强对执法人员资格管理和执法证件年审工作;其组织全市体育系统7名新进执法人员参加浙江省体育系统行政执法培训。截至2020年12月底,杭州市体育局行政执法人员共28人持证,持证率为96.6%。

2. 体育法治研究人员的培养

体育法学学科基础正逐步夯实,人才队伍建设蓬勃发展。我国体育法学学科和体育法治理念及文化建设已经取得了长足发展。其主要表现有:对体育法学的内涵、研究对象、内容结构体系、体育法的本质特征等基础理论正逐步达成共识;成立了中国法学会体育法学研究会及11个地方体育法学研究会,3个省市的律师协会成立了体育法专门委员会;全国成立了体育法学研究机构近30个;出版了体育法学学科理论教材20余部,体育法学领域著作120余部,发表的体育法学及相关论文初步统计在1万篇以上。我国专业培养体育法硕士研究生的高校单位数量在2020年也有了突破。

(三)物质保障

现行《体育法》第六章明确规定了物质方面的保障,包括体育事业经费、体育基本建设资金,以及捐赠和赞助等自筹资金。在法律服务软件方面,有足够的资金帮助体育行政部门采购外部的法律服务,获得专业的法治建设辅导,有助于法治的推进。

除此之外,“互联网+监管”系统的打造需要各级体育行政部门在制定财政预算时得到支持。例如广东省在2020年制定的《广东省体育强省建设实施纲要》中明确指出,要合理划分体育领域省以下的财政事权和支出责任,将体育事业发展经费列入本级财政预算;加大政府性基金和一般公共预算的统筹力度;优化财政资金支出结构,提高财政资金使用效益,保障基本公共体育服务需要;落实体育税费政策,加强对政策执行情况的评估督查。

分报告

中央体育立法发展报告(2020)

一、中央体育立法年度概况

2020年是中国体育不平凡的一年,体育赛事开展经受复杂严峻的疫情考验,体育立法工作在统筹推进中有序展开。这一年中央体育立法工作以习近平新时代中国特色社会主义思想为指导,坚决贯彻落实习近平总书记关于体育的重要论述精神,强化东京奥运会和北京冬奥会备战,开拓创新,加强体育治理体系和治理能力现代化,推进体育强国建设。总体而言,2020年中央体育立法呈现出立法重点突出、立法层级明晰以及立法领域全面的特点。

(一)立法重点突出

2020年中央体育立法重点主要集中在体育赛事活动的规范领域,具体表现为体育总局以部门规章的形式颁布了《体育赛事活动管理办法》(以下简称《办法》),并且是本年度唯一一部规章,可见中央对体育赛事活动管理立法的重视。同时,这也是对习近平总书记关于"'十四五'时期,要科学研判体育发展面临的新形势,坚持问题导向,聚焦重点领域和关键环节,深化改革创新,不断开创体育事业发展新局面”重要讲话的贯彻落实。《办法》的出台一方面是为了解决体育赛事活动管理制度不健全、监管手段不完善等问题；另一方面也是针对目前体育赛事活动管理文件数量较多、内容存在交叉重复、效力位阶较低等问题进行的必要整合与完善。《办法》将取消商业性和群众性体育赛事审批的政策进行法定化，激活了社会资本办赛事的热情，打破政府资本办体育赛事的独断性，促进了体育赛事的市场化发展。同时，规定体育部门和体育协会为社会力量举办体育赛事提供指导和服务，为体育赛事专业、规范的展开提供服务保障。通过体育部门建立健全体育赛事活动监管工作机制以及体育协会在章程中规定体育赛事活动管理内容，实现对体育赛事活动的有序监管，以确保体育赛事活动的规范化，推动体育事业发展。

(二)立法层级明晰

2020年中央体育立法在法律位阶上呈现出层级明晰的特点，法律层级有《刑法修正案(十一)》，其增设与兴奋剂有关罪名；规章层级有《办法》；部门规范性文件层级有《反兴奋剂规则》《关于深化体教融合　促进青少年健康发展的意见》等。但目前中央体育立法存在着过度依赖部门规范性文件管理体育事业的问题。体育行政部门之所以采用大量部门规范性文件管理体育赛事活动，是因为：一方面，体育立法存在成本高、耗时长的缺点；另一方面，部门规范性文件具有成本低、灵活等优势。由此体育行政部门开始越来越多地转向部门规范性文件。但这样在理论上存在着一种风险，即体育行政部门可能会逃避体育立法程序，利用部门规范性文件的形式发布实质上的体育立法，使原本需要通过体育立法的规则被写入部门规范性文件。

(三)立法领域全面

2020年中央体育立法围绕体育强国建设，在全民健身、竞技体育、体教融合以及反兴奋剂等方面开展立法工作，完善中国特色社会主义体育法律规范体系,提高依法治体能力。

全民健身领域,为了全面提升全民健身公共服务水平,着力破解群众身边的健身难题,2020 年 10 月 10 日国务院办公厅发布《关于加强全民健身场地设施建设 发展群众体育的意见》,要求进一步完善全民健身场地设施建设,推动从“有没有”到“优不优”的跨越,大力发展以人民为中心的体育。通过加强全民健身场地设施建设和发展群众体育的一系列新政策、新举措、新要求,多措并举推动贯彻落实。

竞技体育领域,体育赛事活动的有序开展是竞技体育健康发展的基石,以部门规章的形式颁布《办法》旨在解决体育赛事活动服务水平较低和管理制度不健全的问题,进而推动体育赛事活动蓬勃开展,助力体育赛事活动管理的规范化、制度化、法治化,不断提高体育治理体系和治理能力的现代化水平。

反兴奋剂领域,我国高度重视反兴奋剂工作且已经形成相对完善的反兴奋剂法律规范体系。《刑法修正案(十一)》通过新增“妨害兴奋剂管理罪”,运用刑罚手段管制兴奋剂,对兴奋剂进行源头打击,《反兴奋剂条例》以行政法规形式统领反兴奋剂工作。《反兴奋剂规则》的颁布为反兴奋剂工作的展开提供法律依据和规范蓝本。

体教融合领域,2020 年 4 月习近平总书记在深化改革会议上提出“体教融合”发展战略,它是新时期、新形势下摆脱教体结合与体教结合困境而向体教融合发展的新命题。2020 年 8 月 31 日体育总局、教育部发布《关于深化体教融合　促进青少年健康发展的意见》从加强学校体育工作、完善青少年体育赛事体系、加强体育传统特色学校和高校高水平运动队建设、深化体校改革、规范社会体育组织、大力培养体育教师和教练员队伍、强化政策保障、加强组织实施八个方面,为新时代学校体育工作和竞技体育后备人才培养指明方向,真正解决竞技体育人才培养全面、协调、可持续发展的关键问题和基础问题。

二、规范体育赛事活动:《体育赛事活动管理办法》

《办法》是体育总局为了完善体育赛事活动管理,着眼于体育赛事活动程序方面和主体权利方面制定的部门规章。单项体育协会以《办法》为遵循,制定相应办法、指南和指引,形成完善管理体系,为体育赛事活动提供具有及时性、针对性和系统性的法治保障。

(一)《办法》制定背景和主要内容

取消商业性和群众性体育赛事审批以来,体育赛事活动蓬勃开展,丰富了广大人民群众的业余文化生活,有力推动了体育事业的发展。然而近年来,各级各类体育赛事活动中违规办赛、消极比赛、虚报信息、赛场暴力、使用兴奋剂等不良现象时有发生,暴露了当前体育赛事活动管理制度不健全、办赛参赛不规范、监管手段不完善、执法依据不充分等问题。为此,2020 年 1 月 17 日,体育总局颁布《办法》。其实早在《办法》颁布之前,体育总局就针对体育赛事活动管理出台了一系列规范性文件,但是存在文件数量较多、内容交叉、效力位阶较低等问题。

在坚持以人民为中心的发展理念,贯彻党中央、国务院有关"放管服"改革的重大部署,树立风险防控意识,确保体育赛事活动规范有序开展,明确开放办体育、全社会办体育的总体思路下,《办法》的起草工作于 2019 年 3 月启动。经过多次专题调研,认真起草、反复修改,《办法》的起草工作得以完成。随后听取、研究和吸纳全国各省市体育局的意见、体育总局各厅司和运动项目管理中心以及改革试点项目协会的意见并向社会公开征求意见,不断对草案进行修改完善,最终形成《办法》。

《办法》以"总则"为指引,分别就体育赛事活动的申办和审批、组织、服务、监管以及法律责任方面进行规范,形成了"总+分"的体育赛事活动管理模式。明确取消商业性和群众性体育赛事活动审批,是

《办法》的重要内容之一,除申办国际体育赛事、健身气功、航空体育、登山等运动项目的体育赛事活动外,体育总局对体育赛事活动一律不做审批。为了保障体育赛事活动的组织方、参与方及其他人员的相关权利义务,一方面,《办法》规定了体育部门和体育协会为社会力量举办体育赛事活动提供必要的指导和服务,加强对体育赛事活动组织者及相关从业人员的培训,不断提高体育赛事活动组织水平;另一方面,强化体育赛事活动监管,体育部门通过建立健全体育赛事活动监管工作机制,综合运用多种监管手段,充分发挥"互联网+监管"的功能,加快实现各相关部门、各层级和各领域监管信息的共享和统一应用,实现综合监管、智慧监管、动态监管。体育协会修改完善章程,增加体育赛事活动管理的内容,制定相关管理办法。主办方和承办方加强对体育赛事活动中赛风赛纪的管理,完善处理机制等具体措施保障各方合法权益。对于违反《办法》规定的行为,由地方体育部门或其委托的综合行政执法部门依法给予相应的行政处罚。

(二)《办法》的规范衔接

体育赛事活动的管理不仅需要政府的监管,也需要行业自律,《办法》对体育赛事活动管理作出整体规定,全国性单项体育协会遵循《办法》的相关规定制定各自的管理办法和指南、指引,实现与《办法》的衔接,构建完整的管理体系。

1. 制定协会办法,加强行业监管

《办法》第38条规定:"全国性单项体育协会应当在协会章程中规定本项目体育赛事活动管理的内容,并制定相关管理办法,出台本项目体育赛事活动组织的团体标准、奖惩措施、信用管理、反兴奋剂工作等规范,加强行业自律。"该条是体育法治与行业自律在体育赛事活动管理领域的结合,《办法》作为强制性的法律约束,行业自律是非强制性的道德约束,两者共同作用于体育赛事活动管理,有助于弥补体育法治自身监管不足,实现良好的规范治理。

2020 年全国共有 5 个单项体育协会和项目管理中心遵循《办法》制定相关管理办法,即 2020 年 3 月 26 日,体育总局举重摔跤柔道运动管理中心发布《中国式摔跤裁判员管理办法(暂行)》;2020 年 8 月 13 日,体育总局航管中心发布《悬挂滑翔翼运动管理办法(试行)》;2020 年 9 月 15 日,体育总局社体中心发布《全国柔力球竞赛裁判员管理办法》;2020 年 9 月 27 日,中国航空运动协会发布《全国模拟飞行运动管理办法》(2020 修订版);2020 年 9 月 29 日,中国象棋协会发布《中国象棋协会纪律准则和处罚规定》。同时为加强监管,上述各单项体育协会管理办法均规定通过建立体育赛事活动监管制度,完善管理网络,形成多级监管体系,层层压实责任,上下联动,专人负责,充分发挥"互联网+监管"功能,实现各层级监管信息及时收集、共享和统一应用,达到综合监管、智慧监管、动态监管。

2. 制定指南和指引,加强赛事活动服务

《办法》第 31 条第 1 款规定:"全国性单项体育协会应当充分发挥专业优势,加强体育赛事活动的标准化、规范化建设,制定出台本项目体育赛事活动组织的办赛指南和参赛指引。"2020 年 6 月 2 日,体育总局武术中心和中国武术协会向社会公布《武术搏击类赛事活动办赛指南(试行)》和《武术搏击类赛事活动参赛指引(试行)》;2020 年 6 月 12 日,体育总局体操中心发布《关于印发健美操等项目办赛指南和参赛指引的通知》;2020 年 6 月 28 日,体育总局体操中心发布《关于印发中国蹦床与技巧协会蹦床项目办赛指南、参赛指引的通知》。

上述全国性单项体育协会制定的办赛指南和参赛指引均规定了组织体育赛事和参与体育赛事的基本要求。以《武术搏击类赛事活动办赛指南(试行)》和《武术搏击类赛事活动参赛指引(试行)》为例,其进一步明确了武术搏击类赛事活动的管理、申办、赛事组织、安全保障措施,细化了办赛的基本条件、标准、规则、程序和参赛的资格要求(参赛年龄、训练年限、比赛成绩、身体状况、体重级别等)及注意事项,强调了办赛参赛的合法性、安全性、规范性,引导搏击类赛事活动标准化、规范化发展。

3. 提高体育治理体系和治理能力,纵深推进"放管服"改革

《办法》取消商业性和群众性体育赛事审批是优化服务、激发社会和市场活力的体现,是对体育领域"放管服"改革的践行,是对国家体育治理体系的完善和对国家体育治理能力的提高。在取消相关体育赛事活动审批的基础上,为确保体育赛事活动有序开展,需要不断优化决策和强化监管。

在优化决策层面,体育总局分别下发《关于做好"十四五"时期体育决策咨询专家推荐工作的通知》《关于印发〈关于进一步健全机制充分发挥法律顾问作用的意见〉的通知》以及《关于开展 2020 年国家体育总局决策咨询研究项目申报工作的通知》。上述通知和意见说明体育总局落实政府法律顾问制度,为重大决策和行政行为提供法律咨询意见及法律服务,推进行政决策法治化,从决策层面完善体育治理体系和提高治理能力。

在强化监管层面,《办法》第 34 条规定:"体育部门应当建立健全体育赛事活动监管工作机制……"为此 2020 年 12 月 23 日和 25 日体育总局办公厅分别发布《关于公开运动员技术等级赛事名录有关事项的通知》和《关于加强运动员技术等级信息录入监督管理的通知》,切实解决运动员技术等级管理过程中的突出问题,规范工作程序,主动接受社会监督,促进体育赛事活动发展。

(三)《办法》的立法分析

1. 立法形式分析

《办法》通过体育总局令第 25 号颁布,在效力级别上属于部门规

章,这也是2020年中央体育立法颁布的唯一一部部门规章,其意义重大。早在《办法》颁布之前,体育总局主要依据《关于推进体育赛事审批制度改革的若干意见》《关于印发〈全国性单项体育协会竞技体育重要赛事名录〉的通知》《体育赛事管理办法》《关于印发〈关于进一步加强体育赛事活动监督管理的意见〉的通知》对体育赛事活动进行管理。但上述文件均为部门规范性文件,根据我国《立法法》的规定,部门规范性文件并不是法,所以,在《办法》颁布之前我国对体育赛事活动的管理,不仅存在着文件繁多、等级较低的问题,还存在着规范依据非法律的风险。

在全面"依法治体"建设体育强国的时代背景下,此次《办法》以部门规章的形式颁布不仅是对已有文件的整合,提高管理效率,更是为了避免体育行政部门利用部门规范性文件的形式发布大量的政策决定,在事实上对公民、法人或其他组织的权利义务造成实际影响,将体育赛事活动的管理纳入有法可依的框架下。体育赛事活动作为体育竞赛表演业的核心产品,在推动我国体育产业发展,产业结构优化升级,提高人民生活质量方面发挥越来越重要的作用。以《办法》作为规范依据将进一步推动体育赛事活动蓬勃开展,并有助于体育赛事活动管理规范化、制度化、法治化,不断提高体育治理体系和治理能力现代化水平。

2. 立法内容分析

在权利保障层面,《办法》专章规定了体育赛事活动的组织方、参与方以及其他人员的相关权利,为相关主体参与体育赛事活动提供法治保障。在程序规范层面,《办法》涵盖了对体育赛事活动的赛前、赛中和赛后规范。赛前尚需审批的国际体育赛事活动、健身气功、航空体育、登山等运动项目按照《办法》程序报批;赛中的服务和监督体现了对社会力量举办体育赛事活动的支持和保障;赛后通过追究法律责任来实现对体育赛事活动的约束。商业性和群众性体育赛事的取消审批是《办法》规定的重要内容。我国商业性和群众性体育赛事审批制度变革本质上是政府行政管理体制改革的有机组成部分,是新形势下政府职能转变、体育体制改革与体育赛事市场改革的时代需要。

宏观上,政府职能转变首要一点就是简政放权,要求政府把不该管、管不好的事项下放给社会与市场,持续释放市场与社会活力,在商业性和群众性体育赛事领域就是通过行政审批制度改革,取消商业性与群众性体育赛事的审批权,让市场在资源配置中起决定性作用,避免以行政之手干扰原本可以由市场来调配的资源配置,以防止形成垄断,界定清晰政府的作用。中观上,持续多年的体育体制改革已经到了深水区,赛事审批制度沿用多年,存在诸多弊端,政府人为设立办赛"门槛",使得体育消费呈现"两极化"——要么是大型职业赛事,要么是完全免费的群体活动,此问题亟须解决,以释放市场活力,大力发展体育赛事产业,助推全民健身。微观上,商业性体育赛事行政审批已是制约该领域市场主体健康发展的制度桎梏,审批权的实质是以政府的角度决定赛事。取消商业性和群众性体育赛事审批,社会力量能够完全从市场需求的角度出发,开发出符合市场消费需求的体育赛事活动。

取消商业性和群众性体育赛事审批意义重大:首先,激活了体育赛事市场。体育赛事主办者将日益多样化,各类企业、协会、学校、组织等都可能成为体育赛事的主办者。其次,淡化了政绩色彩,促进了体育产业发展。将体育赛事还权于市,还利于民,使得群众性和商业性体育赛事的文化和经济色彩浓于奖牌和政绩色彩,推动了全民健身和改革的成果惠及于民,同时也有效地激发了蕴藏于其中的体育产业的巨大的商业价值。因为在体育产业结构形态中,以体育赛事为核心的竞赛表演业是最具影响力、竞争力、最吸引人们眼球的体育创新活动。最后,推动了体育体制变革。取消商业性和群众性体育赛事审批,能够有效矫正政府配置赛事资源的负外部效应,减少权钱交易发生的可能性,使得体育赛事更加简明和透明,有效防止权力寻租和腐败。

3. 立法意义分析

《办法》一方面将取消商业性和群众性体育赛事审批法定化,以激发体育赛事产业的活力与动力,使体育产业逐步发展成为我国国民经济的支柱产业;另一方面又强化体育赛事活动的监管,明确了政府与行业自律相结合的原则。

体育作为重要的社会事业,在实现"两个一百年"奋斗目标的战略全局中发挥着独特的作用。体育赛事活动由于群众参与广泛,人员密度高,存在各类事故隐患和安全风险。随着国内疫情防控形势持续稳定,北京冬奥会等大型国际、国内赛事日益临近,各类体育赛事活动呈现出频次密集、规模大、关注度高、辐射面广等特点,随之而来的各种安全风险也更加凸显。我们必须以习近平总书记关于安全生产工作的系列指示批示精神为根本遵循,牢固树立以人民为中心的发展理念,坚持人民至上、生命至上,切实维护人民群众的身体健康和生命安全,维护社会环境的安全稳定。体育赛事安全监管是完善体育赛事安全保障体系和推动体育产业发展的必要手段。《办法》第 3 条规定"体育赛事活动应当坚持政府监管与行业自律相结合的原则,实行分级分类管理,加强事中事后监管,优化体育赛事活动服务",确定了政府与行业的合作监管。合作监管是关于监管理论的新发展,它试图克服传统政府作为单一主体在履行监管职权时的缺陷,通过引入多元监管主体,实现公私合力。政府与行业合作监管具有互补性,体育赛事是多维的、动态的,仅依靠行政监管抑或行业监管,都很难彻底消除赛事安全风险。如《办法》第 3 条第 2 款规定"国家体育总局(以下简称体育总局)负责全国范围内体育赛事活动的监管。县级以上地方人民政府体育主管部门(以下简称地方体育部门)负责所辖区域内体育赛事活动的监管",这实际上确定了中央与地方赛事活动的监管范围。但实践中一些体育赛事往往是跨行政区域的,纯粹依赖行政监管或行业监管则会出现监管的“真空”。行政机关在管理上具有高度的权威性,制度较为稳定,并以执法权保障监管的效能。囿于行政资源的有限性,行政机关只能集中力量重点监管体育赛事安全的某些环节,因而可能出现监管疏漏、监管盲区等情况,这意味着国家需要依附体育社会组织的高度专业化、精细化以及强动员能力,回应人们多样化的公共体育服务需求,达到提升体育治理效能的目的。行业协会的非官方性使得其在管理的权威性上弱于行政机关,但行业协会的专业性和民间性使其可以通过设置行业标准、协商签订契约、确立认同方式等灵活手段进行赛事安全监管,这样既可以实现专业化的监管,又能及时作出反应。二者结合能够克服自身缺陷,实现互补:在制度有漏洞或空白时,行业协会可以迅速以专业化、协商化的手段进行监管;在执行监管乏力时,行政机关可以用强制手段保障安全监管措施的落实。

4. 立法发展分析

《办法》围绕取消商业性和群众性体育赛事审批为核心,建构了以组织、服务、监管和法律责任为配套的管理体系。政府与行业协会作为指导和监管的主体,在取消赛事审批后体育行政部门如何转变自身职能定位以及更好地发挥指导与监管作用,将是未来立法研究的新方向。

一方面,在取消体育赛事审批之后,体育行政部门应当转变体育赛事管理观念,构建服务型、法治型政府。政府应该为社会办赛主体提供办赛可行性分析,作出赛事策划和布局,发挥政策导向以及相关配套措施的构建和服务职能,变微观干预为宏观引导。政府作为公共权力的行为代理人,既是体育赛事制度体系的变革者,也是体育赛事公共服务的主要供给者,更是推动体育赛事治理能力现代化的行动者。因此,转变政府职能将落脚于完善治理手段,谋求体育赛事治理能力的现代化。

而在这一过程中,核心的治理手段便在于“法治”。依法治理体育赛事,谋求体育赛事治理能力的现代化。

另一方面,虽然《办法》确定了政府与行业合作监管的原则,但我国体育赛事安全监管依然存在监管主体多元但职权范围不清、责任多样但承担方式不明等问题。明确权力和权利的行使边界是事关体育赛事安全监管能否顺利进行的关键环节。行政监管和行业监管合作模式要求厘清行政机关监管的职权范围和单项协会监管的权力范围,避免出现监管缺失和监管重叠的现象,进而完善体育赛事安全监管制度、带动体育产业高质量发展,提升体育治理能力。

三、完善反兴奋剂立法:《反兴奋剂规则》

(一)反兴奋剂立法的完善背景

党和国家历来高度重视反兴奋剂工作,2020 年 9 月 22 日,习近平总书记在教育文化卫生体育领域专家代表座谈会上强调:要坚决推进反兴奋剂斗争,强化拿道德的金牌、风格的金牌、干净的金牌意识,坚决做到兴奋剂问题“零出现”“零容忍”。这是总书记第一次明确提出“反兴奋剂斗争”的要求,把反兴奋剂纳入为实现“两个一百年”奋斗目标、中华民族伟大复兴的中国梦所进行的伟大斗争中来,充分彰显了反兴奋剂工作的极端重要性。经过 30 多年的持续努力,我国的反兴奋剂工作取得了长足进步,反兴奋剂法律规范体系初步形成,管理体制和运行机制基本确立,兴奋剂检查、检测能力明显增强,宣传教育的覆盖面不断扩大,各项保障和管理措施不断完善,同时也为全球的反兴奋剂斗争作出了重要贡献。但当前国际反兴奋剂形势复杂多变,极易触发政治问题,同时世界反兴奋剂治理体系正面临重大变革期。国内反兴奋剂形势依然严峻,兴奋剂违规事件持续发生且有增长态势,故意使用兴奋剂的问题突出,误服误用的风险较高,青少年体育、社会体育、职业体育、高校体育不断被兴奋剂侵蚀,也反映出我国反兴奋剂治理体系和治理能力存在短板。

(二)反兴奋剂立法的完善措施

为此,2020 年 12 月 28 日,体育总局颁布《反兴奋剂规则》并自 2021 年 1 月 1 日起实施,有效期限为 6 年,其效力级别为部门规范性文件。《反兴奋剂规则》的出台是为贯彻落实习近平总书记关于反兴奋剂工作重要指示批示精神,落实《反兴奋剂工作发展规划(2018—2022)》和《"反兴奋剂工程"建设方案》要求,完善反兴奋剂法律规范体系,为体育强国建设和坚决推进反兴奋剂斗争提供更为有力的法治保障。体育总局对《体育运动中兴奋剂管制通则》进行了全面修订,并吸纳了《兴奋剂违规行为听证规则(暂行)》《运动员行踪信息管理规定》《运动员治疗用药豁免管理办法》的相关内容,形成了《反兴奋剂规则》,作为规范反兴奋剂工作具体实施的技术性、操作性规则。

(三)反兴奋剂立法的完善意义

《反兴奋剂规则》为防止在体育运动中使用兴奋剂,规范体育运动中反兴奋剂工作提供了具体的规范指引。同时,《反兴奋剂规则》在制定过程中主要参照了反兴奋剂国际规则和国际标准,其在第 1 条明确规定:"……参照《世界反兴奋剂条例》(以下简称《条例》)及有关国际标准,制定本规则。"这种参照国际规则与标准的立法模式,一方面能够实现反兴奋剂领域国内与国际规则的统一衔接,另一方面该模式更重视运动员权利保护,更关注完善的权利救济机制的价值,更尊重权利保障主体地位的价值。

四、深化体教融合发展:部门协调全面推动

《关于深化体教融合 促进青少年健康发展的意见》(以下简称《意见》)明确提出"深化具有中国特色体教融合发展,推动青少年文化学

习和体育锻炼协调发展”的总体要求,是新时代我国全面协调学校体育工作和竞技体育后备人才培养工作的规范性文件。它需要通过体育部门与教育部门对体育领域资源结合以及价值观的协调,以推动体教融合发展。

(一)体教融合发展的内涵

为贯彻落实习近平总书记关于体育强国建设的重要指示和全国教育大会精神,充分发挥党委领导和政府主导作用,深化具有中国特色体教融合发展,推动青少年文化学习和体育锻炼协调发展,促进青少年健康成长、锤炼意志、健全人格,培养德智体美劳全面发展的社会主义建设者和接班人,2020 年 4 月 27 日中央全面深化改革委员会第十三次会议审议通过了《意见》,这标志着我国学校体育工作和竞技体育后备人才培养进入了新时代和新阶段。《意见》从加强学校体育工作、完善青少年体育赛事体系、加强体育传统特色学校和高水平运动队建设、深化体校改革、规范社会体育、大力培养体育教师和教练员队伍、强化政策保障、加强组织实施八个方面,为新时代学校体育工作和竞技体育后备人才培养指明方向,真正解决竞技体育人才培养全面协调、可持续发展的关键问题和基础问题。

《意见》以体教融合发展为核心,对学校体育、青少年体育赛事体系、普通高校高水平运动队、普通体校、社会体育组织、体育师资与教练员资源、政策保障与协同化组织进行规范。在学校体育方面,构建全学段、立体、衔接、完善的体育健康促进体系,以高质量的体育教学和课外体育活动向社会、家庭、个人展现学校体育工作的价值和功能。在青少年体育赛事体系方面,厘清“参与是目的、竞技是平台、教育是手段”的青少年体育赛事本质,构建分级、分层、相互衔接的青少年体育赛事体系,以达成为青少年身心健康和竞技体育后备人才培养服务的多元化目标。在高水平运动队建设方面,以体育传统特色学校和高校高水平运动队促进体育与教育资源优势互补、共生、互惠,保障有潜质的体育特长生有上升的通道,通过弘扬学校体育正能量,把竞技精神注入全体青少年生命之中。在体校改革方面,提高体校学生的文化教育水平,保障教练待遇,以提高人才培养质量,丰富体校多元化功能,夯实体校精英化人才培养基础。在社会体育组织方面,构建新时代由社区资源、社交媒介、网络社会居民等社会资本要素构成的一体化的社会体育组织体系。在体育师资与教练员资源方面,鼓励优秀退役运动员进入校园担任体育教师或教练员,为优秀退役运动员转型拓展职业发展空间;逐年扩大基层教练员、青少年体育俱乐部专业技术人员的培训规模,帮助基层教练员提升知识水平和技能水平。在政策保障与协同化组织方面,提供青少年体育服务的多元主体,强化体育促进青少年健康发展的责任定位,激发参与体教融合的热情,实施科学策略,提高青少年健康促进的效率和竞技体育人才培养的质量。

(二)体教融合发展的意义

《意见》重塑了“体”与“教”的蕴涵。体教融合是对体教结合的反思,早在2005年体育总局与教育部联合发布的《关于进一步加强普通高等学校高水平运动队建设的意见》就明确提出了体教结合的概念,并由高等学校的高水平运动队作为体教结合的试验田。但由于经费、训练设施与保障以及竞赛体系等原因,大多数高校的高水平运动队大都处于低水平竞技层面,很难成为竞技体育后备人才培养的补充力量。体教结合模式并未解决竞技体育人才培养的关键和基础问题,即理解并处理“体”与“教”的关系,从而解决“学训矛盾”。所以,体教结合模式很难说是成功的。体教融合中的“体”与“教”不应片面理解为“体育”和“教育”,更应包括“体育部门”和“教育部门”。对体教融合的理解也不能只认为是“体育部门”和“教育部门”资源的简单相加,更包括将“体育”与“教育”在价值、功能和目的上充分结合。《意见》实现了这一理念的变革。

体教融合在发展理念上要以以文"化"人、以体"育"人的理念为指导,将体育和教育充分融合并形成合力,促使体育彰显更强的育人功能与价值,实现学校体育和竞技体育在概念和理念上的变革。在发展方式上,不仅宏观上要求国家层面体育和教育部门协同配合,还要求中观的党政机构破除部门封闭思维,摒弃部门立场,以加强竞技体育后备人才培养和促进青少年健康发展为导向,而且还要求微观的学校、家庭、个人及相关社会组织优化设计路径,强化自身改革,推动融合发展。在具体举措上,要求体育和教育部门两个主体实现思想融合、目标融合、资源融合和措施融合等多方位融合。从提高思想认识、更新培养模式、改革评价机制等方面进行调整与完善,强调细化举措与分工,并积极对接社会、市场,推动更多社会力量助力青少年健康成长,最大化增强体教融合的协调性。在结果呈现上,要求各级学校培养的高水平竞技体育后备人才持续高效涌现,学校体育综合育人的功效和价值得以充分展现。

(三)体教融合发展的方向

虽然"推动青少年文化学习和体育锻炼协调发展"已经成为《意见》的总体要求,但这一理念在实践中尚需普及。如何实现理念创新,让文化学习与体育锻炼协调发展深入人心,仍然是体教融合的关键性问题。深化体教融合发展需要教育与体育部门之间协调全面推动,但教育与体育部门之间的不协调问题仍然突出。具体表现在:一方面是教育系统内部体育教育和文化教育之间发展不协调,表现为对文化教育的重视程度较高,而对体育教育的重视程度不足,造成青少年体质健康状况仍然是教育中的短板。另一方面是体育系统和教育系统之间发展不够协调,部门之间的培养体系、教学资源运行机制等融通性不够,在各自系统的运行中,体育系统的体育人才文化教育水平整体不高,缺少文化教育的师资力量,体育人才退役后因文化素质不高就业出路不畅。此外,《意见》提出要加强组织实施,统筹资源,但目前体教融合的资源共享不足。存在体育与教育资源各自分离、流通不够顺畅、资源优化配置能力不足等问题。

基于以上体教融合发展存在的诸多问题,未来应采取相关措施优化体教融合发展。首先,要营造浓郁的校园体育文化氛围,弘扬蕴含体教融合的价值观念并使其深入人心,基于文化自信与传承,促进我国教育软实力核心竞争力提升。其次,要理顺体育与教育部门的权责匹配,完善体育与教育管理的组合方式,构建顺畅的竞技体育融入教育的组织保障机制。最后,挖掘教育带动体育的延伸功能,以教育发展辐射和促进体育发展;重视体育的社会化价值和教化价值,以体育发展充实教育发展。

五、加强体育管理与服务:面对需求积极应对

受新冠肺炎疫情影响,东京奥运会推迟、体育赛事停办、体育产业停工停产,这些无不考验着体育行政部门。为此,体育总局第一时间召开国家队疫情防控工作部署会,指导国家队围绕“防疫情、保备战”要求,全力做好奥运备战工作。在全民抗疫防疫中,体育总局大力推广居家健身,利用新媒体推广简便易行、科学有效的健身方法,指导人民群众居家科学健身。在国内疫情稳控后体育总局下发指导意见,审慎、安全、有序恢复体育赛事活动和体育产业。

同时,如何全面提升全民健身公共服务水平同样是全民健身战略下亟须解决的问题。为此,2020 年 9 月 30 日国务院办公厅下发《关于加强全民健身场地设施建设 发展群众体育的意见》,通过采取对体育场地挖掘潜能,注重复合使用、提升建设水平,注重运营效率、协同治理,注重督促指导等措施,有效解决制约健身设施规划建设的瓶颈问题,提升全民健身公共服务水平。

(一)面对疫情影响,体育积极应对

2020年是决战东京奥运会、备战北京冬奥会、建设体育强国的关键节点,然而突如其来的新冠肺炎疫情给整个体育行业带来了前所未有的冲击,受疫情影响,体育赛事被大量取消、体育行业停工停产。面对疫情带来的严峻挑战,全国体育系统迅速行动,坚持把保障人民群众身体健康和运动员健康安全放在首位,体育总局统筹做好新冠肺炎疫情防控与体育工作领导小组迅速成立,研究制定体育总局疫情防控重大工作方案,明确疫情防控统一指挥、每日报告、督查督导等各项工作机制。全国体育系统认真贯彻落实习近平总书记关于体育工作的重要论述和党中央、国务院决策部署,勠力同心、迎难而上,统筹推进疫情防控和体育工作,在砥砺奋进中凝聚中国必胜的信念,展现了体育精神、体育力量、体育担当。

1. 疫情之下的奥运备战

抗击疫情责无旁贷,奥运备战分秒必争。紧紧围绕"防疫情、保备战"的要求,体育总局第一时间召开国家队疫情防控工作部署会,出台国家队疫情防控管理措施,把疫情对奥运备战工作的影响降到最低。中国女篮三战告捷,取得东京奥运会参赛资格;2020年全国游泳冠军赛上,徐嘉余、闫子贝、张雨霏和杨浚瑄一起打破了美国队创造的男女4×100米混合泳接力世界纪录;此外,羽毛球、体操、自行车、拳击等17个项目参加46场奥运资格赛,获得18个奥运参赛席位,基本实现了"该拿的资格都拿到"的目标。同时,在疫情期间广大体育工作者战斗在抗疫斗争的第一线,赴训练基地与国家队队员同吃同住同训练,协调解决防疫和备战工作中的实际问题,有力保障了各训练基地的安全稳定。国家队利用长期封闭的特殊训练环境,查问题补短板,通过集中拉练、分批次开展军训、开展线上对抗赛、体能大比武等多种形式,着力提升训练实效,磨炼意志品质,锤炼战斗作风,打造能征善战、作风优良的队伍。面对防控疫情与备战奥运的双重任务,中国体育健儿在党中央、国务院、体育总局疫情防控相关要求下,充分展现出中华体育精神。

2. 疫情之下的居家科学健身方法

为满足疫情防控期间群众健身需求,2020 年 1 月 30 日,体育总局办公厅下发《关于大力推广居家科学健身方法的通知》,要求各地体育部门要在当地党委、政府和疫病防控指挥部的统一领导下,积极倡导居家科学健身。各地体育部门结合当地实际,推出简便易行、科学有效的居家健身方法。从方舱医院里的广场舞、八段锦、太极拳、五禽戏,到居家健身知识的宣传普及,再到极富创新性的各类在线体育赛事,通过大力推广居家健身,积极助力全民防疫抗疫,主动健身、主动健康的理念日益深入人心。

同时,体育总局通过各类媒体广泛宣传居家健身的重要性,推广居家健身方法,普及科学健身知识,倡导疫情防控时期的健康生活方式。体育工作者发挥专业优势,开设科学健身公开课。体育明星发挥示范效应,引领人们在线打卡健身。体育企业积极培育新模式、新业态,各个体育赛事供给方积极创新比赛形式,富有创造性地形成有效的体育赛事供给。各具特色的云赛事、云训练、云专家将体育服务精准推送到云端,为分布在全国各地的体育爱好者提供了丰富多彩的观赛和参与机会。诸如,“我与冠军 PK”家庭健身项目线上挑战赛、主题趣味亲子赛、全国象棋业余棋王赛、全球太极拳网络大赛、全国健身气功网络视频系列大赛等线上全民健身示范赛事活动,非常及时地丰富了广大人民群众的居家体育文化生活,充分体现了体育振奋人心、凝聚力量的作用。

3. 疫情之下的体育赛事恢复与体育产业复工复产

2020 年 7 月 6 日,体育总局印发《科学有序恢复体育赛事和活动推动体育行业复工复产工作方案》(以下简称《工作方案》)。科学有序恢复体育赛事和活动,是在疫情防控常态化情况下发展体育事业、体育产业的必然要求。疫情使广大人民群众对体育的需求也更趋复杂多变,体育总局直面新问题,研究新形势,精准施策,激发各类社会组织和市场主体的活力,积极推动体育产业复工复产,服务经济社会发展。《工作方案》强调,要坚持防控为先,把人民群众的生命安全和身体健康放在首位,全面落实疫情防控各项要求;同时要求分类推进、有序恢复体育赛事和活动。《工作方案》明确了推动体育赛事恢复、场地设施开放和群众体育开展等方面的具体措施,提振了体育行业信心,推动了体育产业复苏。篮球联赛、足球联赛、排球联赛、网球中国巡回赛等相继复赛,为广大群众提供了丰富多彩的体育赛事,对全面推进体育行业复工复产和恢复社会生产生活秩序发挥了积极作用。

4. 疫情之下助力国际体育界防疫

疫情之下,中国在积极探索体育赛事新常态的同时,加强国际体育交流与合作,彰显负责任大国形象。中国应国际奥委会要求推荐 3 名防疫和疫苗专家,为奥运会等国际体育赛事提供防疫抗疫支持;向 15 个友好国家和国际体育组织捐赠口罩等抗疫物资,支持国际体育界抗击疫情,受到国际体育界的高度赞赏;创新交流合作方式,线上与近 30 个国家体育部门和国际体育组织领导人进行视频交流,与有关国家签署或商签 19 份体育合作协议。在严格的防疫措施之下,国家雪车队、钢架雪车队、雪橇队圆满完成了 2022 年北京冬奥会延庆赛区赛道预认证测试任务,得到了国际体育组织高度称赞。在疫情防控常态化下,中国成功举办国际乒联男女世界杯及巡回赛总决赛,展示了我国疫情防控成果和体育大国的责任担当,为世界体坛提供了国际顶级赛事的中国方案,受到了国际体育界的广泛关注和赞誉。

(二)推动冰雪运动发展

1. 助力北京冬奥会

北京是全球首座既举办过夏季奥运会,又将举办冬季奥运会的城市,作为双奥之城,2022 年北京冬奥会和冬残奥会将是推动中国冰雪运动发展难得的历史机遇。为了保护北京冬奥会知识产权,助力冬奥会,2020 年 10 月 26 日,体育总局冬季运动管理中心发布了《"中国冰雪"标志使用规范》,明确界定标志的内涵是中国冰雪标志、中国冰雪吉祥物、中国冰雪及其简称等专有名称。冬季运动管理中心是标志的权利所有人,未经冬季运动管理中心许可,任何机构或者个人均不得擅自使用该标志,不得擅自利用与该标志有关的元素开展活动,不得为商业目的擅自使用该标志以引人误认为其与冬季运动管理中心之间有赞助或者其他支持关系。未经许可擅自使用该标志,或使用足以引人误认的近似标志,即侵犯该标志专有权。侵犯该标志专有权的,冬季运动管理中心有权要求其切实改正、挽回影响,并有权要求其对冬季运动管理中心的名誉损失和经济损失进行赔偿。

此外,志愿者是北京冬奥会和冬残奥会顺利进行的重要保障,为弘扬奥林匹克精神,践行志愿服务宗旨,在全社会营造迎冬奥、讲文明、树新风的良好氛围,更好助力北京冬奥会,2020 年 9 月 21 日,北京冬奥组委会同中央文明办、共青团中央、教育部、体育总局、中国残联、中国志愿服务联合会共同发布了《广泛开展迎冬奥志愿服务活动倡议书》。同时,北京冬奥组委志愿者部将会考虑各种影响和不确定性,提前做好工作调整、制定好应急预案;针对冰雪运动的特殊性,冬奥组委将给志愿者普及更多的冰雪运动、安全防护等专项知识,并加强志愿者防寒、保暖等方面的保障;针对两省三地办赛的赛事安排,将按照统一规划、统一标准的原则,统筹做好志愿者的培训、保障工作。

2. 促进推广普及群众性冰雪运动

"带动三亿人参与冰雪运动"是北京携手张家口申办 2022 年冬奥会时,中国向国际社会作出的郑重承诺。我国以筹办 2022 年北京冬奥会为契机,推动冬季运动发展,大力推广普及群众性冰雪运动,推进体育强国建设。为此,2020 年 11 月 24 日,体育总局下发《关于开展 2020—2021 年群众冬季运动推广普及活动的通知》;2020 年 11 月 26 日,文化和旅游部办公厅、北京冬奥组委秘书行政部、体育总局办公厅下发《关于开展全国冰雪旅游宣传推广活动的通知》;2020 年 11 月 26 日,体育总局办公厅下发《关于在“第七届全国大众冰雪季”期间广泛开展群众性冰雪活动的通知》。上述规范性文件是在习近平总书记关于统筹推进新冠肺炎疫情防控和经济社会发展、“冰天雪地也是金山银山”的重要批示指示精神统领下,积极利用新媒体、新平台、新技术等创新活动举办方式和宣传报道形式,通过广泛宣传推广冬奥文化、冰雪文化、冰雪旅游等,更好地满足广大人民群众的冰雪旅游消费需求,更好地繁荣和活跃冰雪旅游市场,更好地促进经济社会发展。

(三)加强全民健身场地建设

全面落实全民健身国家战略,建设举步可就的体育健身场地是“牛鼻子”问题。只有让群众就近有场地、有指导、有组织、有活动、有赛事、有文化氛围,全民健身工作才有立足点。为了全面提升全民健身公共服务水平,着力破解群众身边的健身难题,2020 年 9 月 30 日国务院办公厅发布《关于加强全民健身场地设施建设 发展群众体育的意见》,要求在进一步完善全民健身场地设施建设的同时,推动从“有没有”到“优不优”的跨越,大力发展以人民为中心的体育。通过加强全民健身场地设施建设和发展群众体育的一系列新政策、新举措、新要求,多措并举推动相关举措贯彻落实。

首先,挖掘潜能,注重复合使用。可应社会主体申请使用空闲用地建设健身设施,鼓励依法依规使用公益性建设用地建设健身设施,支持各级政府在符合城市规划的情况下,以租赁方式向社会力量提供建设健身设施土地,并鼓励复合利用土地建设健身设施,进而解决人民群众“健身去哪儿”的问题。

其次,提升建设水平,注重运营效率。对新建健身设施要协调相关职能部门,加大“放管服”改革力度;对公共体育场馆改造要强化平战功能。在规范运营模式的基础上,以委托运营方式让专业团队运营健身设施。特别是要采取切实可行的措施完善大型体育场馆免费或低收费开放补助政策,运用激励机制,鼓励各地区委托专业机构对符合开放条件的学校体育场馆进行集中运营,并要求公共体育场馆运营方要执行场馆信息化建设标准规范,确保场馆安全、高效运营。

最后,协同治理,注重督促指导。体育总局会同有关部门制订落实工作计划和工作台账,对各省(自治区、直辖市)政府贯彻落实《意见》情况进行跟踪评估并做好督促指导。同时各有关部门需加强沟通,对健身设施规划、用地、开放运营等标准进行细化,协同发力,共同构建完善的全民健身公共服务体系。由此,通过完善健身设施建设顶层设计,增加健身设施有效供给,补齐群众身边的健身设施短板,大力开展群众体育活动,有效解决制约健身设施规划建设的瓶颈问题,形成群众普遍参加体育健身的良好氛围。

综上所述,2020年中央体育立法工作,以习近平新时代中国特色社会主义思想为指引,深入贯彻落实党的十九大和十九届二中、三中、四中、五中全会精神和习近平法治思想,紧紧围绕体育中心任务,从全局谋划,持续发力,扎实推进体育法治建设,不断提高体育事业发展的制度化、规范化水平,为加快推进体育强国建设、推进体育治理体系和治理能力现代化作出积极的贡献。

地方体育法治建设报告(2020)

在2020年疫情常态化的新形势下,群众体育和竞技体育的开展方式和发展方式发生了重大变化,职业体育和体育产业面临重大困难和挑战,各地体育建设政策、举措和治理方式面临大考,地方体育的法治保障状况是全国体育法治保障的缩影。

一、地方体育法规及政策发展分析

2020年,各地方人大和政府围绕中心任务,聚焦地方建设,在全民健身、体育赛事、体育治理等方面,重点发力开展地方体育立法,提高依法治体水平,发挥了地方立法在经济社会和体育建设中的独特作用与价值。

(一)2020年地方体育立法概况

由于严格意义上的省级人大地方立法和省级政府规章在体育领域的数量较为有限,我们适当扩大分析对象,将与体育相关的省级政府的规范性文件也纳入分析考察的范围。在分析过程中,为便于比较和反馈,我们适当穿插了2010年至2019年地方体育立法的情况。

1. 2020年地方体育规范性文件数量

根据各省级人大常委会网站、各省级政府网站、各省级体育局网站获取的数据,2020年全国新增省级地方体育规范性文件共94件,其中,以区域为分类统计标准,东部地区立法数量最多,达 44 件,其中广东省、福建省、江苏省的规范性文件最多。中、西部地区立法数量大致相当,分别为 26 件和 24 件。与 2010 年至 2019 年的体育规范性文件(含地方立法)数量相比,中部较前十年增长 0.84%,虽然增长率较低,但是体现出中西部各省市也逐渐加大了对地方体育建设的重视。总体而言,2020 年度东部、中部、西部的地方体育规范性文件的数量仍然呈现较大的区域差异。

2. 2020 年地方体育规范性文件的类型

就规范性文件的类型而言,2020 年网络可查的 94 件地方体育规范性文件中,有地方性法规 4 件,即《广东省高危险性体育项目经营活动管理规定(2020 修订)》《黑龙江省体育发展条例(2020 修正)》《黑龙江省体育经营活动管理条例(2020 修正)》《福建省体育经营活动管理条例(2020 修正)》;地方政府规章 3 件,即《浙江省公共体育设施管理办法》《上海市体育赛事管理办法》《陕西省体育赛事管理办法》。

3. 2020 年新增地方体育法规的立法技术问题分析

首先,就立法名称而言,2010 年至 2019 年的地方体育立法文件多以"条例""办法""规定""意见"等命名。2020 年地方体育立法的名称较之前更为严谨,即地方性法规一般以"条例"命名,而地方政府规章,则均以"办法"命名。

其次,就立法主题而言,7 件地方体育立法中,只有《黑龙江省体育发展条例(2020 修正)》是综合性的体育立法,其他 6 件都是专门性的体育立法,且集中在体育经营、体育设施和体育赛事方面。2020 年 1 月 17 日,体育总局公布《体育赛事活动管理办法》。陕西、上海相继出台体育赛事管理办法是结合地方实际落实全国性体育法规的重要行动。广东、福建、黑龙江等地对体育经营管理规范进行修改,说明地方正在积极应对体育产业发生的巨大变革,立法适应经济社会建设,及时补短板、强产业、惠民生。

再次,就地方体育立法的创制类型,4 件地方性体育法规均采用修改法规的方式。采用修改的方式创制地方体育法规,说明地方体育建设的手段和方式更加成熟,各地正以更加积极的方式完善体育治理方式,地方体育立法的内容也向纵深推进。

最后,就地方立法的被动性而言,地方体育立法更多的是适应全国性体育法律法规的修改,被动地进行修改。比如,《上海市体育赛事管理办法》的出台背景就是《上海市体育竞赛管理办法》滞后于上海体育事业建设实践,也滞后于体育总局出台的《体育赛事活动管理办法》。《上海市体育赛事管理办法》进一步落实了体育赛事领域“放管服”改革,鼓励社会力量办赛,鼓励和促进更多市场主体和社会力量依法办赛,突出了体育赛事领域服务保障与监督管理相结合,提高体育赛事管理水平。再比如,原《黑龙江省体育经营活动管理条例》第 12 条的内容为“发行中国体育彩票应当由省体育彩票管理机构按照国家体育主管部门和中国人民银行的规定组织实施。所得公益金应当用于发展体育事业”。为了符合上位法和我国财经管理制度的改革,此次修改为“发行中国体育彩票应当由省体育彩票管理机构按照国家体育主管部门和国务院财政部门的规定组织实施。所得公益金应当用于发展体育事业”。这些修改增强了地方体育立法的及时性、系统性、针对性和有效性,为开展体育工作提供了法治保障。

(二)2020 年地方体育规范性文件的调整领域

2020 年出台的 94 件地方体育规范性文件中,87 件为规范性文件,主要是传达中央和上级精神,及时部署落实重大战略和重大部署的文件。2020 年疫情防控是国家治理和社会发展的主要议题,体育领域关于疫情防控的政策措施也是频繁出台,适时调整。2020 年,各省(市、自治区)所发布的地方体育规范性文件中与新冠肺炎疫情防控相关的文件数量最多,其次是体育产业融合发展方面的文件。随着“健康中国”和“全民健身”国家战略的全面贯彻实施,体育产业刺激消费、提升国民经济发展动力的作用不断凸显,新增规范性文件更加注重体育产业与其他产业和社会事业的融合发展,发挥全民健身刺激消费、带动经济发展的作用,东部、中部、西部省份在体育与其他产业的融合发展中均有所作为。

1. 地方体育规范性文件助力新冠肺炎疫情防控

新冠肺炎疫情暴发,全民健身、竞技体育和体育产业等方面均受到重大影响。为积极应对疫情,保护人民群众生命健康,各地在体育领域相继出台疫情防控文件,布置在疫情常态化的形势下如何开展体育活动。尽管各地对体育领域的疫情防控都非常重视,但是从规范性文件的分布和规范内容来看,还是有差别的。由于东部地区人口流动性更大,复工复产和经济社会复苏更快,东部地区体育领域的疫情防控规范性文件的数量占全国各省、自治区、直辖市的一半。

首先,从规范内容来看,不同省市体育领域有关疫情防控的规范性文件多是关于体育赛事活动的举办、体育场所的开放、运动队对新冠肺炎的预防以及体育项目经营单位的开放的通知;从覆盖领域看,2020年体育领域与疫情防控相关的地方规范性文件覆盖了体育产业、体育旅游、竞技体育、青少年体育、群众体育等各方面。

其次,从政策发布目标的优先级来看,有些省份强调疫情防控为先,而有些省份则是提出疫情防控和体育活动“两手抓、两手都要硬”。例如,2020 年 3 月,天津市新型冠状病毒感染的肺炎疫情防控工作指挥部《天津市新冠肺炎疫情防控期间室外体育健身场所开放服务工作指南》更为强调疫情的防控。而福建省教育厅办公室《关于转发教育部应对新冠肺炎疫情工作领导小组办公室在常态化疫情防控下做好学校体育工作指导意见的通知》提出,“积极指导和督促学校设计和安排好体育教学活动，充分发挥体育在学生抗击疫情中的重要作用，在继续抓好疫情防控的同时，进一步开展好学校体育工作”，体现了疫情防控和体育活动“两手抓、两手都要硬”的理念。

2. 保障体育与各项社会事业、产业融合发展

对2020年各区域地方体育规范性文件调整领域进行分析可以发现，东部、中部与西部均致力于出台疫情相关规范性文件，而在体育产业、体育赛事活动、学校体育等方面的规范性文件较少，各地关于体育产业与其他社会事业和产业融合发展方面的规范性文件没有明显的地区差异。这说明各省在体教融合、体医融合、体旅融合等方面，较好地贯彻了融合发展的理念，将体育纳入各项社会事业和产业中，同频共振、共同发展。

各地通过法规保障，政策引导、扶持和激励的方式，加快体育产业和其他产业的融合发展，积极推动全民健身，优化体育产业结构，促进体育产业消费，提升体育对国民经济的贡献度，突显体育的经济、社会作用，进一步贯彻落实全民健身、体育强国、健康中国等国家战略，助力我国迈入社会主义现代化强国行列。

3. 地方体育规范性文件全面保障各项体育事业建设

除了疫情防控和融合发展这两个重点关键词，2020年度各省体育规范性文件在体育强省建设、反兴奋剂、体育设施、体育经营活动、体育竞赛表演、线上体育等方面都有所涉及。在体育强省建设方面，2019年9月2日，国务院办公厅印发《体育强国建设纲要》，该纲要成为指引各地体育强国建设的指南性纲要文件。2020年，共有9个省份结合各自实际情况，颁布了关于各省贯彻落实《体育强国建设纲要》，建立体育强省的地方体育规范性文件。关于体育设施、体育竞赛表演、体育经营活动方面的规范性文件也有一定的数量。在新冠肺炎疫情常态化的形势下，为了响应人民群众对体育运动的需求，四川省和广西壮族自治

区还出台了通过互联网组织体育赛事活动的文件,为云健身、云运动提供了制度引导和保障。

(三)地方体育法规及政策的建设与完善

1. 2020年地方体育立法(规范性文件)的成效

通过对2020年各省(市、自治区)地方体育规范性文件的梳理分析,与2010年至2019年的省级地方体育立法情况相比,2020年地方体育立法在以下几个方面有了一定的发展:其一,地方体育立法对人民急需回应的问题更加关切;其二,地方体育立法的名称更加规范严谨;其三,地方体育立法的程序更加科学、效果更加突出;其四,地方体育立法与中央立法和政策的衔接更加顺畅;其五,地方体育立法与地方政策的互补性进一步加强。

2. 地方体育立法的不足

第一,地方体育立法的透明度仍显不足。通过网络检索发现,除河南省人大常委会之外,已有30个省级人大常委会建立和开放了地方性法规库(在线),其中26个地方性法规库可用,为地方性体育法规的公开性、透明度奠定了基础。但是,法规公开的时间、范围、内容、程度等仍显不足。法规公开部分只公布了法规,没有公布法规制定修改的原因;征求意见部分只有征求意见的通知,没有公布征集上来的意见整体情况和具体内容;法规制定的社会基础和调查依据、各相关部门的意见、立法总结等立法要素都没有向社会公布。

第二,地方体育立法的民主性、参与性不够。法规设立的征求意见环节,往往是一个月时间,有的甚至只有一周时间。对于公众提交的意见,相关部门既没有公布也没有反馈。采纳和不采纳的理由依据是什么,公众都无从知晓。法规立项程序中,缺乏听证程序,法规立项主要由党委和人大决定,人民性、民主性不能很好地发挥。总之,公众参与立法的机制还不健全,公众参与立法的热情和程度均不足。

第三,地方体育立法的专业性体现不足。在地方体育立法中,没有很好地发挥体育教师、运动员、教练员、体育实践工作者、体育科研工作者等体育专业人士的作用,体育立法中体育的专业性体现不足,往往用一般立法的理论和原则来解释和解决体育建设中的实践需求。体育立法的数据支持不足,立法调研过程中,对体育的功能没有全面认识,佐证数据没有全面反映民主和社会发展需求。

3. 地方体育立法的完善

首先,“以人民为中心”谋划地方体育立法工作,反映人民心声和关切;其次,更加重视经济社会发展需求,把体育融入各项社会事业和产业中协同发展,在地方立法中,认真学习贯彻习近平总书记关于体育功能的重要论述,全面考虑体育在地方立法和政策制定中的能见度;最后,在疫情防控常态化的形势下,要平衡安全防控和健身活动的关系,在体育领域贯彻落实疫情防控措施的同时,结合时代和社会发展,考虑从法律和制度上建设特殊环境下的体育活动。

二、地方体育主管部门法治政府建设成效

法治政府建设是全面依法治国的重点任务和主体工程,是推进国家治理体系和治理能力现代化的重要支撑。为持续深入推进依法行政,全面建设法治政府,2015 年 12 月,中共中央、国务院印发《法治政府建设实施纲要(2015—2020 年)》。2016 年 9 月,为了贯彻落实该纲要,深入推进体育系统依法行政,如期实现法治政府基本建成的奋斗目标,针对体育法治建设实际,体育总局印发《国家体育总局贯彻落实〈法治政府建设实施纲要(2015—2020 年)〉实施方案》,具体布置了体育领域开展法治政府建设的具体目标任务。

2020 年 7 月,根据中央全面依法治国委员会有关党政主要负责人履行推进法治建设第一责任人职责情况的相关意见,强调县级以上地

方党委和政府的主要负责人年终述职时要进行述法，报告年度履行推进法治建设第一责任人的职责情况。相应地，各地方体育部门及其负责人的《法治政府建设工作报告》(以下简称“述法报告”)成为评价体育主管部门贯彻落实法治政府建设的重要指标和成果材料。

根据网络检索的情况来看，地方体育主管部门提交年度述法报告已经成为各政府机关年终总结的一项常规事务，但是该报告的公开情况并不理想，层级越低公开的程度越差。由于区县体育主管部门大多和文旅、广电、卫生健康等部门合并组建，体育工作的能见度非常低，有的县级体育主管部门的述法报告中，明确谈及体育工作的还不到十个字，地方体育法治任重道远。

大部分述法报告表述虽然各有侧重，但是从结构上来看，主要从一年来的工作内容、存在的不足与未来改进的方向等三部分来说明。

(一)抓住重点，推进依法治体，推动依法行政

领导干部是推进全面依法治体的“关键少数”，其能否带头尊法学法守法用法，关乎全面“依法治体”的成效。大多数述法报告聚焦“关键少数”，述法报告包括党政主要负责人的工作内容、方式、结果运用等内容。比如《浙江省体育局2020年法治政府建设年度报告》开篇提到，“认真履行法治政府建设主体职责，制定年度重点工作计划和责任分工方案”。《广州市体育局2020年法治政府建设年度报告》则提到，“成立法治工作领导小组，由局主要领导任组长，并明确分管负责人和日常办事机构。及时通过党组会、局长办公会部署、研究、解决局系统法治工作事项、问题，明确法规宣传处负责人全程参加局长办公会所有议题……将党政主要负责人履行推进法治建设第一责任人职责情况列入年终述职内容，认真开展述职述廉述法工作”。

压紧压实党政领导干部的法治建设职责，还要在工作机制上下足功夫。述法报告在论述近一年工作内容时，大多围绕工作机制、工作职

责,对工作的内容、重点、形式等进行论述。一般来说,大多分为以下几个方面:

1. 转变政府职能,简政放权,认真履行法定职责

深化体育领域简政放权、放管结合、优化服务改革,进一步加强和规范体育领域事中事后监管工作,确保事有人管、责有人负,不断提高治理能力现代化水平,激发体育市场活力和社会创造力。在承接上一级事权下放的同时,面对转变政府职能、放权强基改革的新要求,积极推动将适合属地管理的事权下放至区县体育部门行使,全面落实"放管服"和优化营商环境的各项要求。

2. 加强制度化建设,落实行政规范性文件管理规定和要求

严格落实国务院办公厅《关于加强行政规范性文件制定和监督管理工作的通知》、国务院办公厅《关于全面推行行政规范性文件合法性审核机制的指导意见》,认真做好规范性文件的制定、备案审查和清理等工作。

3. 依法科学决策,加强法律顾问工作,推进政务公开

值得注意的是,体育总局 2020 年 4 月 21 日印发《关于进一步健全机制 充分发挥法律顾问作用的意见》,要求各地认真落实政府法律顾问制度、公职律师制度,有效发挥法律顾问在经营管理中的作用,防范法律风险,积极推进政府信息公开工作,依法依规履行信息发布和政策解读责任。

4. 完善执法程序,创新执法方式,严格执法责任

全面推行行政执法公示制度、执法全过程记录制度、重大执法决定法制审核制度。建立责任追究机制,明确行政执法责任和本单位经济、管理法律事务的具体责任。

5. 落实普法责任制,认真学法用法,深入学习宣传《民法典》

通过多种形式深入学习宣传《民法典》,提升普法效果,真正让《民

法典》成为干部职工开展日常工作的重要行为规范和解决实际问题的重要法律依据。

6. 依法防控疫情,保障复工复产,用法治手段保障脱贫攻坚

印发疫情防控系列文件,发放疫情防控相关法规文件汇编,依法指导场馆有序开放,加大体育惠民力度,落实暖企政策,做好服务保障。相关防控工作有序开展,常态化防控落实到位。

7. 强化行政执法、普法宣传教育和系统建设

充分利用互联网开展行政执法工作和进行普法宣传教育。加强体育领域"互联网+监管"的系统建设工作。

8. 加强常态化疫情防控期间法治保障

各地根据该地区重大突发公共卫生事件应急响应级别及赛事落地行政区疫情防控具体要求,结合赛事特点,制定《常态化疫情防控期间体育赛事举办指引》《新型冠状病毒肺炎疫情防控期间体育场所复工工作指引》等文件,按照统筹推进疫情防控和经济社会发展的要求,稳妥有序推进体育场所的安全开放,逐步恢复市场经济和生活秩序,为坚决打赢新冠肺炎疫情防控阻击战提供坚强法治保障。

(二)直面问题,不断改进地方体育法治工作

从述法报告的内容看,目前在地方层面"依法治体"工作在以下方面存在不足:

1. 干部职工法律素质方面

一是体育领域法规制度体系还需进一步完善,与当前综合行政执法改革新形势的新要求还有一定差距;二是执法人员的文化素质和执法水平仍须进一步提高,执法装备还需添置;三是仍需强化依法行政、依法办事的意识,进一步提高全面依法行政的能力。

2. 转变政府职能,简政放权方面

经过历次行政审批制度改革,尽管各地体育行政部门削减和下放

了一大批包括行政许可在内的行政权力事项,但管办分离工作仍需加强,为方便群众办事、就近监管,仍有进一步下放事权的必要。加强事中事后监管仍需不断强化,为满足市民群众网上办事的需求,处理事项的智能化、信息化水平仍需提升。

3. 制度化建设,依法科学决策方面

尽管体育系统的文件规范意识比较强,不存在随意制定行政规范性文件的情况。但规范性文件制定的前瞻性、规划性仍需加强,文件的酝酿、起草工作需要进一步改进,重大行政决策的作出需进一步着力发挥专家学者、专业人士的作用。

4. 法律顾问工作,开展法治宣传教育方面

个别单位的法律顾问的作用未充分发挥,法律顾问以审核合同为主,较少参与单位日常事务的情况仍然存在。体育行业法律、法规、政策的宣传力度需进一步加强,普法宣传进校园、进基层等需进一步深入,普法形式不够多样化,应进一步丰富以案释法活动的形式和内容。

5. 法治宣传教育、普法责任制清单的落实方面

法治宣传教育的形式需要进一步丰富,普法责任制清单的落实力度要进一步加大。同时,不少述法报告还结合本地区实践讲述了上一年度工作存在的不足。比如,《2020 年杭州市体育局法治政府建设年度报告》提到,“在杭州市着力打造一流营商环境,优化市场审批,加强事中事后监管的大背景下,相对有限的体育行政执法力量难以满足日渐增长的体育市场和公共服务监管要求,全市体育系统行政执法在力量配置和规范化程度上,仍存在一定的差距”。《晋城市体育局 2020 年度法治政府建设情况报告》则提到,“由于体育局编制少、人员少,在法治建设方面做了一些工作,但是确实还存在不足,如行政执法三项制度还未建立,行政执法信息化建设、行政执法各项工作还有待于进一步理顺等”。

(三)完善路径,创新实践探索体制机制改革

针对工作中存在的不足,各地的述法报告也提出了未来完善的路径,大多围绕以下几个方面进行。

1. 进一步提高依法治体和依法行政水平

一是采取多种方式进行培训,强化依法行政意识,提高工作水平。坚持集中培训与岗位学习相结合的办法,增强法律意识和法律观念。二是在严格依法办事的基础上,强化服务意识,建立健全首问责任制、服务承诺制、责任追究制,进一步改进服务质量。三是利用政府网站、公开栏等形式,及时发布体育工作的有关信息,真正做到职责明确化、程序公开化。例如,《绍兴市体育局2020年法治政府建设工作报告》中提到,未来应该"完善执法体制机制,积极动员组织执法证书考试,搭建执法队伍,出台执法检查实施方案计划,明确权责,有序开展"。

2. 进一步建立健全行政问责机制

一是严格执行执法过错追究有关规定,及时发现和纠正违法或不当的执法行为。自觉接受各级政府和司法机关监督,高度重视新闻舆论、人民群众的监督,对监督反映出的问题,迅速调查核实,并及时反馈处理结果。二是对于有行政过失以及玩忽职守的,要依据相关规定追究行政过错当事人的责任,以保障体育法律法规的严肃性,促进依法行政责任制的落实,如《邢台市体育局2020年度法治政府建设工作报告》提出,未来应该明确权责,有序开展工作,"让'有法必依、执法必严、违法必究'成为构建'法治体育'的关键所在和有力保障"。

3. 进一步加强专业队伍建设

一是进一步增强法治意识,熟悉和掌握涉及体育的法律法规,提升机关工作人员依法行政意识和执行能力,自觉用法律法规来规范自己的工作行为;二是按照建设"法治政府"的各项部署要求,加大人员培训力度,树立良好的体育行政执法观念,提高全体干部职工的执法业务

水平,把建设一支思想好、作风正、业务精的执法队伍作为实现行政执法责任制的关键环节来抓,并贯穿于依法行政的全过程。如《西安市体育局2020年度法治政府建设工作报告》提到,“完善体育行政执法规章制度,推动体育执法队伍建设,组织开展专业培训,提升执法人员专业素质”。又如《梅州市体育局2020年法治政府建设年度报告》提到,“严格按行政执法‘三项制度’要求,落实执法信息公示、全过程记录、法制审核等工作,进一步提高行政执法水平”。

三、地方体育法治存在的问题

(一)地方性体育立法有待完善

1. 地方性体育立法与中央立法内容重复

自1995年《体育法》颁行以来,我国行政性体育法律法规、地方性体育法规的数量随着体育工作的复杂化而急剧增加。使用北大法宝数据库进行检索,截至2021年6月,查询到现有的体育法律法规多达368件。若再将规范性文件、各类团体规定、行业规定等文本计算在内,数量则会更加庞大,其中仅地方性体育法规的数量在2015年就超过了1000件。有数量如此之多的法律法规保驾护航,各类体育法律纠纷理应得到较好的解决。但是,统计发现,司法实践中鲜有司法工作人员援引地方性体育法规相关条文解决纠纷的情形。究其原因在于,地方性体育法规与中央体育法律法规之间存在立法冲突与重复问题。本报告所称立法冲突,是指地方性体育法规擅自修改中央立法的明确规定条文、降低中央立法提出的明确要求标准等。立法重复,是指地方性体育法规照抄照搬中央立法的规定或是与其雷同,无法实现地方性体育法规细化中央立法规定的功能目的。根据统计,地方性体育法规至少有526件照搬照抄中央立法的相关规定,369件与中央立法的规定雷同、类似。

具体来看,以省级全民健身条例为例,首先,在立法体例方面,将地方性全民健身条例和《全民健身条例》进行文本上的比较,可以发现除北京、湖北、江苏、内蒙古、山东、广东等地外,其他省市在立法体例上均与《全民健身条例》类似;从立法内容上而言,地方全民健身条例缺乏自主创新性,仅是对上位法相关内容的简单复制,无法体现当地体育行业的建设特色,导致地方全民健身条例无法与该地区的体育建设情势相适应,难以在本地区贯彻落实。其次,同为地方性法规的各省的全民健身条例之间也存在同级互相抄袭的情形。即当一个省出台新法后,其他省市立刻跟进,照搬照抄,导致地方全民健身条例在内容形式上的同质化。以上两方面原因导致地方性体育立法缺乏自主创新性,缺乏地域特色,从而不具有可操作性和执行性。因此,在今后的地方性体育立法中,各省市的地方立法机构应在实践调研的基础上,根据本地的社会经济实际情况,以及本地的体育建设特色,对上位法进行细化补充,增强地方性体育立法的执行性和可操作性。

2. 地方性体育立法的内容相对滞后

目前我国体育领域的相关立法只有《体育法》1 部基本法律,7 件配套行政法规,就法律效力而言,其内容属于原则指导性条文,统筹全国体育事业的建设方向,但在地方层面缺少具体直接的可实施性。这就要求地方体育行政部门根据地方实际进行相应的细化研判,将当地的建设实际与上位法的原则规定融合,增加体育立法的可操作性。地方立法权在地方经济社会发展中发挥着重要作用,但真正发挥这一制度效能,制定地方性法规的城市数量较少,且现有的地方立法内容滞后,现有的地方性法规已经难以适应市场经济和体育事业的快速发展。同时,在一些具有地方立法权的民族自治地方,相关的地方性体育立法仍旧空白。另外,在我国目前部分进行了地方性体育立法的城市中,其制定的相关地方性法规和政府规章从内容上看,仅涉及地方体育事业的部分领域，体育场地设施建设、全民健身、加强体育工作等方面都有数量较多的立法，而关于老年人、妇女、儿童、残疾人等的地方性体育立法数量较少。

3. 地方性体育立法可操作性较弱

法律条款应以服务、促进和保障人民的实际需求为导向，体育活动作为一项满足人民群众的实际生活需要的活动，相应的立法内容也必须以满足人民群众的需求为导向。而以 20 件省级全民健身条例为例考察现行有效的地方性体育立法文本，可以发现，文本中鼓励性、激励性、号召性条款偏多，而具备实际操作性和落实保障性的内容偏少。省级全民健身条例中出现大量“加强”“鼓励”“支持”以及“引导”等词，这类条款只是笼统地规定应该鼓励、支持公民参加全民健身以及社会组织建设体育设施，却没有具体的制度设计和配套保障来解决这些问题，缺乏可操作性。当然也有一些地方尝试改变这一现状，比如《山东省全民健身条例》在 2017 年修订时，在第 49 条详细规定全民健身设施管理单位的“责任清单”。这是地方性立法对上位法进行补充细化的有力措施，是将中央层面的体育法规精神落实到地方体育建设中。建议各地在地方体育立法实践中，更加注重对法律条文的精细化落实，增加具体可操作的资源配置性和政策供给性条款和内容。

4. 地方性体育立法缺乏区域特色

彰显地方特色、结合地方实际是地方性立法的重要属性，同时地方各级体育行政部门结合地方体育工作的重点，以本地区的经济发展水平为出发点，以满足群众的根本需求、不断适应社会发展为宗旨，制定具有鲜明地方特色并具有前瞻性的地方性法规，在保障和促进地方的体育事业改革与发展中起到重要的主导作用。然而，从近些年地方性体育立法及行政法规的内容上不难看出，除个别法规的条款编号或是名称不同外，在内容上没有太大的差异，根本不能体现地方性体育立法的作用和特色。如《太原市体育经营活动管理办法》和《大同市体育市场管理办法》在内容结构上无明显差异,两项法规的开头和结尾部分除重复的条款之外,就是同义概括,很难体现地方特色。又如各省、自治区、直辖市制定的全民健身条例,有的是以《××省(市)全民健身条例》《×××省全民健身促进条例》等命名,虽然在第1条明确指出,“结合本省(市)实际,制定本条例”,但除仅能在名称上看出是哪个省市制定的法规外,在内容上则对每个地方都可以适用。就内容而言,地方立法应该是结合本地区实际,在不与中央立法抵触的情况下制定的,是对中央立法的细化和补充,而不是简单的复述、提炼、概括。

(二)地方性体育行政存在不足

1. 赛事安全保障、风险管理有缺陷

群众性体育赛事频频爆出安全事件,反映出地方体育部门对所组织的体育赛事的安全保障措施、风险管理尚不到位。首先,受长期以来政府管理型体育管理体制和思维的影响,地方体育部门系统风险意识不强,基本没有风险防范以及保险意识,依赖思想严重,同时存在侥幸心理,最终导致我国地方体育赛事风险防控隐患较大,大型赛事中风险管理水平落后。其次,对地方赛事的风险管理认识不够全面,以安全风险防范为主,其他层面的风险管理不足。与人员的安全风险防范受到的重视程度相比,赛事其他风险的管理则显得明显不足。如在自然风险上,常见的预防措施只有事前的预计,但缺少科学评估的过程以及管理干预的预案。最后,以赛中风险管理为主,忽视赛前风险预测。多年来,我国举办的大型体育赛事在一定程度上都取得了成功,得到国际社会、参赛运动员、教练员及观众等的肯定,这在很大程度上与我国体育赛事监管中对赛中风险的严格控制密不可分。然而,与赛中风险防控和管理相比,我国承办地在决定申办赛事之前,往往忽视对赛事举办将面临的风险进行评估和预测。而越是提早认识风险,对其防控的准备措施及可选方案就会越多,因此对赛前风险的预测应当得到更多重视与运用,这需要结合地方体育建设的实际情况,将之纳入地方性体育立法之中,加强赛事风险防控的法律保障。

2. 赛事的监督、管理存在真空问题

早期阶段对体育赛事的审批权典型地源自法定授权,即由1995年颁布实施的《体育法》第31条直接授权。国家自此开始对体育竞赛实行分级分类管理,2000年体育总局进一步出台更加细化的《全国体育竞赛管理办法(试行)》。长期以来,体育行政部门持续收取高昂的审批费用,但未能等价履行义务,继而引起大众对该类审批权的质疑,甚至有人将这一制度理解为"权力寻租"的预留空间,严重抑制了社会力量参与国家体育建设事业的热情。2014年,国务院决定取消体育赛事审批权,为体育行业的进一步建设带来了诸多便利。但无规矩不成方圆,倘若对体育行业予以真空式管理,由此所带来的各类风险后果亦不可设想。2014年9月,国务院常务会议提出取消商业性和群众性体育赛事审批,最大限度为体育赛事松绑。随后,国务院印发了《关于加快发展体育产业促进体育消费的若干意见》,进一步明文规定要简政放权、放管结合,取消商业性和群众性体育赛事审批。"放管服"改革大幅降低了政府部门对体育赛事的约束,但现实中也直接导致体育赛事举办的一些程序停滞。早期举办体育赛事要先经过对应级别的体育局等相关行政部门审批,现如今,审批权下放后,免去了体育局审批一环,本是简政便民的举措,却直接导致体育局审批以外的其他环节审批难度增加,公安、消防、医疗卫生等环节因为申请数量的增加和甄别难度的增大而难以顺利审批。这样一来便造成了没有束缚的束缚,被动形成了一个管理真空。因此在体育赛事监督管理环节,职能部门的改革、相关程序的简化必然要配套相应明确的法律法规,促使职能监管向法律法规规定的方向转变,在减轻赛事举办主体的审批负担的同时,满足法定条件的管控。

3.“放管服”仍然不到位

举国体制建设体育事业必然会突显“强政府”的地位,但“强政府”在我国体育事业不同建设阶段的表现和作用都有差异。早期的“强”主要体现在体育行政部门管办一体,管理体育事业的各项工作;现在的“强”则表现为借助“放管服”改革,充分调动各方资源,指导各方各司其职,统筹社会力量有效实现体育自治和体育法治相融合。当然,当下“放管服”改革过程中也存在不到位的问题,主要体现在如下几方面:首先,“放”不到位。一是科、教、文、卫等部门未能有效发挥其在体育教育、体医融合等方面的重要效能;二是各类体育组织和体育产业中的市场组织赋权不足。其次,“管”不到位。主要是指关于体育行业的监管仍有待提升,对一些虚假投资、干扰公平竞争的行为监管不到位,同时对体育赛事举办过程中的一些事项也监管不到位,举办商业性、群众性体育赛事应当放权,但不代表可以不作为、不履职,相应的监管职责不能缺位,否则会使改革适得其反。最后,“服”不到位。主要表现为只放权不服务,把放权等同于推卸责任。典型事例就是赛事审批权下放后,市场办赛主体遇到的一系列新问题,导致办赛难的问题依然无法解决,而体育部门并没有进行跟踪服务,帮助协调解决相关问题。“放管服”不到位,也必然影响市场机制在体育建设中发挥更大作用。《2020年杭州市体育局法治政府建设年度报告》总结了当地体育法治建设中存在的不足与问题:“体育相关配套法规不健全,导致体育市场和体育公共服务执法无法委托给综合执法机构……体育行政执法力量难以满足日渐增长的体育市场和公共服务监管要求,全市体育系统行政执法在力量配置和规范化程度上,仍存在一定的差距。”体育行政执法力量的不足与“放管服”不到位有着一定的关系,在一些事项中缺失的并非执法力量,而是缺少对执法力量的整合和明确的制度安排,导致执法事项的重复和执法资源的浪费,因此,科学设计和施行"放管服"改革也是有效整合执法力量、减轻执法压力的措施之一。

4. 对地方体育社团的管理制度尚不完善

地方体育社团名义上是由某行政区划中某种体育运动的爱好者共同组建而成的,并因办理了法定的许可或审批手续而具有一定的合法性,但向上受地方体育行政部门的业务指导,向下负责推动该运动项目在当地的建设,呈现出双重管理的特征。在实践中,由于社团对于资金、场地、人员等条件的依赖,地方体育行政部门与体育社团之间的关系演化为决策者与实施者的关系。在地方体育行政部门与体育社团的互动实践过程中存在以下问题:社团的发展运行对政府过度依赖,组织人员出现多重身份的现象;政府的扶持资金保障使得社团发展多处于"等、靠、要"阶段,出现一些"僵尸"型社团;体育公共资源多掌握在政府手中,导致社团发展受到场地等资源的限制,削弱了社团发展的活力;社团的决策层由政府人员兼任,表现为政府权力的扩大,挤压了社团独立发展的空间;政府对于社团发展的政策激励及优惠政策不足,社团入不敷出,经费缺乏。另外,目前体育社团建设中,人员专业化程度不高,主要负责人多由政府部门的退休人员或工作人员兼职,缺乏专业治理能力,专业人员的数量也不能满足社团发展的需求。

(三)地方性体育行刑衔接工作尚待加强

1. 体育行政机关未重视行刑衔接的实施状况

《体育法》等相关行政法律法规出台至今已经有二十余年,但体育总局只在 2012 年 7 月 26 日进行过体育行政执法情况的统计。并且,各地方体育行政机关并没有按照体育总局的要求及时完成这项工作,例如江苏、江西、山东等地的体育行政机关,直至 2019 年才进行了相关工作的统计调查。截至目前,该工作仍然没有完成,没有相关的成文数据公布。体育行政执法状况的统计工作如此滞后、拖拉,一方面,说明我国体育行政执法机关并未重视体育行政执法工作的效果,忽视了对执法工作中体育行刑衔接程序所要求的“有案必移、有罪必究”原则的落实;另一方面,可能与体育行政执法涉及的覆盖面十分广、数据统计难度较大有关。而观其他领域行刑衔接的统计工作,都有详细的数据统计和反馈,为发现行刑衔接中存在的问题提供了数据支撑。例如食品安全领域,在食品药品监督管理部门的领导下,2012 年全国共查处食品安全违法案件约 11.1 万件,其中移送司法机关追究刑事责任的案件为 406 件,由于当时数据采集和统计工作及时到位,从而发现了该领域有案不移、有案难移的问题。因而针对该问题,2013 年最高人民法院、最高人民检察院制定并颁布了《关于办理危害食品安全刑事案件适用法律若干问题的解释》,2015 年年底,国家食品药品监督管理总局、公安部、最高人民法院、最高人民检察院、国务院食品安全办联合印发《食品药品行政执法与刑事司法衔接工作办法》。此外,各地方制定了相应配套的地方性法规。一系列规范性文件的出台,推动了食品安全领域行刑衔接的实践,案件移送效率得以提升,有案不移、有案难移的现象得到改善,食品安全领域行刑衔接的效果得到显著加强。以山东省为例,2014 年山东省公安机关侦办食品安全案件 1911 件,其中行政机关移送案件 220 件,占比 11.5%;2015 年公安机关侦办案件 2230 件,移送案件 406 件,占比 18.2%;2016 年公安机关侦办案件 1620 件,移送案件 426 件,占比 26.3%;2017 年公安机关侦办案件 2625 件,移送案件 813 件,占比 31%。综上所述,体育行政机关未对行刑衔接予以足够重视,是导致有案不移、有案难移、以纪代刑、以罚代刑的重要原因。

2. 体育行政执法人员对行为的定性认识不清

地方体育行政执法人员对于竞技体育中出现的行政违法行为,是否能够构成犯罪并没有清醒的认识。

首先,例如运动员的年龄造假行为、体育比赛违规伤害行为以及兴奋剂相关违法行为等,在现行刑法体系下,情节严重的应当构成犯罪。但受限于体育行政执法者自身的执法知识谱系,对于行为在刑法中的定性并没有清楚的认识,特别是在刑法并没有针对该违法行为进行专门性和针对性的刑事立法的情况下,部分体育执法者认为这些体育行政违法行为不可能涉嫌构成犯罪,致使本来已经构成犯罪的体育行政违法行为的当事人并没有被移送司法机关追究相应的刑事责任。

目前较为普遍的伪造身份证信息参加比赛的行为就是很好的例证。在我国举办的各类竞技体育比赛(尤其是只允许本地居民或者本单位、本企业员工参加的竞技体育比赛)中,为了取得较好的比赛成绩,一些单位和运动团队常常聘请竞技体育水平高超的“外援”。而为了解决这些“外援”的参赛资格,他们常常伪造身份证件、户籍信息、社保信息等相关证明材料。这种伪造运动员参赛资格的行为,不仅属于体育行政违法行为,情节严重的还构成我国《刑法》第 280 条第 1 款的伪造、变造、买卖国家机关公文、证件罪,第 3 款的伪造、变造、买卖身份证件罪;《刑法》第 280 条之一的使用虚假身份证件罪。然而,现实却是,很多构成上述犯罪的行为人并没有被移送司法机关依法追究刑事责任,而是仅由体育行政机关作出了取消比赛团队的参赛成绩的处理,对相关责任人员进行禁赛处罚。

其次,地方体育行政执法机关认为某一行为仅属于行政违法行为而不构成犯罪,但司法机关则认为该行为构成犯罪;行政机关认为某一行为构成犯罪应当定罪处罚,但司法机关通过初步审查认为该行为仅仅属于违法行为。这些情形反映了在体育竞技领域,对于部分违规行为,行政机关是否需要移送司法机关,应当以什么内容为标准,行政执法与刑事司法的衔接程序如何运作等相关内容在现行法律中缺少明确规定的弊端。而且,在我国现行刑法规范中,危害竞技体育事业建设的犯罪行为,其诸多刑法条文都有"情节严重""影响恶劣""造成特别严重后果"等笼统的认定标准。因为笼统所以在具体判断时就十分困难,只能通过司法解释予以精确化,以达到刑法明确性的要求。但是,如果其本身并无解释或者解释本身又抽象笼统、含糊不清时,刑法条文的明确性便无从保证。那么,在体育行政执法的过程中,即使执法者认为某种违法行为可能构成犯罪,也会因为标准不清而不敢贸然将案件移送至司法机关。所以,司法解释并没有作出规定或者认定标准过于笼统,只会造成实践中行为性质认定的困难,既降低了衔接机制的运行效率,又不利于执法权和审判权的公正行使。

最后,体育附属刑法和刑事指引性规范与刑法立法衔接存在的问题,也加剧了体育行政执法人员对行政违法行为的犯罪定性认识不清的情况。

3. 体育行政执法与刑事司法衔接的责任承担方式不明确

体育领域同样存在行政违法与刑事犯罪存在责任竞合的情形时应当如何选择责任承担方式的问题,目前学术界和实务界有三种主流观点,分别为选择适用论、合并适用论和附条件并科论。选择适用论认为:行政处罚和刑事处罚只能择一实施,不能一同实施。因为按照违法与责任相适应的基本原理,当同一违法行为同时触犯了刑法规范和行政法规范时,只能从两种责任中选择较重的一种进行处罚,否则有悖法的正义性。合并适用论认为:对于这种情况,既要适用刑事处罚又要适用行政处罚。首先,行政犯罪的双重性决定了其责任承担方式的双重性,只有这样才能有效地控制和预防犯罪。其次,行政处罚与刑事处罚两者不同的处罚性质决定了二者的关系,既不是"一事不再理",也不是"重罚吸收轻罚"。两种责任承担的方式兼具,才能抵消违法犯罪行为带来的全部危害,否则无法对相应行为进行全面评价。最后,我国立法实践所采取的态度是承认行政处罚与刑事处罚竞合时的合并适用。

例如犯我国《刑法》规定的走私罪的,除了法院判处有期徒刑等刑罚外,海关还可以没收走私物品并且进行罚款。附条件并科论认为:行政处罚与刑事处罚竞合时可以并科进行处罚,但是,如果在任何一个罚则执行完毕后认为没有必要再执行时,是可以免除执行另一罚则的。而是否予以执行另一个罚则,其裁量权在于相应的执法机关。那么,应当如何根据竞技体育中行刑衔接的特点与问题选择适当的责任承担方式?由于体育法律法规缺少对责任竞合情况的规定,导致体育执法部门、刑事司法部门在衔接中的责任追究环节程序并不明晰,执法主体、司法主体间各自为难的局面。

4. 体育行刑衔接过程中法律监督作用有待增强

在竞技体育领域行刑衔接过程中出现了“有案不移”“以纪代刑”“以罚代刑”等问题,这在一定程度上表明在体育行刑衔接过程中法律的监督作用尚有待增强。在体育行刑衔接程序相关的规范性文件中,原则性规定多而具体性规定少,从而导致执法和司法实践过程中移送、衔接的主动权在很大程度上掌握在体育行政执法部门的手中,自由裁量度过大、法律监督缺位所带来的恣意移送势必影响程序衔接的运行机制。众所周知,法律监督工作是严格执法、公正司法的重要保障。在我国,检察机关既是被宪法赋予法律监督职权的职能部门,也是提起刑事审判的公诉机关,其应当在行政执法和刑事司法衔接程序中发挥更充分的法律监督作用。但是,基于检察机关在行刑衔接机制中权限范围不足,缺少强制性监督手段的现状,其监督权难以发挥出应有的效能。纵观上述竞技体育领域出现的犯罪案件,只有极个别案件是检察机关发挥法律监督作用,督促体育行政执法机关向公安机关或检察机关职侦部门进行移送的,而在多数案件中检察机关的监督职能缺位。因而,在竞技体育行刑衔接中,行政执法权强势,而法律监督权弱势,致使对竞技体育领域的行政执法权乃至整个行政权系统缺乏应有的监督。

四、地方体育法治建设预测

(一)地方性体育立法建设预测

自改革开放以来,伴随着社会经济的迅速发展和人民生活水平的大幅提升,我国体育事业也进入了高速发展的机遇期。体育事业作为促进人的全面发展、提升国民整体素质的重要内容,在国家治理体系和治理能力现代化这一进程中,得到了越来越多的重视。在推进“法治国家、法治政府、法治社会一体建设”这一进程中,体育事业的法治化内容同样不会缺席。2019 年 8 月,国务院办公厅印发了《体育强国建设纲要》这一指导性文件,明确指出要推进体育领域法治和行业作风建设,完善体育市场监管体制,提高体育市场监督管理法治化水平。体育事业的建设、改革举措必须以法治举措为依托。在 2020 年新冠肺炎疫情席卷全球的特殊形势下,体育事业的建设面临着巨大的挑战。而随着我国疫情防控经验的累积和防控成果的日益显著,在防控疫情的同时促进体育事业建设成为各地体育法治实践的重要内容。疫情背景下各项社会活动更加需要强化管理与秩序,面对这一形势,各个地方体育部门的应对措施也在一定程度上丰富了地方体育法治的内容,提升了地方体育法治的水平。立法环节是体育事业建设法治化的首要环节。因此,在接下来进一步深化体育领域改革的过程中,体育立法是促进体育事业建设的重中之重,而全国各地的地方性体育立法是总结各地体育建设实际情况、展现地方体育事业建设特色、推动地方体育事业进一步建设的必然举措。

当前我国地方体育立法的现状是文本涉及领域广泛,但实质内容较为集中。根据立法规范的领域可将其分为九种类别,包括体育总体管理类、全民健身类、体育产业市场管理类、场地设施建设类、体育活动组织类、体育竞赛管理类、体育教育类、运动员管理与保障类、特殊人群体育服务类。当前地方开展体育立法活动,其功能主要有三项:一是对国家立法的精细化,以保障落实国家法;二是针对本区域特定体育事项立法,促进地方体育事业建设;三是通过特定地方的小范围试点实践以检验某特定改革方案的可行性。基于既有实践,地方体育立法大致可分为实施性立法与创新性立法两种模式。其中,实施性立法的功能在于推动国家总体立法的局部落实,并不突破现有的规定,这种模式的地方体育立法是对国家宏观的依法治体进程的具体展开;而创新性立法则可能不同程度地突破既定的制度框架,其改革依据多来自国家政策、中央体育改革的方案以及中央对特定区域地方立法的赋权,往往可以打破常规并创设新制度。除了采用地方立法的形式,地方体育管理部门所出台的一些条例、指引、管理办法等法律文件也是地方体育法治的重要组成内容,相较于地方立法,这些文件可以更加灵活地应对社会发展中出现的新状况、新形势,同时也可以更加细致地对体育活动进行监管。从2020年地方性体育立法的资料收集情况来看,各地普遍出台了与疫情防控工作相适应的体育活动工作指引或管理规定,如各地市印发的《常态化疫情防控期间体育赛事举办指引》《关于新型冠状病毒肺炎疫情三级应急响应期间体育健身场所开放和体育赛事活动组织工作的通知》《关于进一步做好公共体育场馆开放和群众体育赛事活动疫情防控工作的通知》等文件,针对疫情防控的形势对体育赛事工作进行监管。这成了2020年体育法治领域的重要工作内容。

随着我国体育事业及法治建设的进一步推进,地方性体育立法将在现有涉及领域和功能模式的基础上进一步发展,今后的地方性体育立法可能面临如下趋势:

1. 地方性体育立法的内容将更加精细化

在上位法不健全的情况下,地方立法也难以独创性地为特定体育事项进行专门规定,而在当前法治建设整体水平提升的前提下,地方性体育立法的可细化空间将得到极大的拓展,并且在上位法覆盖事项范围越来越广的情况下,地方立法已无太多重复强调建设方向和原则框架的必要性,应在落实国家整体依法治体的具体事项上加强可操作性与可执行性。如《北京市贯彻落实〈体育强国建设纲要〉实施方案》《上海市公共文化服务保障与促进条例》《重庆市体育事业发展专项资金管理办法》等文本的内容主要是对上位法内容的进一步细化。

2. 地方性体育立法的内容将更加体系化

随着地方性体育立法各个种类的齐备,地方性体育立法体系将更加具备体系性,并推动各个种类融合发展。随着社会主义市场经济的逐步发展与完善,为维护公平的竞争环境,体育产业市场的立法内容亟待完善,这必然带动场地设施管理、体育赛事、体育活动组织的蓬勃发展。同时,随着人民生活水平的日益提高,全民健身、体育教育、运动员及特殊人群的体育服务水平也将得到整体提升。因此,地方性体育立法的内容将更加注重法规之间的协调,增强自身的体系性。2020 年各地体育法治实践中更加重视规划的引领作用,正是加强体育立法体系性的重要体现,如江苏省印发的《2020 年度全省县级体育重点工作督查办法》、黑龙江省印发的《2020 年全省体育政策法规规划工作要点》、湖南省印发的《湖南体育强省建设规划(2020—2030)》等文件,反映了地方体育法治实践的整体性有所增强和体系化水平有所上升。

3. 地方性体育立法的内容将具有创新性

创新性立法能够因地制宜,针对本地区体育建设的实际问题提出解决办法,具有较为直接的立法效能。随着体育事业的建设和交流融合,各地就上位法中某一事项作出创新性规定的方式和做法可以互相借鉴。制定出更便于本地操作执行的地方性法规,也有可能成为立法创新的重要途径。

(二)地方性体育行政建设预测

地方性体育行政,是指地方各级体育行政部门及工作人员行使国家赋予的权力,按照行政区划及等级职权在行业系统内针对体育事务进行管理服务的行政功能。为社会的发展提供良好的公共服务并进行管理是现代政府的主要职能,相应地,完善体育公共服务职能和对体育领域进行相应监管成为体育行政管理体制改革的主要任务。当前我国体育公共服务存在城乡失衡、地区失衡、竞技体育和群众体育投入不均衡等问题。不断深化改革体育行政管理体制,完善管理机制和运行机制,兼顾不同地区、不同层面的体育公共服务需求,促进社会公平,是强化体育行政部门体育公共服务职能的重要措施。今后的地方体育行政建设具有如下趋势:

1. 更加注重以国家总体体育发展指导文件的总体设计为导向

随着国家治理体系和治理能力的现代化,地方行政部门将能够更好地围绕国家提出的治理目标而形成治理合力,因此在国家对体育事业建设进行了统筹指导安排的前提下,各地方体育行政部门将会具有更明确的治理目标和导向,提升服务水平和治理效能,为体育事业的建设提供更加科学高效的管理和服务举措。尤其是在当前疫情防控的形势下,地方体育行政部门也更需要加强目标导向,与国家对体育事业建设的导向保持一致,同时结合当地疫情防控形势作出相应的管服措施。

2. 更加注重运用法治思维、法治方法、法治模式来加强对体育行业的服务和管理

树立符合科学发展观和建设服务型政府要求的理念,制定公共体育服务标准,完善公共体育服务制度,明确各个部门的法定权限和职能,实施公共体育服务绩效评估等,也是我国体育行政部门建设法治政府的有力措施。比如《2020年杭州市体育局法治政府建设年度报告》中提到了将法治政府建设的相关要求与地方体育部门职能相结合的几

项举措:持续推进体育“最多跑一次”改革,推进高危险性体育项目经营许可证等电子证照应用工作;推广和应用体育“互联网+监管”工作,在全市体育系统推广使用“浙江省行政执法监管平台”和浙政钉“掌上执法”;依法规范重大行政决策程序,公布了《2020年杭州市体育局重大行政决策事项目录》。

3. 更加注重综合社会各种资源促进体育事业建设

地方政府在我国行政管理体系中处于重要的位置,它是党和国家大政方针的贯彻者和执行者,是本地区经济社会发展、社会稳定的组织者和领导者,也是本地区公共产品和公共服务的提供者。而随着地方政府内部权能更为明晰,地方性体育行政部门将会与其他职能部门产生更多的交集,发展出更多的配合协作模式,从而全方位调动社会资源支持本地体育事业的进一步建设。

(三)地方性体育行刑衔接建设预测

1. 体育行政机关应当重视行刑衔接工作的落实与实施

体育行政机关在体育行政执法的过程中,应当重视并且坚决落实贯彻行刑衔接的工作内容。首先,要做好体育行政执法与刑事司法之间衔接的统计工作。体育总局要敦促和监督各地方体育行政机关及时进行相关数据的统计,从而对于体育领域的犯罪问题有整体上的把握,以达到“有案必移、有罪必究”的目标,并且及时发现衔接中的其他问题。由于体育行政执法涉及的方面十分广泛,对于其中出现的需要移送的案件数据不好统计的问题,要发挥各个单项体育协会和体育社会团体的力量,可以由各个体育执法机关进行统计,单项体育协会和体育社会团体予以协助,共同统计体育行政执法工作中涉及的行刑衔接的数据。例如,针对兴奋剂违规行为的体育行政执法中出现涉嫌犯罪的,可以由国家反兴奋剂中心进行相关的数据统计,由赛事组委会,田径、篮球、足球等单项体育协会予以协助,然后统一报送体育总局进行汇总。重视体育行政执法与刑事司法的衔接工作,适时收集与反馈信息与数据,及时发现存在的问题并解决。其次,体育行政机关、公安与检察机关间应当建立常态化的信息与数据交流制度,使得三者都能够及时发现应当移送的案件,体育行政执法机关也可及时掌握移送案件的刑事处理进度,检察机关可及时发现上述过程中的违法之处,及时提出纠正意见,加强监督。随着网络的发展,这种经常性的信息通报、交流有了便捷、高效的途径。

2. 强化体育行政执法人员对行为定性的认识

目前我国体育行政执法人员对于竞技体育中出现的行政违法行为是否构成犯罪并没有清醒的认识。针对这一问题,首先,应当强化体育行政执法人员的法律知识学习,使其不但精通体育行业本身的法律、法规与规章制度,还要掌握刑法的基本知识,学习与进修体育犯罪相关知识。掌握运动员的年龄造假行为、竞技体育比赛违规伤害行为以及兴奋剂相关违法行为中涉嫌构成犯罪的几种情形,扩充自身的执法知识体系。其次,要加强体育行政执法人员的法治思想建设,使他们产生真正的法治信仰,杜绝徇私舞弊。最后,健全与完善竞技体育领域的法律法规和标准体系,以使体育犯罪行为与体育违法行为之间的标准明晰,可以界分。应当根据竞技体育行业的特点,通过立法或者司法解释对“量”的标准予以细化,以明确违法与犯罪的界限,从而让体育行政执法人员可以清楚地知道达到什么样的标准就涉嫌构成犯罪,应当移送案件。例如,若对于兴奋剂违规的行为类型、兴奋剂是否具有毒品的成分、兴奋剂是否危及运动员的身体健康(轻伤害还是重伤)有明确的规定,那么在反兴奋剂的执法工作中,体育行政执法机关与司法机关便可以顺畅、高效地完成行刑衔接工作,执法机关以及行为人对于行为定性的理解会更加明确。因此,完善竞技体育领域的行政执法与刑事司法的衔接,需要进一步明确现行刑法、附属刑法、体育法律法规以及相关司法解释中的抽象、概括、笼统性的规定,从而形成一个科学的、完整的标准体系。

3. 细化竞技体育行刑衔接中责任的承担方式

应当整合、细化散见于各规范性文件中对竞技体育行刑衔接责任承担方式的规定,筛除提倡性、建议性的内容,对行政责任与刑事责任的竞合原则予以明确,将之纳入体育法的内容中,使各部门行刑衔接有法可依。在责任的具体承担方式上,应当区分违法行为的类型,区分合并适用或者选择适用的规则。对于同种性质的处罚应当适用选择适用的方法,即当同一违法行为同时触犯了刑法规范和行政法规范时,在同种性质的处罚上选择较重的处罚,以便保障“一事不两罚”的原则,保障法律的公正。例如,对于操控体育比赛的违法且同时构成犯罪的弄虚作假行为,应当直接适用刑罚,而不再适用行政处罚。对于异质的处罚,应当选择合并处罚,以实现“罚当其罪”,维护法律的公正。例如,对于比赛中出现的故意违规的故意伤害行为,既可以适用刑罚,也可以责令其道歉、悔过,并剥夺运动员资格。

4. 强化法律监督作用

首先,要加强检察机关在竞技体育行刑衔接机制中的监督作用,严格履行检察机关对体育行政机关移送涉嫌构成犯罪案件的监督职能。若检察机关的法律监督权涵盖不够,刚性不足,则法律监督的效果难以实现。为了使检察机关对案件的定性和证据把握的优势作用充分发挥,对于行政执法机关查处的可能涉嫌犯罪的案件,检察机关认为有必要时可以主动派员提前介入,从而引导其根据案件定性,及时收集、固定和保全证据。具体措施包括:其一,在检察机关内部设立专门的行刑衔接监督部门,监督有案不移的情况。其二,可以通过联席会议与体育行政执法部门建立联系。其三,对于重大或产生恶劣社会影响的案件要提前介入,对案件的移送、侦查提供指导。

其次,对监察监督予以重视,对于行刑衔接移送工作做得较好的给予适当奖励,对于违法不移送的给予批评与通报,与检察机关建立长期的合作机制,形成法律监督的合力。

不可否认,体育是一个高度自治的领域,其治理首先应通过体育规章、纪律等规范完成。其他规范如果动辄介入,既不当干预体育事业,又破坏行业良性发展。所以,以尊重体育自治性为前提,在一定限度内可以变通规制手段,即便符合犯罪构成要件,也不移送司法机关,例如体育比赛中出现过失伤害等违法行为。但是,体育自治并不是没有边界的,当这种自治与宪法保障人权、刑法保护法益的基本精神严重背离时,行业纪律就不能独自完成使命,需要刑法规范介入进行规制。所以,在面对远超体育行政执法能够独立完成规制的案件时,需要刑事司法的介入,将两者衔接。

体育行政部门依法行政报告(2020)

新发展阶段,体育行政部门按照党中央和国务院关于加快推进体育强国建设的决策部署,为更好满足人民日益增长的美好生活需要,深化体育行政改革,促进体育事业稳健发展,助力中国建设成为体育强国,充分发挥体育在全面建设社会主义现代化国家新征程中的重要作用。《体育强国建设纲要》提出:“到 2020 年,建立与全面建成小康社会相适应的体育发展新机制,体育领域创新发展取得新成果”,“到 2035 年,形成政府主导有力、社会规范有序、市场充满活力、人民积极参与、社会组织健康发展、公共服务完善、与基本实现现代化相适应的体育发展新格局,体育治理体系和治理能力实现现代化”。

一、深化“放管服”

2020 年,体育行政部门统筹疫情防控和社会经济发展,直面市场主体的需求,推进简政放权、放管结合、优化服务,面对国内外复杂严峻的环境,坚持以习近平新时代中国特色社会主义思想为指导,落实立足新发展阶段、贯彻新发展理念、构建新发展格局、推动高质量发展的要求,推进体育行政管理体制改革,继续围绕市场主体和体育强国建设,深化“放管服”,不断提高体育治理体系和体育治理能力现代化水平。

(一)深化行政审批制度

近年来,我国不断深化“放管服”。在国家层面,除全国综合性运动会和少数特殊项目赛事外,其他体育赛事审批已被取消。自 2013 年以来,体育总局共取消 4 项行政审批事项,下放 1 项行政审批事项,清理全部非行政许可审批事项。设立体育总局行政审批办公室,严格做好行政审批工作,确保“零超时”,并在国家“互联网+监管”平台公布体育系统监管事项目录清单和行政检查事项实施清单。推行体育涉企经营事项“证照分离”,清理体育领域证明事项。积极推动公共体育服务事项全公开,落实取消商业性和群众性体育赛事活动审批要求,加强体育赛事活动的监管和服务,出台国务院《关于在全国推开“证照分离”改革的通知》等文件。

精简审批材料,压缩审批时限,推行审批公开,各地人民政府行政审批部门删除经营高危险性体育项目许可申请材料中的“工商营业执照及复印件”等规定。依托政府统一数据共享交换平台、全国省级信用信息共享平台、国家企业信息公示系统等,在线获取营业执照。如云南体育系统深化“放管服”,通过“一部手机办事通”完成公布 145 项公益性体育赛事活动等数据,实现了赛事信息的畅通化,通过全省体育类审批“一网通办”,实现政务服务标准化发展。又如贵州省在 2020 年推进体育数据的整合开放共享,在疫情的影响下,通过线上方式开展了大量活动,平台的注册用户数量达到 80 万左右,并设立体育相关部门提供体育功能公共服务,切实减少审批事项。

(二)鼓励社会力量加入体育建设

体育部门和体育协会为社会力量举办体育赛事提供指导和服务,打造市场化、法治化、国际化营商环境,推进基层党组织工作实现全覆盖,鼓励吸纳专业人士参与体育社会组织的管理。如2020年浙江省人民政府发布的《关于鼓励支持社会力量办体育加快推进体育改革与发展的若干意见》,是全国范围内第一份支持鼓励社会力量办体育的省级政策文件,其核心精神是厘清政府、市场和社会的边界,激发社会力量办体育的活力。在2020年稳步推进体育社会组织改革过程中,浙江省共有70家省级体育社会组织实现基层党组织和工作全覆盖。浙江省体育总会率先尝试,将共计120项赛事活动挂牌,通过线上发布产权交易的形式面向社会进行公开招标,不仅面向政府、事业单位,同时鼓励专业能力强、组织运营水平高的各级体育及相关社会组织、企业、学校和媒体等有关单位参与竞标。在承接政府职能、举办赛事活动、业务培训方面,浙江省不少体育社会组织已积累大量经验。以浙江省篮球协会(以下简称"浙江篮协")为例,2017年,浙江篮协作为"省级体育社会组织实体化改革试点"开展先行先试。据不完全统计,截至2020年年底,浙江篮协共组织承办各类赛事活动70多项次,其中购买服务项目17项次、完成中国篮球协会(以下简称"中国篮协")交办的赛事20多项次。浙江省钓鱼协会也积极与各类渔具企业开展战略合作,共同举办钓鱼赛事,推动钓鱼产业的发展。其中浙江省温州市作为全国唯一一个社会力量办体育的试点城市,全力推进体育产业项目"社会建",引导支持社会资本参与体育特色小镇、运动休闲基地、运动休闲综合体、体育场馆等体育设施的建设和运营,不仅使全市人均体育场地面积从1.71平方米提升到2.28平方米,还让温州市体育产业项目建设驶入高质量发展的轨道,并向着时尚化、特色化、专业化的趋势发展。总体而言,温州市全市近三年来,社会投资体育超50亿元,投入体育人才培养超1亿元、投入体育赛事活动超2亿元,体育产业增加值由62.14亿元增加到96.85亿元,增长55.9%。全市体育类工商登记主体达25499家,比试点前增长了215.5%,体育社团和民办非企业单位达

876 家,增长 46%;153 家社会体育机构承担竞技人才训练任务,涉及 22 个项目,在训人数 5890 人。社会力量办体育改革犹如春风拂面,让温州市体育产业百花齐放,通过建立健全体育融合发展机制,形成了社会力量办体育的“温州经验”。

(三)推进体育产业化发展

自取消商业性和群众性体育赛事审批后,全国各地蓬勃开展各项体育赛事,丰富了人民群众的文化生活,推动了体育产业的发展。2020 年 12 月 31 日,体育总局和国家统计局发布的 2019 年全国体育产业总规模与增加值数据公告显示,2019 年,全国体育产业总规模(总产出)为 29483 亿元,增加值为 11248 亿元。从名义增长看,总产出比 2018 年增长 10.9%,增加值增长11.6%。从内部结构看,体育服务业发展势头增强,增加值为 7615 亿元,在体育产业中所占比重增加到 67.7%,比上年提高 2.9 个百分点。其中,体育用品及相关产品销售、出租与贸易代理规模最大,增加值为 2562 亿元,占全部体育产业增加值的比重为 22.8%;体育健身休闲活动发展最快,保持了近年来的高位增长,增加值现价增长速度达到 74.4%。体育相关基础设施建设蓬勃发展,体育场地设施建设实现增加值 212 亿元,现价增长速度达41.7%,占到全部体育产业增加值比重的 1.9%。

体育产业数据化发展成为新业态。2020 年,新冠肺炎疫情对注重线下体验的体育产业产生了较大冲击。如《2020 年江苏体育产业复工复产情况调研报告》显示,参与调研的 116 家体育馆停业 3 个月左右,125 家健身和培训企业平均停业 3 个月,39 家赛事运营企业平均停业 3 个月,体育用品制造企业平均停业 1 个半月。但与此相对,各地开展线上线下互动参与体育项目,智能健身和虚拟现实设备推动体育产业数据化发展,“全体育化”和“智能化”成为体育产业发展的新方向,短视频和直播互动带动了体育用品的销量。在疫情平稳后,各地出台相应政策,例如上海市体育局发布《关于全力支持本市体育企业抗疫情稳发展的通知》,为体育产业的复工提供了优惠政策,体育产业迎来转机。根据中国体育用品业联合会与数据分析公司尼尔森合作编写的《2020 年大众健身行为和消费研究报告》显示,我国居民的居家健身行为和体育用品消费有所提升,疫情期间,93%的体育运动者保持运动,体育用品的整体购买率达到 65%,2020 年 1 月至 5 月,家用体育健身器材行业的总利润达到 6.1 亿元,同比增长 50%。从地方来看,黑龙江省 2020 年体育产业规模已达到 2000 亿元,人均消费达到人均可支配收入的 3%,并将目标设定为:到 2050 年,全面建成体育强省,体育产业占地区生产总值的 4%以上。江西省在 2020 年体育产业总产出约 1200 亿元。

(四)推进协会脱钩

自 2015 年以来,项目协会与社体中心脱钩稳步进行,社体中心积极稳妥推进各相关协会脱钩改革工作,强化各职能部门的协调工作。各省体育局切实履行行业主管职责,确保脱钩改革平稳有序进行。脱钩改革主要有两项任务:一是持续加强体育总会建设,二是省级体育协会与行政机关有序脱钩。各省体育局坚持加强各级体育总会建设和体育协会脱钩改革协同推进的工作模式,持续加强各级体育总会建设,稳步推进省级体育协会脱钩改革,完善一批、脱钩一批,移交一批、指导一批,做到脱钩不脱管,加快促进各省级体育协会成为依法设立、自主办会、服务为本、治理规范、行为自律的社会组织。

根据中共中央办公厅、国务院办公厅《关于印发〈行业协会商会与行政机关脱钩总体方案〉的通知》,全面实施行业协会商会脱钩改革,2020 年年底前基本完成 795 家全国性行业协会商会脱钩改革名单。为此,体育社会组织逐步承接体育领域政府职能,并做好组织等级评估和第三方绩效评价,让政府不仅要“放”好权,“管”好事,还要加强服务和事后监管。各级政府体育行政部门坚持依法行政,优化工作流程,推进审批制度改革,减少审批环节,提高审批效率。政府体育行政决策与执行分离,加强社会监督机制,推行行政问责机制。

以云南省为例,2020年,云南省以足球改革为先导,体育社会组织改革任务全面完成,实现了35家省级体育协会“五脱钩”,加强了体育总会建设,全省共有10个州市45个县区成立体育总会。再以内蒙古自治区为例,体育协会脱钩改革工作进行顺利,根据内蒙古自治区发展和改革委员会、民政厅等十部门《关于全面推开行业协会商会与行政机关脱钩改革工作的通知》的精神及内蒙古自治区体育局印发的《全面推开全区性体育协会脱钩改革工作方案》的规定,列入名单的61家体育协会完成脱钩。

二、优化政府服务

优化政府服务,深入实施全民健身国家和健康中国的战略,建设体育强国,坚持以人民群众为中心,加强健身设施的顶层设计,增加群众身边的建设场地,开展人民群众体育活动,坚持信息公开,发展体育产业,着力构建更高水平的全民健身公共服务体系,推进体育强国建设。

(一)坚持以人民为中心

“十三五”以来,全民健身国家战略深入实施,城乡全民健身场地设施明显改善,截至2020年年底,人均体育场地面积达到2.2平方米,新增社会足球场地超过2万块,经常参加体育锻炼人数比例达37.2%,城乡居民达到《国民体质测定标准》合格以上标准的人数比例达到90%以上,人民群众的健康生活方式正在逐步形成,统筹城乡的全民健身公共服务体系正在逐步健全。就各地发展情况而言,2020年,安徽省积极克服疫情影响,线下线上同步发力,举办全民健身赛事活动5191次,直接参与人数达376万人次,其中安徽省第五届全民健身运动会参与人数达12万人。全省培训各级社会体育指导员18449人,新成立各类体育社会组织209个,全民健身组织网络进一步向基层延伸。2020年,浙江省新建百姓健身房1015家,超额完成既定目标,让人民群众可以享受到便捷优质的健身服务。云南省开展群众性体育健身活动,在每年8月8日的"全民健身日",开展广场舞、广播操、自行车、健走等一系列常态化的全民健身运动,每年举办县级以上的全民健身运动和活动次数1400次以上,超过2000万人参与健身活动。2020年,全省经常参加体育锻炼的人数比例从31.5%上升到36.01%,国民体质测定合格率提升到89.8%,同时也形成了"一带一路七彩云南"的国际品牌赛事。

就青少年体育而言,体育行政部门与教育部门共同深化体教融合,促进青少年健康发展。2020年4月,中央全面深化改革委员会第十三次会议审议通过了《关于深化体教融合　促进青少年健康发展的意见》。2020年8月,体育总局、教育部联合印发《关于深化体教融合　促进青少年健康发展的意见》,提出充分发挥党委领导和政府主导作用,深化具有中国特色体教融合发展,推动青少年文化学习和体育锻炼协调发展,促进青少年健康成长、锤炼意志、健全人格,培养德智体美劳全面发展的社会主义建设者和接班人。在地方层面,宁夏回族自治区完善学校"体育知识+基本运动技能+专项运动技能"的教学模式,开展课内外文体活动,强化校园篮球、足球运动,开办冬令营和夏令营,组织学生参与体育活动,加大对体育教师的补贴力度,针对农村中小学的专职教师进行专项培训。

(二)优化体育资源

体育资源日益优化,体育场地稀缺的状况得到改善。根据体育总局发布的《2020年全国体育场地统计调查数据》,截至2020年12月31日,全国有体育场地371.34万个,体育场地面积为30.99亿平方米,人均体育场地面积为 2.20 平方米。全国有田径场地 17.95 万个,场地面积为 9.46 亿平方米。其中,设有 400 米环形跑道的田径场地有 3.72 万个,占 20.72%,其他田径场地为 14.32 万个,占 79.28%。全国有游泳场地 2.92 万个,场地面积为 0.64 亿平方米,其中,室外游泳池 1.67 万个,占 57.19%;室内游泳馆 1.20 万个,占 41.10%;天然游泳场 548 个,占 1.71%。全国有球类运动场地 233.54 万个。足球、篮球、排球“三大球”场地 121.44 万个,占 52.00%;乒乓球和羽毛球场地 103.74 万个,占 44.42%;其他球类运动场地 8.36 万个,占 3.58%。全国有足球场地11.73万个,场地面积为 3.20 亿平方米。其中,11 人制足球场地2.69万个,占22.92%;7 人制足球场地 3.80 万个,占 32.39%;5 人制足球场地 5.23 万个,占 44.59%;沙滩足球场地 120 个,占0.10%。全国有篮球场地 100.58 万个,场地面积为 5.95 亿平方米,是数量最多的体育场地。其中,室外篮球场 91.89 万个,占 91.37%;室外 3 人篮球场 6.30 万个,占 6.26%;室内篮球馆 2.39 万个,占2.37%。全国有排球场地 9.13 万个,场地面积为 0.29 亿平方米。其中,室外排球场地 8.79 万个,占 96.28%;室内排球馆 0.34 万个,占 3.72%。全国有乒乓球场地83.50万个,场地面积为 0.51 亿平方米。其中,室外乒乓球场地 73.79 万个,占 88.37%;室内乒乓球馆 9.71 万个,占11.63%。全国有羽毛球场地 20.24 万个,场地面积为 0.40 亿平方米。其中,室外羽毛球场 17.17 万个,占 84.83%;室内羽毛球馆 3.07 万个,占 15.17%。全国有冰雪运动场地 1888 个,场地面积为 0.67 亿平方米。其中,滑冰场地 1187 个,占 62.87%;滑雪场地 701 个,占37.13%。全国有全民健身路径 87.12 万个。全国有健身房 11.48 万个,场地面积为 0.50 亿平方米。全国有健身步道 8.94 万个,长度为 20.93 万公里,场地面积为 6.04 亿平方米。2020 年建成国家体育产业示范基地 13 个,国家体育产业示范单位 33 个,国家体育产业示范项目 33 个。

截至2020年12月底,全国31个省(区、市)“十三五”社会足球场地建设指导目标均实现超额完成。其中,西藏、宁夏、青海、天津、重庆、浙江、江苏、湖北、福建、广西、河北等11省(区、市)指导目标完成率超20%以上。从各地建设总量看,河南、广东、云南、山东、江苏、四川、河北、广西、湖北、湖南、浙江、安徽等12省(区)“十三五”时期新建球场数均达到1000块以上。湖南、贵州、西藏、青海、河南、新疆、山西、甘肃、云南、江西等10个省(区)社会足球场地数均增长了7倍以上。在“十三五”新增社会足球场中,东部地区占45%,中部地区占33%,西部地区占22%。其中,11人制球场占16%,7(8)人制球场占14%,5人制球场占67%,其他类型球场占3%,满足了群众参与足球运动,开展不同足球赛事活动的需要。“十三五”时期,共新增民建民营球场5202块,公建民营球场2425块,占新建球场总数的28%,由社会资本参与建设和运营的社会足球场地较“十二五”时期提升了近3倍。

(三)强化政务公开

体育总局全面加强信息公开管理服务,充分发挥政府网站以及政务新媒体、政务公开专栏等平台的作用,运用新信息化手段做好政府信息公开工作。

2020年,体育总局主动公开政府信息20984条,其中,政务类信息2241条,占公开信息总数的15.5%;地方动态类信息5472条,占公开信息总数的26%;政策法规类信息1125条,占公开信息总数的0.05%;全民健身类信息2126条,占公开信息总数的10.1%;竞技体育类信息2850条,占公开信息总数的13.6%;体育产业类信息1266条,占公开信息总数的0.28%;青少年体育类信息566条,占公开信息总数的2.7%;办事服务类信息60条,占公开信息总数的0.28%;网络问政信息200条,占公开信息总数的0.95%;专题专栏信息2537条,占公开信息总数的12%;政府信息公开目录专栏下信息237条,占公开信息总数的

1.12%。2020年,体育总局针对新颁布的政策开展解读宣传工作,通过政府网站、移动互联网应用程序等渠道,及时向公众介绍体育领域的新政策和新动向,提高政府的公信力,保障公众的知情权。2020年,体育总局设立"疫情居家科学健身科普微视频"专栏,提供防控疫情居家方法搜索功能,推送各地体育部门发布的健身信息,通过新媒体短视频平台推出各种健身话题,积极回应群众关切,推动体育强国建设。

为贯彻落实《中华人民共和国政府信息公开条例》,各地体育行政部门开展政务公开讲座和培训,提升政务公开工作水平,推进体育系统政务公开规范化建设。在2020年政务微博影响力报告中,安徽省体育局官方微博位列"全国十大体育政务微博"排行榜第7名,面对建设体育强省、实现脱贫攻坚的重大任务和突如其来的新冠肺炎疫情、汹涌而来的洪涝灾害等重大挑战,安徽省体育局政务微博坚守传播安徽体育好声音的阵地,发挥微博开放、动态、协同传播的特性,坚持不懈"政"在发声。用"快讯""专栏""话题"为抗疫助力,为扶贫呐喊,为抗洪纾困,倾听群众声音,平等与群众对话,真诚为群众服务。据统计,2020年全年,安徽省体育局共发布微博近3000条,创造了近800万次阅读、5000余次互动和4000余次点赞。

三、坚持依法治体

(一)新出台专门规定

"十三五"时期,我国积极建设体育法律规范体系,适应体育事业的快速发展。《体育法》进入修订程序,《奥林匹克标志保护条例》已修订完成,最高人民法院发布了《关于审理走私、非法经营、非法使用兴奋剂刑事案件适用法律若干问题的解释》,实现了对涉兴奋剂违法犯罪行为的威慑和惩处,进一步完善法规、规章和规范性文件清理长效机制。在"十三五"时期,制定规章4件、规范性文件61件,废止规章3

件、规范性文件52件,建立了全国体育政策法规文件库及检索系统。推动国务院出台加强全民健身场地设施建设、促进青少年健康发展、推动体育产业高质量发展、大力发展冰雪运动、促进和规范社会体育俱乐部发展等方面的重要文件。目前,体育法律规范体系已经基本建立,其共包括法律1部,行政法规7件,中央与国务院文件30件,部门规章33件,规范性文件179件,地方性法规、地方政府规章和规范性文件269件,体育总局制度性文件72件,为坚持依法行政提供了法律依据。

(二)强化行政执法公示

根据国务院《关于全面推行行政执法公示制度执法全过程记录制度重大执法决定法制审核制度的指导意见》和《国家体育总局贯彻落实行政执法公示制度执法全过程记录制度重大执法决定法制审核制度实施方案》(2019)的要求,各地体育行政部门需建立完善的执法公示制度。江苏省体育局、陕西省体育局等下发关于落实行政执法公示执法全过程记录重大执法决定法制审核制度的专项通知,推行行政执法公示、执法全过程记录、重大执法决定法制审核制度,规范执法程序、凝聚执法动力、强化执法监督,营造公开透明、规范有序、公平高效的法治环境。江苏省体育系统坚持落实"三项制度",对执法行动的启动、取证调查和送达等程序进行记录,进一步规范执法全程公开。

(三)规范事中事后监管

根据体育总局《关于进一步加强和规范体育领域事中事后监管的若干意见》,各级体育行政部门要严格按照法律法规的明确规定履行监管职责和监管事项,为了加强和规范体育赛事的事中事后监管,印发体育总局监管事项目录清单、体育总局本级监管事项目录清单、中央指定地方实施新政许可事项汇总清单和体育总局行政审批事项监管清单,各级体育部门运用大数据等技术手段,加强对风险的预警,逐步提高监管的智能化水平。

如湖南省体育局要求县级以上各级体育部门要严格按照“谁审批、谁监管,谁主管、谁监管”的原则,加强审批与监管的衔接,健全监管规则和标准,压实监管责任,创新监管举措,坚决纠正“不批不管”“只批不管”“严批宽管”等问题。推行“双随机、一公开”监管,发现违法违规行为的,要依法查处并公开结果;建立健全跨区域、跨层级、跨部门协同监管制度,推进联合执法;鼓励没有专门执法队伍的体育部门委托文化、市场等综合执法队伍开展行政执法;加强信用监管,将有严重违法违规行为的机构列入体育市场黑名单,对相关经营主体和从业人员实施信用约束和联合惩戒。

体育行业协会治理报告(2020)

一、体育行业协会治理年度概况

2020年是中国体育行业协会全面推开脱钩改革的关键之年。自2015年行业协会脱钩行动开启以来,全国各类体育行业协会开始规模性脱钩改革,以中共中央办公厅、国务院办公厅印发的《行业协会商会与行政机关脱钩总体方案》(以下简称《总体方案》)为依据,体育行业协会遵照"五分离、五规范"的改革要求纷纷开始探索各自的实体化改革之路。2019年6月14日,国家发改委等十部委联合出台《关于全面推开行业协会商会与行政机关脱钩改革的实施意见》(以下简称《实施意见》),并附上全国性行业协会商会脱钩改革名单,进一步明确了行业协会商会在机构、职能、财务、人事、党建方面的五大脱离,要求全面脱钩改革在2020年年底基本完成。由此,体育行业协会脱钩改革进入了全面冲刺阶段。但这一过程并非十分顺利,突如其来的新冠肺炎疫情冲击了各行各业的正常工作,体育行业协会改革在抗疫形势下迎难而上,在统筹疫情防控和体育事业治理中,取得了来之不易的成绩。

总体来说,2020年度,各全国性单项体育协会以习近平新时代中国特色社会主义思想为指导,按照《总体方案》的要求稳步推进协会脱钩工作,脱钩改革取得积极进展;在基本脱钩任务达成后,各协会积极出台一系列政策措施巩固脱钩成果,推动协会实体化改革进一步发展,尤其在协会社会化和市场化运营方面勇于创新,得到了社会各界的普遍认可。另外,得益于体育总局的政策指导和全国性单项体育协会治理的示范引领,各地区性体育行业协会脱钩和实体化改革全面铺开,呈现出因地制宜、顺势而为和各有侧重的特点。

(一)全国性单项体育协会治理年度概况

尽管各协会按照体育总局的整体部署,纷纷进入脱钩改革的最后冲刺阶段,但受体育发展资源不均衡、项目普及和受欢迎程度不同等综合因素影响,两年来,全国性单项体育行业协会治理进程差距明显。

1. “三大球”治理取得阶段性成效

“三大球”振兴是体育强国建设的重要标志,在全面总结和发扬中国体育制度优势方面始终发挥着垂范作用,在体育行业协会治理方面始终走在前列。

(1)中国足协治理迈出新步伐

中国足协率先实现脱钩并成为中国体育改革的先驱,在《中国足球改革发展总体方案》(以下简称《改革方案》)等规范性文件的指导下,足球改革在国家队发展、会员协会体系建设、联赛制度、青训体系、校园足球等多方面取得了阶段性成效。

2020 年,中国足协改革迈出了新步伐,主要改革措施包括:首先,推进足球职业俱乐部健康可持续发展。2020 年中国足协召开足球职业俱乐部专项治理工作会,进一步明确了三级职业联赛俱乐部财务指标、处罚措施和俱乐部名称非企业化变更要求。其次,深化足球国际合作。近年来中国足协与 21 个国家和地区的足协以及国际足球联合会(以下简称“国际足联”)、亚洲足球联合会(以下简称“亚足联”)等建立了良好的协作关系,尽管 2020 年中国足协对外发展受到疫情严重影响,但 2019 年中国足协成功竞选国际足联理事并成功申办 2023 年亚洲杯,无疑为2020年足球改革发展赢得了有利的国际环境。再次,持续深化管理体制改革。2020年5月13日,中国足协通过干部大会调整秘书处组成部门等机构的设置情况,并明确协会领导职责分工,充分落实优化协同高效的机构改革精神。此外,多措并举深化改革力度。2020年12月18日,中国足协发布《中国足球协会关于进一步推进足球改革发展的若干措施》,从加强国家队的建设和管理、促进职业联赛健康发展、大力推动青少年足球发展等8个方面提出35项措施。下一步,中国足协将在做好常态化疫情防控的情况下,逐步完善内部治理结构,大力做好男女组国家队备战青训体系建设、职业联赛改革发展(包括球员工资帽、转会帽)等重点业务工作。

(2)中国篮协稳步推进协会治理

中国篮协改革一直走在前列。自2018年中国篮球协会品牌规划提出"让平凡伟大"的篮球发展口号以来,中国篮协改革的重点放在了打造篮球赛事品牌和弘扬篮球文化方面。对于前者,中国篮协采取对竞赛体系、赛制、裁判、工资等的多项改革措施,打造更为规范和具有自我造血功能的职业联赛。在联赛之外,则采取在全国推行小篮球活动、群众篮球活动,扶持地方篮协建设,促进体教融合发展等措施大力弘扬篮球文化,完善了篮球协会的人才培养模式和市场化运营体系。在地区统筹方面,中国篮协积极支持福建省篮协组织召开"2020年中国篮协行业治理研讨会",致力于通过经验共享带动地区性篮球协会推进实体化改革。

(3)中国排协大力治理职业联赛

中国排球协会(以下简称"中国排协")治理在近年来驶入快车道。这主要是因为2017年中国排球联赛正式更名为中国排球超级联赛,在商务运营、宣传推广、赛事体系等方面积极变革,使得排球在职业化、市场化发展方面全速前进。

2019年年底,体育总局召开的排球改革发展研讨会为2020年中国排协改革奠定了基调,也即在排球产业、后备人才培养、体教融合、国家队建设等方面积极开展工作。值得关注的是,2020年4月21日,中国排协发布公告,宣布与中国排球联赛商务合作伙伴体育之窗解除合作。这标志着中国排球联赛向职业化、市场化不断迈进过程中一个阶段的结束。但与排球之窗的解约并不代表中国排球联赛深化改革工作的停顿或结束,可以预见,中国排球联赛将从与体育之窗的合作中积累经验,为未来进一步深化联赛改革和迈向市场化积蓄力量。

2. 冬奥会推动冰雪项目协会集体脱钩

2020年体育总局通过了全国性体育行业协会脱钩方案《落实工作分工方案》,其中规定,全国性冰雪项目协会全部属于第二批全面脱钩的机构,并且应当在2020年年底完成脱钩任务。相关协会有:中国滑冰协会、中国花样滑冰协会、中国冰球协会、中国滑雪协会、中国冰壶协会、中国雪车协会、中国雪橇协会和中国冬季两项运动协会。这一目标显示了协会治理服务重大赛事的价值取向,各冰雪项目协会顺势而为,抓紧2022年北京冬奥会契机,积极推进各项改革,改变传统备战模式,为组建国家队、甄选优秀人才创造有利条件,从而为冬奥会注入新鲜血液。

例如,2020年,中国冰球协会举办首届中国冰球发展论坛,聚焦北京冬奥会和中国冰球推广、体教融合、中国职业冰球发展前景、冰球与城市品牌四大主题,积极为中国冰球社会化、市场化推广建言献策。继2019年完成人事调整和会员管理制度改革后,中国滑冰协会2020年的改革动作则围绕进一步加强党务工作和思想政治建设、完善竞赛体系和滑冰协会裁判工作、普及滑冰事业几个方面展开,积极响应"带动三亿人参与冰雪运动"号召,推动冰雪运动"南展西扩东进"战略的实施。除此之外,较晚独立的中国花样滑冰协会的治理可谓是紧锣密鼓,自2017年从滑冰协会分离之初,便由名将申雪出任协会主席,2018年逐步完善协会建制和章程,2019年和2020年则继续进行协会治理,包括创新运动员集训和选拔方式、制定花滑行业规范、推动赛事开展并创新俱乐部联赛,打通地方俱乐部向国家队输送人才的通道,积极助力2022年冬奥会。

3. 奥运项目和非奥项目全国性单项体育协会治理各有侧重

(1)奥运项目全国性单项体育协会治理精神:以改革促备战、以备战强改革

在2019年体育总局公布的68家拟脱钩全国性单项体育行业协会中,绝大部分承担奥运国家队管理任务。如果说多措并举是全国性单项体育协会治理的缩影,那么备战重大赛事就是奥运项目全国性单项体育协会治理的核心和宗旨,旨在通过实体化改革调动各方积极性,发挥举国体制优势,提高备战工作的效率和效益。纵览奥运项目全国性单项体育协会官网中有关协会治理的论述,中国击剑协会、中国乒乓球协会、中国游泳协会、中国帆船协会、中国马术协会、中国羽毛球协会等在2020年工作宣发中不约而同地多次提及“一切以东京奥运会备战为突出重点”“为备战2022冬奥会做好服务保障”“打造国家队服务保障体系”等。为服务这一基本宗旨,各奥运项目全国性单项体育协会实体化改革围绕人才培训与甄选、完善竞赛体系构建、激发社会活力展开,主要包括各类职业联赛职业化和市场化改革、各类项目的青训体系构建、赛事品牌打造、国家运动员培养和选拔体系治理、国际交流与合作等举措。在一系列措施合力推进下,各奥运项目全国性单项体育协会在赛事举办和人才培养方面朝着规范化方向进一步发展。即便走上了全面脱钩改革的道路,但保障国家队建设、备战重大赛事依然是这些体育行业协会工作的中心任务,这削弱了治理在市场化和社会化变革方面的自主性,诸多治理决策依然具有行政依赖性。

(2)非奥项目全国性单项体育协会治理进程缓慢

2020年,治理举措明显的拟脱钩非奥项目全国性单项体育协会主要包括中国围棋协会、中国保龄球协会、中国武术协会、中国桥牌协会、中国门球协会,具体表现为实现脱钩后的进一步实体化改革,各协会通过组织章程、会员管理办法、赛事活动筹备等措施深化协会实体化改革成效。另有部分协会诸如中国国际象棋协会、中国台球协会、中国健美协会的主要工作是如期完成脱钩,对于脱钩后如何进一步治理、下一步往哪走尚未明确。而在2014年至2016年脱钩改革试点阶段率先实现脱钩的中国汽摩协会、中国信鸽协会、中国龙狮协会等在2020年深化协会实体化改革方面成效并不显著,除了如期换届外并没有采取大的治理动作,使得该类体育行业协会在脱钩和实体化改革过程中呈现率先试点、后劲不足的割裂式改革发展样态。

总体来说,全国性单项体育协会治理各自推进,奥运项目全国性单项体育协会改革多措并举,非奥项目全国性单项体育协会治理则动力不足,另外严峻的疫情形势对体育协会实体化改革有一定的冲击,同时也创新了协会治理的推进方式。

4. 全国性单项体育协会治理的具体措施

概括来看,各单项体育协会脱钩和实体化改革举措包括以下内容:

(1)改变组织结构

第一,协会章程或订或修,规范协会管理制度。2020年4月,民政部公布了《全国性行业协会商会章程示范文本(试行)》,明确为全国各行业的协会商会脱钩进行章程修改时提供参考,为体育协会实体化改革、规范管理制度进一步提供指导。章程修改带来的主要改变包括:

协会管理层级扁平化、精确化发展。通过明晰体育行业协会内部分支机构的设置情况和职责分工提高协会决策、运行和执行效率,同时也能够有效控制协会人员规模,尤其是在各类体育行业协会财务逐步分离的背景下,规模控制是协会自负盈亏的必然要求。

例如,2020 年 7 月,中国篮协通过了最新修订的《中国篮球协会章程》,新章程厘清了今后协会的治理架构为会员代表大会、执委会和秘书处 3 个层级,取代了以往的五层级架构,并清晰划分了会员代表大会的立法审议权、执委会的日常领导权和秘书处的执行权。中国空手道协会则是在 2020 年执委会上充分研讨《中国空手道协会章程》的修订工作。其实,章程修订在往年体育协会治理中屡见不鲜,比如 2019 年中国田径协会、中国乒乓球协会均修订了协会章程。但是在各体育协会内部分支机构治理成果中,仅少数协会设立了监事会,并不能达到行业协会法人治理机构的一般标准。以治理最为明显的中国足协、中国篮协为例,二者仍然以纪律委员会代行监督权作为过渡。另外,人事管理制度也是章程修订的重要方面。具体来说,主要是肯定体育行业协会的人事自主权,在协会脱钩后保障协会通过劳动合同制进行社会人才自主招聘,同时逐步完善人事绩效考核、社会保障、岗位培训等一系列体制机制需求。

第二,人事变更,让专业的人干专业的事。从 2017 年至今,篮球运动员姚明、短道速滑教练李琰、击剑名将王海滨、中国拳击队总教练张传良、原乒乓球队总教练刘国梁、排球教练郎平、羽毛球混双奥运冠军张军等专业人士就职协会领导,此外中国举重协会主席周进强,中国射击协会、中国射箭协会主席梁纯,中国体操协会、中国蹦床与技巧协会主席缪仲一都是主管中心的主任。2020 年 6 月,涂猛这位青基会前任秘书长跨界担任中国篮协秘书长,这堪称是中国篮协社会化、实体化进程中的里程碑事件,60 余年来首位非体育系统出身的中国篮协秘书长。

第三,确立个人会员制度。例如 2020 年,中国空手道协会、中国拳击协会均通过了最新的协会会员管理办法,涉及会员信息系统建设、会员注册与转会以及会费缴纳等具体事项。在此方面,中国足协、中国排协、中国田径协会早已修订章程允许个人成为会员,这有利于吸引社会资源入驻体育行业协会,促进体育人才的引进。

(2)通过多渠道实现财务自主

行业协会商会脱钩工作本质上反映了我国体育发展在治理方式上的进步——将体育交还给市场,让各类市场主体以市场化的方式来实现资源配置,最大限度激发社会活力和动力。按照《总体方案》,财政脱离要求政府逐步取消对各类体育行业协会的财政拨款,使各协会享有独立法人财产权。这给各协会带来了生存的巨大挑战,促使各协会在实体化改革过程中努力通过多种渠道吸收市场资金和社会资源以支持自身健康可持续发展,比如中国田径协会就把跑步做到了专业和业余、推广和市场兼顾;中国击剑协会也将击剑联赛交给专业运营公司来运作,每站比赛都有数千名参赛者,既普及了这项运动,也带动了市场。

总的来说,各体育协会在自主创收方面的治理措施主要包括以下几类:第一,由单项体育行业协会积极承接公共体育服务项目;第二,协会融入社区和群众,提供场地租赁等有偿服务;第三,组织运营体育赛事、开展体育培训业务等;第四,积极吸纳各类会员。在这方面中国足协和中国篮协紧紧把握住了市场,让协会不断进行市场开发,真正实现自给自足。

(3)完善监督体制保障协会治理的正确方向

2019 年,中央纪委国家监委驻体育总局纪检监察组印发《关于对体育协会实施监察监督的意见》,体育总局党组印发《关于对体育协会加强监督管理的意见》,二者共同构成协会治理的监督体系,使 2020 年体育协会治理不脱线、不任为。具体而言,对各协会治理的监督包含体育总局的外部监督和体育协会内部党建两个方面。在体育总局意见中,明确要求“体育总局党组对体育行业协会履行监督管理主体责任,党组书记是第一责任人。体育总局党组和驻体育总局纪检监察组积极承担起对体育行业协会监督管理的主体责任和监督责任,坚持改革推进到哪里,监督就要跟进到哪里,保证体育行业协会改革在正确轨道上推进”。

此外,部分体育行业协会积极响应上级要求,筹建协会党委和纪委。比如2020年中国武术协会提出了“以党建工作为统领,改革创新、与时俱进,稳步推进中国武术协会实体化脱钩和相关行政机构改革”的基本要求。当然,强化社会第三方对协会的监督作用以及健全各类协会自律水平和内部纠纷解决机制需要在下一步协会治理中获得关注。

(二)地区性体育行业协会治理年度概况

2019年中国行业协会商会与行政机关脱钩联合工作组印发的《关于做好全面推开地方行业协会商会与行政机关脱钩改革工作的通知》对地方行业协会商会脱钩工作进行了统一指导安排,由各省(自治区、直辖市)脱钩工作组负责本地区全面推开脱钩改革工作的具体落实,按照“五分离、五规范”的要求,确保在2020年12月31日之前全面完成各地区协会商会脱钩改革工作并报送总结报告。联合工作组应在2021年2月完成跟踪调研和脱钩成效评估工作并将总结报告报送党中央、国务院,但该报告目前尚未发布。

具体到体育行业协会,则由各省体育局统筹安排脱钩改革工作,从各省政府及体育局发布的消息来看,地区性体育行业协会治理在2020年全面铺开。2019年中后期,多个省政府相继出台了地区性行业协会与行政机关全面脱钩方案或者工作推进部署,可以说为2020年地区性体育行业协会治理提供了更具统筹性、规范性和具体性的政策指引,呈现出全面开花、因地制宜的特点。几个代表性地区的脱钩治理工作如下:

1. 四川:坚定不移推进行业协会治理,不偏不倚闯新路

2020年,四川省围绕“思想真解放、谋定而后动、蹄疾而步稳、敢闯敢担当”的主旨思想,从政治站位、专业站位、发展站位三个基本方面探索体育行业协会治理的四川形象、四川特色和独特的四川道路。其具体治理措施包括“明确目标任务、坚持工作原则、处理四大关系、科学分类指导、明确职责界定、制定奖惩制度、落实工作要求”七个方面。2020年11月27日颁布的《四川省省级体育行业协会委派监事工作实施办法(试行)》,以有效的综合监督推进体育行业协会的纵深发展,明确向47个省级体育行业协会委派47名监事,按照“敢于奉献、履职尽责、不辱使命、守正创新”的监督责任全力助推四川省级体育行业协会治理发展。

2. 北京:力争应脱尽脱,实施综合监管

早在2016年至2017年,北京市27家体育行业协会就实现了“五分离”,初步建立政会分离、自主办会、综合监管的新型管理体制,为接下来全面脱钩改革工作积累了丰富的经验。自2019年北京市全面推开脱钩改革动员部署会召开以来,市桥牌协会、市网球协会等45家体育行业协会积极配合治理工作,尤为值得一提的是,北京市进一步强化了在脱钩改革过程中民政、发展改革、财政、外事等部门的综合监管工作,就体育行业协会承接政府购买服务事项、协会资产清查工作等一系列具体工作安排进行了对接、监督和问题解答。例如,2020年8月,北京市社会事业领域行业协会联合党委召开了脱钩体育协会党建分离工作,会议介绍了北京市45个体育协会脱钩工作进展并就脱钩后体育协会综合监管安排进行了详细说明。

3. 河北:小政府、强社团、大社会的体育发展新格局

河北省体育行业协会脱钩改革工作进度明显,在2019年顺利完成47家省级体育行业协会的脱钩工作,度过脱钩改革的“深水期”。河北

省体育局局长张泽峰强调 2020 年河北体育行业协会治理的工作重点应当是探索体育行业协会规范发展之路。据此,河北省 2020 年治理围绕激发体育发展动力和活力、创新冰雪项目发展体制、竞技体育社会化发展、全民健身多元供给、赛事活动多方承办、足球改革和协会实体化改革六个方面积极开展工作,尤为重视扶持体育公司、协会、社团等社会力量成为体育事业发展的核心动力源,努力构建小政府、强社团、大社会的新发展格局。

4. 江苏:实现脱钩协会党的领导全覆盖

除完成体育行业协会脱钩改革的常规动作外,江苏省在这一过程中格外重视“脱钩不脱党”,伴随治理的深入推进,2020 年 8 月江苏成立了中国共产党江苏省省属体育社团委员会,旨在全面加强省级体育社团脱钩改革后的党建工作,引领体育行业协会按照正确的方向稳步发展。这既是落实脱钩改革不脱联系、不脱扶持、不脱监管的本质要求,也是在建党一百周年之际加强基层党组织建设的需求,更是保障体育行业协会脱钩后行稳致远的重要力量,通过依法自治和党的领导的有机统一促进江苏体育强省建设。

5. 内蒙古:面对疫情创新协会脱钩线上推行手段

由于新冠肺炎疫情的冲击,各地区体育行业协会的治理受到了不同程度的影响。2020 年,在全民抗疫的背景下,内蒙古自治区体育局为保障脱钩改革工作的顺利完成,积极推行“线上指导、一周一报”的工作措施,确保体育行业协会脱钩改革工作不因疫情过分迟滞。在脱钩改革工作领导小组指导下,确立单项协会分组对接、电话、微信云指导和云总结,实时跟进各协会治理进程,并成立问题解答协会就治理中遇到的问题开展集中答疑服务。此外,领导小组精心绘制体育行业协会脱钩改革工作流程图、在内蒙古自治区体育总会官网开设脱钩改革栏目,实时推送治理信息和资料,宣传脱钩改革的相关政策。除内蒙古外，其他地区也在疫情期间积极开展线上工作，这显示了全国齐心协力推进全面脱钩改革全面完成的坚定决心，开创了“既有传统的手段，也有最新的科技”二者有机结合的良好局面。

整体上，从各省（自治区、直辖市）政府和体育局脱钩改革政策来看，各地区在部署体育行业协会与行政机关脱钩改革工作中有几大要点：第一，通过统筹部署和上层会议要求各省属体育协会充分认识脱钩改革的目的、目标和意义，明确脱钩改革的基本要求；第二，以市场化运作、充分激发社会活力作为脱钩改革主要手段；第三，切实落实脱钩不脱管的要求，在脱钩后继续将对协会的监督管理进行下去；第四，加强各省、自治区、直辖市体育总会建设，通过体育总会对各协会进行具体指导；第五，注意脱钩改革阶段性汇报，要求各体育协会摸清家底、真实客观地完善相关总结材料。

在脱钩改革的具体措施上也呈现出一定特点。就体育项目而言，各地区体育行业协会治理较为超前的仍然是足球协会和篮球协会，这归功于中国足协、中国篮协渐趋成熟的上层经验推动以及政策文件的规范性指导。尤其是在足球竞赛体系、青训体系等方面成效显著，例如青海省出台《青海足球 2020 行动计划》致力重大足球竞赛改革；诸如广东省、天津市等早已出台了省级足球协会改革方案和中长期发展规划的省份则一如既往地推进落实地区足球改革方案；浙江篮协通过省级篮球协会实体化改革方案明确篮协进一步改革的职能定位，湖北篮协则重点打造九大品牌赛事，创造省级赛事品牌。然而其他地区性行业协会不具备这种优势条件，依然是在省局整体脱钩改革方案之下摸索自身的革新之路。即便各地区足球协会改革看似领先，但中国足协 2021 年 7 月最新发布的《2020 年中国省市足球发展健康指数报告》依然显示中国省市足球发展水平较低，其中包括各城市足球协会基层建设覆盖和地方政策出台落实方面的不足。

从目标来看,各地区体育行业协会治理的一个重要目标是体育强国或体育强省的建设。在这一目标的指导下,地区性体育行业协会治理尤为重视体育社会化,除鼓励各协会赛事活动进社区、进社会外,还积极推进老年人体育行业协会、青少年协会、体育健身协会、体育旅游协会以及受欢迎程度较高的体育项目协会的治理工作。

例如,2020 年上海各级老体协在改革大潮下求新求变,通过老年人运动会、老年人体育联赛、线上线下双线办赛、疫情居家健身短视频征集、强化构建组织网络等一系列举措开创老年健身的新局面;湖北则启动“新全民健身示范工程”构建健身三维治理格局,积极破解学训矛盾,建立“1+6+名校+N”体育后备人才培养体系,创新青少年体教融合发展方式;河北省毽球协会、省垒球协会、省信鸽协会积极研讨脱钩后面临的挑战,探索生存之道。着力在《体育强国建设纲要》指导下推动全民体育健康发展,在体育行业协会治理中彻底释放社会活力,鼓励运动休闲基地、体育场馆等体育设施的建设和运营,健全体教融合发展机制。

此外,在地区性体育行业协会治理中,各省(自治区、直辖市)都在积极打造省级品牌,提高自主造血能力,这主要表现为各地区主打赛事活动的举办。另有部分特色做法在改革中颇为引人注目,比如,浙江省建立体育行业协会、社团组织评估体系和配套制度,以评估等级证书作为协会信誉证明,可以在资金扶持、承接职能、购买服务、评先评优等方面享有一定优惠;湖北省率先推出“体育行业协会+公司”实体化运营策略,实现了“等钱办赛”到“有钱办赛”的转变,努力为体育行业协会治理提供全方位支持保障;以及部分地区在协会治理中重视大数据平台建设,迎合了信息时代发展的潮流。实际上,地区性体育行业协会治理和全国性单项体育行业协会治理在具体举措上多有雷同,这是由体育事业发展轨道的趋同性和市场化道路本质决定的。

体育行业协会治理是新时代体育部门体制改革的催化剂,是体育公共服务发展的助推器,是实现全民健身和体育强国建设的主力军。2020 年在习近平新时代中国特色社会主义思想指导下,全国体育行业协会深度贯彻新发展理念,冲刺全面脱钩最后节点具有重大意义,将为“十四五”新阶段推动体育事业改革奠定良好的组织基础。

二、体育行业协会治理新近发展

多年以来我国一直在尝试进行体育改革,以改变体育薄弱的情况,事实证明,各个方面确实得到很大进展,我国逐渐成为体育大国,在国际上也拥有了一定的话语权。然而,足球和篮球在国际上的排名总是不尽如人意,对此体育总局和中国足协、中国篮协不断进行改革创新,力图在发展中找到一条出路。2020 年,中国足协和篮协作为改革试点的先锋,治理过程获得的经验是值得其他协会借鉴的,因此下面针对这两个协会近年来的改革亮点进行重点介绍。

(一)足球协会的治理发展

为落实《总体方案》和《改革方案》,总结出来中国足协主要有以下几个工作重点:第一,加强全国足球场地设施建设;第二,注重青少年球员的培养,其中校园足球和青训虽不属于一个体系,但是都与青少年相关,因此会被放在一起讨论;第三,发展社会足球并普及,为职业联赛构筑群众与人才基础;第四,改良竞赛体系和联赛体制;第五,完善职业足球俱乐部的法人治理结构;第六,组建具有中国特色的国家队,统筹协调好国家队、青少年足球以及联赛的关系。

1. 足球管理体制改革

中国足球改革发展涉及很多方面,但体制上的改革毫无疑问是扫清障碍的重要突破点。体制上政社分开,实现去行政化和协会实体化,让中国足协对足球的管理实现从行政化到社会化、专业化的转变。

2015年根据《总体方案》部署设置了联席会议制度。设置联席会议制度的目的在于对改革工作进行宏观指导,统筹推进《总体方案》实施,督促检查重点任务完成情况以及协调解决改革中的重大事项和重大问题。

2016年2月,“足球运动管理中心”根据《改革方案》的规定被撤销,中国足协与体育总局的“脱钩”已基本完成,这标志着“两块牌子、一套人马”的组织架构成为中国足球的历史,中国足协在人员聘用等几个方面获得自主权。

2018年1月中国足协部门设置调整为“职能部门27个+下属单位3家”;秉着“五湖四海、任人唯贤”原则聘用了孙雯、肇俊哲、邵佳一等足球专业人才,让专业人做专业事成为新常态。此次部门调整与人员聘任工作,是中国足协深化协会体制机制改革的重要部署,也是在脱钩后完善会员大会制度、优化执委会制度、健全专项委员会制度、推进秘书处管理体系建设的重要一环。从具体调整来看,部门的细化和人员的专业化是调整的主要方向。其中,青训被提到了重要位置,男足青训部、女足青训部的设立意味着足协将把更多资源投入到后备人才的培养,起到以男足带动、反哺青训和女足的目的。

同年,中国足协启动壮大地方会员协会“突破计划”和改革试点。为贯彻落实《总体方案》,全面促进足球发展规划和2020行动计划的落地实施,加强会员协会体系建设,中国足协于5月18日在武汉召开了中国足协“突破计划”暨改革试点部署动员工作会议。会上公布了实施方案,并确定江苏、浙江、四川三省和武汉、成都、大连三市作为足球综合改革试点地区,加大力度扶持地方足协调整改革,促进会员协会工作开展、壮大会员协会力量,助力足球事业改革发展。

2020年,中国足协正式宣布秘书处组成部门设置等机构调整方案,秘书处由原来的28个部门调整为16个,同时香河基地、福特宝公司、中超公司等保持不变。这是中国足协深入贯彻落实《总体方案》、持续深化体制机制改革、推进足球领域治理体系和治理能力现代化的一项重要举措,充分体现了优化、协同、高效的机构改革精神。这个调整要更加适应十二字方针,使得中国足协能够依法自治,将权责关系划分得更为明确。

按照《总体方案》的规划,足改有序进行,但是依然存在困难和问题。为进一步推动落实改革方案,2020 年中国足协制定了新的措施。在修订《中国足球协会章程》、技术分析和技术人员培训认证体系、国家队管理模式、职业联赛管理机构、青少年足球发展以及足球场地建设等方面作出了进一步要求。其深化了足球管理体制机制方面的改革,要求建立合理有效的国家队绩效考核制度,强调探索形成适合中国国情的国家队风格。其还要求制定合理的职业联赛体系,优化俱乐部的运营模式,同时建立校园、专业、职业、社会四位一体的足球人才培养体系,不断巩固和完善职业俱乐部青少年后备人才梯队建设体系。

2020 年年底中国足协发布的俱乐部名称变更的通知切实履行了《改革方案》中明确提出的“优化股权结构,实行政府、企业、个人多元投资……”的要求。同时颁布的新的限薪、限投政策有利于根治中国足协存在的沉疴痼疾,也是改革过程中十分关键又不可避免的一步。

2. 大力发展青少年足球

中国足协的改革史上,青少年足球改革必然是浓墨重彩的一笔,作为后备力量的青少年既是源泉也是希望。对此,党中央、国务院提出了“特事特办、先行先试”的原则和要求,把校园足球改革纳入教育综合改革规划中,并将其作为国家教育体制改革的重点任务。顶层设计、组织领导、体制机制等全方位发展,推动青少年校园足球工作取得阶段性成果,也为进一步扎实开展工作奠定了坚实的基础。

(1)加强顶层设计,完善体制机制

青少年足球主要包括校园足球和中国足球青训体系。

2015年,校园足球相关工作由教育部接管,教育部会同其他部门组成工作领导小组进行领导和检查督促工作,中国足协于2017年加入其中。2015年7月,该领导小组还发布了相关实施意见,各部门通力合作争取到2020年基本建成特色发展体系。这个机制不仅让教育部在校园足球工作中能够利用其他部门的资源,获得相关部门的支持,还使得教育系统和体育系统紧密联系,便于校园足球"体教结合"。为了促进幼儿身心健康发展和普及推广校园足球,2019年教育部发出通知开展足球特色幼儿园试点工作。通知发出后便开始实施,同年就遴选出3000所特色试点园,还配套开展了针对幼儿足球的师资培训,国家级专项示范培训也是试点工作中不可或缺的一步。在此基础上,2020年建立了全国青少年校园足球管理平台,形成了运作效率高、讯息交流畅通、问题反馈迅速、监管强有力的垂直与平行交叉的系统化的管理体系。

2017年1月,青训行动计划由中国足协与教育部共同研究出台,旨在突破体育教育政策壁垒,完成青训体系顶层设计,并计划建立青少年数据库和对社会足球机构的评估机制,从而调动所有社会资源,共同助力青训。

2018年足协提出构建"五系一体、两心一赛"的中国足球青训新体系。"五系"是指职业俱乐部、省市体育局、城市、校园、社会俱乐部五大青训体系,是一体化、多元化的足球后备人才培养体系;"两心"是指国内、国际两大青训中心的建设;"一赛"是指青足超级联赛。对于青训,政府要发挥好引导作用,"体教结合"不是简单的体教两家合作,要打破壁垒,深度融合,形成"一体化设计、一体化推进"。这项举足轻重的举措,意在比赛能力的培养、身心健康的培养以及文化教育的培养等各个方面,避免出现青少年球员重体育轻文化、舍文化换体育的情况,全方位发展不仅有利于足球文化深入内心,塑造内心信念,还有利于球员今后的职业规划。我国“体教结合”培养方式的提出甚至早于其他一些国家,但是该方案的实施和成效却不理想。对此,我国在构建体教结合校园青训体系时既需要科学的训练计划,也需要文化教育计划。足球青训不可能一蹴而就,这项基础性、系统性的工程还需要长期努力。

(2)坚持普及为要,优化发展布局

较之以前的“四位一体”,2018 年增加了“满天星”训练营,校园足球构建了“五位一体”格局。此种格局规划在全国范围内通过遴选和创建两种方式建立青少年校园足球特色学校和青少年校园足球试点县(区),设立了校园足球改革试验区,布局建设了“满天星”训练营,明确了能够招收高水平足球队的高校。

从 2017 年到 2020 年,特色学校、招收高水平足球队的高校、试点区(县)、改革试验区、“满天星”训练营的数量在 4 年间均呈现出稳定的增长趋势,其中特色学校增加 1 万余所,招收高水平足球队高校数量、试点区(县)数量翻一番,改革试验区数量增长 2 倍,青少年足球发展态势良好。

截至 2020 年,特色学校数量已达 3 万余所,校园足球立体格局持续发展,覆盖面逐渐扩大,相关建设指标已超额完成《改革方案》确定的目标,为校园足球发展奠定了坚实的基础。

(3)打牢教学根基,完善课余训练、竞赛体系

教学是校园足球建设的“地基”。2019 年,教育部组织国内外专家制定了足球教学指南和等级评定标准,同时还组织编写了示范课教案,并将其拍摄成示范课视频,这些短片和示范视频能够一定程度上指导一线校园足球教学。

训练是校园足球建设的重点。校外校内训练营开展的课余训练是校园足球运动员获得有效的专业教学的时间,因此"满天星"训练营的数量在不断增加,而校园足球训练营目前只在北京、上海、内蒙古等地探索性建立,且覆盖了省、市、区三级。通过以上方式构建的校园足球课余训练体系还将在未来不断完善,层次更多,也更为立体化。

竞赛是校园足球建设的关键。我国竞赛模式多种多样,逐渐形成一体化的竞赛体系:校内和校际竞赛;通过选拔进入高水平的竞赛;秉着"走出去"的改革经验,还可以通过出国交流比赛提高水平。与此同时,还要不断完善小学、初中、高中和大学四级联赛制度。统计数据表明,2015—2020 年 1500 多万人参加四级联赛。球员还可以通过参加夏令营获得运动员等级证书,其中部分优秀球员还能加入高校高水平足球运动队或国内外职业俱乐部。

(4)加强师资队伍建设,加大教师培养培训力度

完善校园足球教师制度,破解教师紧缺难题,让退役运动员等有体育特长的人员进校兼职,充分利用有资历名望的,有指导经验的外籍优秀教练以及退役球员,构建一个高水平的教练员体系。对于没有运动员经验的教师也需通过各种培训提高指导技能,2018 年教育部委托了中国教科院对特色学校校长和体育教师进行培训,对骨干师资开展国家级培训,举办了亚足联 D 级教练员培训班,选送校园足球教练员赴法国、英国培训。2019 年国家和地方同时开展培训,除 2018 年开展的培训内容外,还举办了 C 级教练员培训班,增设了教练员培训基地。总的来说,培训人数和培训期数都大大增加。而 2020 年由于疫情影响,不得不通过慕课形式展开线上培训模式,但培训效果可观,并未受到太大影响。同时展开帮扶项目,为贫困地区开展了 3 期"互联网+"D 级证书培训班。

3. 场地设施建设

足球场地设施是中国足球振兴的基础性工程,国家发展改革委等

四部门在2016年就印发了关于足球场地建设的文件,提出到2020年全国足球场地要超过7万个。据体育总局统计,截至2020年12月31日,全国足球场地有11.73万个,其中,十一人制足球场地2.69万个,占22.92%;七人制足球场地3.80万个,占32.39%;五人制足球场地5.23万个,占44.59%;沙滩足球场地120个,占0.10%。

为进一步完善全国足球场地设施建设,联席会议办公室于2019年联合印发了实施方案,该方案亮点有三:一是由于中央和地方政府共同支持,所以政策支持力度大,有利于落实到位。二是设施供给一视同仁、平等竞争。三是专项行动鼓励城市和企业自愿申报,通过竞争获得资格。

4. 国际交流借鉴

大牌外教给中国足球带来了先进的足球理念和训练方法,无论是中国足协、各地方足协还是各俱乐部、足校,聘请高水平足球教练、讲师为青年队和青年教练授课、指导正成为一种"常态",光是2018年校园足球就聘请了140多名外教到国内任教,中国足球正以最开放的姿态汲取世界足球发达地区的经验。与此同时,教育部近年来陆续选派足球教师(教练员)赴国外学习先进足球理念,为构建中国特色青训体系奠定师资培养基础,让未来校园足球的讲师和足球教练员水平有更大提升。除引进优秀人才、让教练员走出去外,国内学生也能赴国外参加训练和交流,这种全方位汲取足球发展经验更有利于足改。

5. 注重文化培育,营造良好氛围

注重足球硬实力的同时,还不得不关注足球文化的宣传,在全国范围内培养足球兴趣,提高足球普及度和热度都有助于我国足球事业的发展。在政策指导下,针对幼儿、青少年、中老年人等不同年龄阶段的不同喜好,通过制作专题宣传片、录制专题节目、制作动画片等形式向社会大众普及足球知识。同时充分利用主流媒体、官方网站和微信公众号等各种媒介进行宣传推广。

(二)篮球协会的治理发展

1997 年 11 月 24 日,体育总局实行体育管理体制改革和运行机制转变,成立了体育总局篮球运动管理中心(以下简称“篮管中心”),篮管中心是具有篮球项目行政管理职能的事业单位,也是中国篮球协会的办事机构。2017 年 3 月 31 日,体育总局办公厅下发《关于篮球改革试点有关事项的通知》,篮管中心将承担的业务职责从 4 月 1 日起正式移交给中国篮协,并以中国篮协名义开展工作。和足协不同的是,篮管中心作为总局事业单位将继续保留,但要充分放权,立足篮球工作实际,把相关业务职能移交中国篮协。此次篮球改革的亮点,在于中国篮协开始独立行使职能;此次篮球改革的使命,则在于将联赛、国家队、青少年训练切实抓好。

1. 管理体制治理

(1)《中国篮球协会章程》的修改

2017 年 2 月 23 日,中国篮协第九届全国代表大会正式召开,会议通过修改后的《中国篮球协会章程》,新设的主席办公会将负责中国篮协的事务决策工作。从运行机制上说,篮协的日常工作并不是主席一个人说了算,主席办公会将体现民主集中制。根据修改后的章程成立党委,设立党委书记,党委书记是主席办公会的参与者,这也是章程修改的一个重要变化。

2020 年年初,中国篮球协会按照民政部《全国性行业协会商会章程示范文本(试行)》,开始重新修订《中国篮球协会章程》,修订后的《中国篮球协会章程》对中国篮球协会的使命宗旨、业务范围、会员组成、组织机构、资产管理与使用、信息公开等进行了调整,为中国篮球协会完成脱钩改革后的依法合规运行做出顶层制度安排。按照原《中国篮球协会章程》,其治理架构包括会员大会、理事会、主席办公会、秘书处、专项委员会 5 个层级。而修订后的《中国篮球协会章程》明确,今后协会的治理架构为会员代表大会、执委会和秘书处3个层级,并清晰划分了会员代表大会的立法审议权、执委会的日常领导权和秘书处的执行权。如此修订,势必极大增强中国篮协的运行效率。

(2)CBA联赛管理模式治理

2016年,中国篮协拟定《CBA联赛管办分离改革"分两步走"方案》后,又推出了一项方案,即《CBA职业联盟成立方案》。这两套改革方案侧重点有所不同,但并不互相冲突,更大程度上相当于CBA联赛改革的两步组成,也更能凸显CBA联赛的当务之急和远景规划。按照第一套方案的规划,第一步是中国篮协作为发起人,成立由中国篮协和俱乐部共同入股的CBA公司(中国篮协占30%的股份,其他20家俱乐部均占3.5%,合计占70%的股份),中国篮协将联赛商务权、赛事推广权授权给CBA公司,由CBA公司全权决定联赛商务开发和赛事推广事宜;第二步,待时机成熟时,由中国篮协将竞赛组织等办赛权授权给CBA公司。2017年4月,中国篮协已经将所持的30%的股份全部转让给CBA,"管办脱钩"真正实现。第二套方案则是CBA的参赛俱乐部与中国篮协和有关方面一起,组建CBA职业联盟,在职业联盟的框架下成立商务和赛事运营公司。可这套方案目前的实施条件不尽成熟,可能还会遇到一些政策、法律层面的壁垒,如何推进仍需要更深一步讨论。

(3)领导班子的专业化

专业人干专业事表明了篮协改革的决心,姚明就职这一里程碑事件也给其他体育协会的改革带来了启发。新一届中国篮协更加突出专业化、社会化、标准化和国际化。新一届中国篮协领导班子还有名誉主席一位、副主席九位、秘书长一位,绝大部分非体育行政体制内部人员,而是各领域内的优秀社会人士,这是新一届领导班子的最大特点,是政社分开、依法自治的协会治理要求和社会组织独立性的体现。

协会领导班子实现了主要由政府部门、篮球运动有关专家和企业、俱乐部投资管理者构成的目标。

2. 篮球国家队治理

2018年中国篮协积极探索社团改革之路,创新管理机制和模式,协会下设青少年发展部、三人篮球部等9个业务职能部门以及党委、纪委、财务、法务和外事办公室,并成立或换届了10个专项委员会,以吸收更多社会力量和智慧,共同参与发展篮球事业。

国家篮球队在组建、集训、参赛等方面进行了改革创新,为全力备战东京奥运会选拔了一大批有潜力、敢拼搏的年轻篮球运动员。中国篮协为提高国家队管理效率和竞技水平,将国家队分为红、蓝两队,并在2018年11月29日之前完成合并,参加了2019年世界杯预选赛亚洲区的两场比赛。

根据协会总体部署,2018年1月29日成立了中国篮协三人篮球委员会,有效地推动了协会实体化进程。颇有成效的是,2019年国际篮联三人篮球世界杯女子组决赛中,中国女队以7战全胜的战绩夺冠,这也是中国篮球历史上首个世界冠军。三人篮球成为奥运项目后,国内相关赛事进行得如火如荼,民间运动员也能通过这些赛事脱颖而出,获得参与国际赛事的机会,比如黄文威等4名球员代表中国参加了雅加达亚运会。并且可喜的是,在雅加达亚运会上,中国男篮、女篮共获4枚金牌。刚刚开启1年多的中国篮球实体化改革任重道远,亚运大捷的梦幻开局或许能为改革者们增添信心,让他们更加从容地描绘中国篮球未来的蓝图。

3. 大力发展青少年篮球

除此之外,作为后备力量的青少年篮球也是中国篮协治理发展的重点。对此,中国篮协制订并实施了中国小篮球发展计划,小篮球主要针对6至12岁小球员,篮球、篮筐、场地、规则均按照儿童身体发育的特点而设计,可以看作“迷你版”篮球。据中国篮协统计,2018 年,小篮球联赛走进 100 多座城市,参与球队 15365 支,参与的小球员超过 10 万人。2019 年,参与球队增加至 24862 支,同比增长 61.8%,参与球员超过 18 万人,同比增长 86.1%。

在普及篮球运动的同时,小篮球项目也为篮球竞技后备人才提供了更多资源。中国篮协每年都会从联赛中筛选各年龄段的好苗子,建立大数据系统。2020 年 1 月,近 100 名从小篮球联赛中选拔出的小球员参加了为期 4 天的“梦想训练营”。

在青训方面,中国篮协大力加强青训体系建设,推进体教结合。2020 年 5 月 19 日,中国大学生体协和中国中学生体协都与中国篮协签署了谅解备忘录。两个协会在赛事建设、教练培训等多领域开展广泛深入合作,真正将体教融合、青少年体育等方面落到实处。为了鼓励校园篮球与职业篮球合作,充分利用场馆设施和教练团,将来可能针对“在籍、在读、在训”的校园篮球赛事参赛资格进行调整。

4. 其他方面

(1)大数据的应用

2019 年 12 月,中国篮协印发《中国篮协赛事认证和三员积分管理办法及大数据系统管理实施方案(征求意见稿)》,向各有关篮球机构进行意见和建议的广泛征询,并计划在 2020 年实施篮球赛事评级。总体可以分为两部分:第一,建立篮球赛事认证体系,中国境内的篮球赛事将分为十个不同级别;第二,对裁判员、教练员和运动员建立积分管理体系,从而为未来三员的培养、晋级提供可以考核选拔的量化标准。

大数据的应用是篮球未来发展的方向和趋势,主要表现在专业篮球测评机构通过对不同年龄段球员的身体指标、技术表现等数据进行战术分析,从而制订专业性训练计划,帮助球员进行有针对性的训练。这不仅对于球员自身发展有极大帮助,同时对于我国篮球体制改革具有重大意义。近几年来,我国也对这方面进行了系统研究,中国篮协以及学校体育都在大力构建属于自己的大数据平台,双方已经初步达成共识,实现数据资源共享。

(2)篮球场地设施建设

作为基础性工程,场地的建设特别重要,2021年体育总局对体育场地进行了统计,截至2020年12月31日,全国有篮球场100.58万个,其中室外篮球场91.89万个,占91.37%;室外三人制篮球场6.30万个,占6.26%;室内篮球馆2.39万个,占2.37%。

在“世界眼光、国际标准、中国特色、高点定位”的引领下,中国足协和篮协都致力于加强顶层设计,培养青少年运动员,完善体育场地设施奠定基础、提高专业师资水平等,在不同领域不断拓展深化,力争将中国足球和中国篮球各项事业推上一个新台阶,为其他体育协会提供更多可靠可行的改革经验,为建设体育强国和健康中国贡献更多力量。

三、体育行业协会治理中存在的问题

从1949年到20世纪90年代,为了更好更方便参与国际体育活动和国际体育赛事,我国体育运动一直奉行政府主导的管理体制。因此,体育行业协会虽已建立,但定位模糊和职能不明使其实际上成为政府体育部门的一个附属机构。20世纪90年代后,由于不适应经济社会的发展等,国家对体育行业协会开始进行“实体化”改革,试图通过分离体育行业协会和体育行政部门来解决难题,促进经济社会的发展。因此,构建了“中心+协会”的运动项目管理模式,使得协会脱离政府体育部门,开始实行小范围内的自治。但是,这一管理模式建构的核心在于体育行业协会的管理权必须依托运动项目管理中心来实施,所以这种“两块牌子一个机构”的管理体制从实际意义上来说并没有使得体育行业协会真正独立,这种安排属于“换汤不换药”的做法,没有制度上的创新,也无法满足社会需求。2015 年,为响应出台的《总体方案》,我国行政机关开始逐步引导体育行业协会的治理和发展,致力体育事业的健康发展,通过可行有效的治理方式服务人的全面发展,行业协会在一定程度上实现了“去行政化”并走上自治道路,但是在治理中仍存在一些问题。

(一)体育行业协会“脱钩”不彻底

1. 体育行业协会与行政机关的定位模糊

体育行业协会与行政机关之间未厘清关系,实行去行政化改革的体育行业协会在脱钩过程中明显存在同行政机关混淆定位的问题。体育行业协会应主导协会工作,实施其自主管理权办好协会,增强公共服务功能,实现会员利益和社会利益的统一;行政机关应定位好其引导者和监督者的角色,立足于宏观角度做好监管工作。而在治理过程中不难发现,两者的定位有所模糊和混淆,过去在体育行政部门统管体育事业的背景下,体育行业协会基本是在政府的领导下开展工作,把自己归为政府的下级。体育行业协会自主生存空间小,管理权限也极为有限。长期以来作为政府附属机构的体育行业协会已偏离其本质,治理所期望的就是回归其本质,实现自治、自律管理体育行业,但是受到同构化模式的影响,在治理过程中体育行业协会仍未完全摆脱挂靠关系,在很多方面还是效仿以前的做法,缺乏主动性,对自身定位不明确,只是公式化(习惯性)地完成政府交办的工作和任务。体育行业协会的压抑和政府的过度干预的交叉状态就导致了两者在管理上的定位模糊和混淆。

2. 体育行业协会行政色彩浓厚

体育行业协会行政色彩浓厚主要体现在其组织结构、工作方式以及资源依赖等问题中。在组织结构方面,体育行业协会在治理中多效仿政府行政机构设立组织结构,将职位同行政职务级别相挂钩,在协会内部制造严密的上下等级关系。在工作方式方面,体育行业作为非营利性社会组织,讲求民主协商的工作原则,内部决策也并非由领导直接决定。但在实践层面,协会过于依赖行政机关"行政命令"的工作方式,官僚化色彩浓厚,忽视了民主和协商的管理规则;在协会资源方面,体育行业协会资源内外受限,体育行业协会在人事、经费等问题上对政府仍有依赖性。人事依赖体现在协会整体上仍是延续过去"政社不分"的状态,行政机关工作人员渗入体育行业协会的程度较高,协会管理人员不敢将其同政府摆在平等的位置。此外,在经费依赖问题上,主要表现在经费来源单一,即部分体育行业协会的财政收入主要源于政府补贴,其社会经费来源不稳定,自身也缺乏造血的业务,在财政方面对政府仍具有较大依赖性。

(二)体育行业协会监督机制缺位

1. 内部监督的缺失

现代社会组织管理体制要求建立健全社会组织的治理结构,具体到体育行业则是要建立健全体育行业组织的治理结构,即"立法—决策—执行—监督"相互制衡的治理结构,这也是协会内部治理的关键。监督机关作为治理模式中的重要一环,起到监督和纠正前三者行为的作用。单项协会内部治理采用"通用型"结构,其效仿法人治理模式,设会员代表大会作为权力机关,设立理事会作为决策机关,设立秘书处作为执行机关以及设立监事会作为协会内部的监督机构。其中,监事会对各机关及协会会员负有监督职责,对保障体育行业协会稳定运行和可持续建设起到重要作用。有学者对中国足协的内部治理结构进行了调查,发现其并未设立监事机构,而是由主席办公会负责对内部管理进行监督,这种两种权力合由同一机关行使的做法容易导致监督效率的低下,造成监督职能的空壳化。此外,一些专项委员会,如道德与公平竞赛委员会和纪律委员会也具备一定程度的监督职能,但都侧重于结果的处罚。

2. 外部监督和制约弱化

体育行业协会治理的最终目的是弱化行政因素,突破行政干预,实现自律自治。体育行业协会自治相比政府由上至下采取行政手段管理体育行业更加符合行业的本质要求,治理手段更加柔和,治理效果也更加突出。但是自治过程中如何规避滥用职权、贪污腐败等,就需要建立他律机制来进行外部监督、规范内部自治行为,通过自律、他律结合来保障体育行业的稳定运行和发展。体育行业协会的外部监督主要包括行政机关和社会公众的监督。

(三)体育行业协会自治能力不足

1. 民主性、广泛性不足

首先,权力来源缺乏民主性,我国体育行业协会是在政府的支持下建立的,其具有一定的行政管理职权,帮助政府管理体育事业,与行业管理权一同行使,协会自主权被行政管理权所限制,协会一定程度上成为政府的执行机构,难以发挥其社会服务功能,且同时行使两项权力相当于协会本身既是运动员又是裁判员,容易导致腐败问题的产生。其次,章程制定缺乏民主性和广泛性。章程本该是会员集体意志的体现,但是现实中能够参与章程制定和修改的仅是省、自治区、直辖市等协会会员,而非单项体育协会的直接参与者,如俱乐部、运动员、裁判员和教练员等,缺乏直接参与者的发声,明显有违民主原则。最后,内部决策缺乏民主性。此外,一些体育行业协会存在议事决策机构与执行机构合署办公的情况,这都是不符合民主性原则的表现。

2. 公共体育服务效能较低

首先,体育资源的分布不均,体育行业协会在竞技体育和群众体育的投入上比例失衡,受历史传统的影响对竞技体育的投入要多于群众体育。在国家出台《全民健身计划》开展全民健身、要求办好群众性体育活动后,我国群众体育得到了一定的发展,但与竞技体育仍存在一些差距,竞技体育在经费收支、管理制度、网络宣传等方面仍处于优势,有更多的赛事经费、更健全的管理制度和更广泛的宣传。此外,在不同的区域也存在资源分布不均的情况,如东部发达地区与中部地区、西部地区之间的资源差异,城市与农村之间的资源差异都比较明显。公众的基本体育权利包括享有公共体育服务,不因现实情况的不同而有不同,提供公共的体育服务也是体育行业协会的基本职能。因此,协会必须重视群众体育需求,改变资源分布不均的现状。其次,体育赛事、体育人才方面存在不足。体育赛事的层级较低、形式不够多元化,无法满足群众观赏和参与的需要;体育行业协会缺乏复合型人才,在人才培养方面也缺乏经验。最后,体育行业协会功利性过强,缺乏对社会公共利益的重视。体育行业协会缺乏对体育市场的研究,很少能顺畅地同企业开展合作,在接轨市场方面也面临着管理上、机制上的种种障碍,公共体育服务效能较低。

四、体育行业协会治理的解决路径

(一) 重构体育行业协会与体育行政机关之间的关系

“脱钩”中存在的体育行业协会与行政机关之间定位模糊的问题不利于各自正确行使职能,违背市场经济发展的规律,同时也与国家出台的“政社分离”的政策相违背,不利于我国体育的健康发展和与国际接轨,有碍社会发展。因此必须重构体育行业协会和体育行政机关之间的关系,改变目前条块模糊的现象,让去行政化后的体育行业协会更好地提供体育服务,让政府真正落实“简政放权”的指示,把好监督关,向服务型政府转变,提高政府公信力。

1. 明确体育行业协会和政府间的平等关系,理顺各自职能定位

政府得在公共管理中扮演催化剂和促进者的角色。一方面,政府机关履行经济调节、市场监管、社会管理和提供社会公共服务的职能早

已被明确。因此,体育行政部门作为政府机关,应履行为体育事业发展提供辅助支持、承担宏观统筹的职能,确保体育行业协会在正常的轨道上运行,不偏轨、不出轨。另一方面,体育行业协会是独立的社团法人,承担微观体育管理、发挥社会中介组织、促进经济社会发展的作用。体育行业协会在自我管理的同时也要积极创造向外延伸发展的空间,让协会回归社会团体的本质,站在协会的角度审视与政府间的关系,把握独立和自治两个核心要素,掌握协会发展的主动权,转变事事依靠政府的心态,按照法律法规、协会章程的规定行事,以提供公共体育服务、维护体育行业发展秩序、发展新时代体育文化为己任。

2. 加强体育行业协会同政府间的协调合作关系

构建政社常态化合作机制,破除不平等的思想观念,首先需要对行政人员全职或者兼职体育行业协会领导人员的现象进行规制,限制兼职的做法可以很好地避免双方人员配备上的混同,减轻体育行业协会对政府的依赖。此外,还要建立体育行业协会同政府的常态化沟通渠道,由于体育行业协会承担着一定的国家任务,当协会遇到不属于或者超越自身管理范围的问题,如外事纠纷、政治性问题等,可以通过该渠道及时同体育行政部门进行沟通。具体来说,可以在协会内部设立有党务人员参与的外联办公室,负责合作及沟通事项的处理。

3. 体育行业协会要摆脱资源依赖

在明确了体育行业协会和体育行政部门之间的平等合作关系后,协会在资金来源方面也必须摆正心态,切断过去同政府利益联结的状态。体育行业协会必须舍弃过去依靠政府财政拨款的做法,拓宽资金来源渠道,从市场体育需求出发,不断推陈出新,开发自身造血业务,吸引企业投资,加强社企合作,打造常态化合作机制;从群众体育需求出发,积极开展举办公共体育活动,加强同其他非体育社会团体的合作,为公众提供体育交流平台,调动其参与体育健身活动的积极性。此外,还可以通过推出与体育文化相关的体育产品来获得收入。

(二)强化外部权力约束,实现内外综合监管

要使体育行业协会去行政化后更加主动、高效地提供体育服务,则必须加强外部监督,强化政府监督和社会监督,培养公众的监督意识,形成科学有效的监督体系,加强对体育行业协会的行为监管,防止类似失信、权力腐败等问题的出现。

1. 强化政府监督

去行政化不等于取消体育行业协会开展体育管理工作的法律授权,也不是摆脱体育行政部门的监管,成为市场“自由人”。相反,体育行业协会正需要体育行政部门的监管,即“脱钩不能脱管”。去行政化后的体育行业协会应在法治的框架内进行自治,这是所有管理展开的前提。因此,其必须接受相关部门的监督,这种监督对于体育行业协会来说是其在法治轨道上稳定运行的重要保障。制定科学高效的监督体系,形成连续监督、及时反馈、公开问责等监督模式;作为登记注册机关的民政部门需要与该协会业务主管部门、财政部门、税务部门、社会组织、媒体等合作,形成民政部门主导,多部门联合监管,通过建立大数据平台,实现共享共用,使监督工作有序开展的监督体系。此外,体育行政部门要杜绝“重审批、轻监管”的做法,加强对体育行业协会的日常监管,防止流于形式,使监督严格化、常态化。除此之外,还可以通过采取评比优秀体育社团、按等级发放奖励资金等民主化措施促进体育行业协会的主动性和合规性。

2. 强化社会监督

社会监督是遏制体育行业协会违法最广泛的力量源泉,包括公众监督和新闻媒体监督,社会监督需要公众、媒体以及政府部门、体育行业协会的多方合作才能发挥效用。就公众监督和新闻媒体监督而言,政府一方面要唤醒公众的监督意愿,保障公众知情权和监督权,另

一方面需要加大对体育协会、活动和赛事的宣传力度,对公众开展多种形式培训,鼓励公众积极踊跃地对体育协会进行监督。新闻媒体要加大对体育行业协会的报道和关注,通过电视节目、网络平台、报纸期刊等对体育行业协会全方位进行监督,既可以有正面报道也可以有负面评价,可以揭露体育行业协会的失范行为,从侧面强化体育协会的自我监督。新闻媒体监督也让公众了解和熟知体育协会,是公众表达意见的重要途径。通过公众监督和新闻媒体监督可以形成良好的社会监督氛围,加大对体育自治的约束,确保其依法自治。

(三) 完善体育行业协会的内部治理机制

体育行业协会去行政化不仅要在形式上脱离体育行政部门、实现独立,还要通过其内部制度建构和外部法治保障,使其实质上形成法治框架下自愿组建、民主选举、自主管理的体育行业协会,为现代化社会发展和体育强国目标的实现作出重大贡献。因此,在协会内部存在治理民主性不足、公共服务效能较低、缺乏内部有效监督等情况下,必须提高单项体育协会内部管理水平、完善体育行业协会的内部治理机制,具体从以下几点展开。

1. 建立健全内部规章制度

首先,体育行业协会要健全协会章程,章程作为引导体育协会运作的纲领性文件不仅对体育行业协会本身具有规范作用,而且对个人或单位会员、运动员等内部群体都具有约束作用,既可以有效地服务于体育经济建设,也有利于社会道德的构建。为此,体育行业协会要改进制定章程的程序,通过充足的民主协商程序来制定协会章程,如让各俱乐部、运动员、教练员等这些运动项目的直接参与者有资格参与到章程的制定和修改当中,从而增强章程的民主性和适用性。其次,协会的内部治理除遵循法律法规、规范性文件和协会的章程外,还需要制定相应的内部规章制度作为内部治理的必要补充,如完善相关会议制度、决策机制、财务制度、人事管理制度和相关办法等日常管理制度;完善相关运动项目国际国内体育赛事制度。

2. 完善内部治理结构

体育行业协会内部治理结构的完善需要细化其内部各机构的工作职责,厘清机构内部之间的关系,规范机构的工作范围和工作方式,使权力机构、执行机构、决策机构和监督机构落实各自职责,共同促进体育行业协会的发展。

(1)落实权力机构职能的实施

权力机构作为协会生存的根基必须得到巩固,体育行业协会要制定完整的会议议事规则,详细规定会议的召开、选举和表决等各项具体程序,并及时对会议的内容和讨论结果予以记录,落实权力机构的会议职能,强化其重大事项决策权。

(2)完善决策治理结构

首先,必须明确理事会决策地位的重要性,它作为由会员大会通过投票选举产生的机构,承担着在会员大会闭会期间对重大事项作出决策的职能,是协会内部治理的核心所在。其次,要形成科学的决策机制,例如,制定科学严谨的议事规则和决策程序,并且建立决策之后的反馈修改机制,以保证决策的及时性和民主性。

(3)确保执行机构的有效执行

执行机构的职能是全权管理体育协会的日常事务,执行的实施与否、高效与否直接关系着协会内部民主性的程度。因此,面对目前大多数体育行业协会秘书长职位空缺、兼职情况占比高的情况,协会要完善执行机构的人员配备,建立秘书长专职制度,细化其具体职责,做好上传下达,协调内外关系的服务。

(4)建立内部有效监督机制

完善监督制度,明确监事机构的职责,对体育活动、日常管理、财务、人事等方面都进行全面的监督,明确监督对象,加强监督效能。同时设置相应的处罚机制,对违反法律法规、规范性文件和内部管理制度的人员及时给予处罚措施,不让监督流于形式。在监督人员组成上也可以广泛吸收专业人士,让综合性专业人才参与监督,提高组成人员的多样性,保持监督系统的生态平衡。

3. 保障运动员权益

运动员权益保障问题近些年来得到了学界的关注,而保障运动员合法权益也是体育行业协会职能的应有之义。运动员权益保障涉及多方面的权益,既包括与薪资、社保等有关的劳动权益,也包括涉及隐私、肖像等的人身权益。除从法律法规等层面规范以外,体育行业协会内部也可以采取相应措施完善对运动员合法权益的保护,如可以在体育协会运动员委员会下设运动员权益保护委员会,负责对内和对外的运动员权益保护问题,更好地为运动员服务。也有学者提出必须建立运动员工会来保障运动员的合法权益。

(四) 完善法律规范体系,重视体育法治建设

法治是国家治理的基本方式,在国家大力推动依法治国的大背景下,体育行业也应积极推动依法治体,坚持治理法治化路径,把握体育行业协会发展的基本方向。体育法治建设将体育行业纳入制度化、法治化道路,能为体育活动提供法律制度保障,确保体育行业协会实现其科学民主的程序性价值和自由平等的实体性价值,实现从“他治”到“自治”的转变;同时法治建设对解决上文中提到的“脱钩”不彻底、监督机制缺位以及协会自治能力不足等问题具有重要现实意义。

1. 完善法律规范体系

完善法律规范体系首先要健全相关法律法规和规范性文件,确保有法可依。目前我国在法律、行政法规、中央与国务院文件、部门规章、规范性文件、总局制度性文件中都对体育行业协会有一定的法律规制

和管理规定,构建了我国体育社会组织治理的制度框架和法律体系。体育立法主要是指《体育法》,《体育法》明确了对体育行业协会的授权,根据《民法典》对社会团体的规定,体育行业协会归属于社团法人,是非营利性组织,体育社团的法律定位得以确定。问题在于体育协会的主体地位、权利与义务等在法律中还未得到明确。因此,有必要在法律法规中对其主体地位予以明确规定,目前存在民事主体和行政主体两种观点,第一种观点更为合理,因为体育行业协会作为体育社团,其法律定位已明确为非营利组织,完全具备民事主体的特征。当然也不可否认其作为被授权组织行使行政职能的特殊情况,但就其宗旨和本质来说,它理应被归于民事主体。根据《体育法》《社会团体登记管理条例》等法律法规,仅对权利义务做了原则性授权,如设立章程、日常管理、制定协会发展规划与政策、处理内部纠纷等权利,对权力范围并未作出明确规定。因此,相关法律法规需要对协会的组织架构、治理结构、职能功能等进行构建。

2. 发挥“软法”作用

除了完善法律法规规范性文件等硬法外,体育法治建设还需要“软法”做有效补充,发挥其在规制和调节中细化、柔性的优势,提高单项体育协会内部管理水平,同硬法共同促进体育行业的发展。《体育法》第35条规定:“国家鼓励、支持体育社会团体按照其章程,组织和开展体育活动,推动体育事业的发展。”因此,体育行业协会制定的章程等软法要及时依据法律法规和现实情况的变化作出相应的调整,将某些体育法律法规的内容内化为契约性的体育软法并纳入章程内容,突出其享有的行业管理的主要权利,如运动员注册、项目管理、制定和执行联赛规则、促使软法与硬法的相互转化和对接互补。此外,加强体育部门对单项体育协会章程制定与运行的监管,避免产生“软法违法”的现象。

(五) 积极承担社会责任,努力协调各方利益

国家在政策上明确了行业协会的“统战性、经济性、民间性”要求,以确保其发挥规范市场秩序和构筑政府与企业的桥梁和纽带的作用。体育行业协会治理除了维护体育自治,适应体育市场化、社会化、产业化的发展要求,更重要的是响应国家体育政策,回归其作为社会中介组织的本质,协调政府与企业之间的关系,强化社会责任意识,积极承担社会责任,履行好其公共体育服务职能。

1. 积极承担社会责任

体育行业协会要积极承担社会责任,关注和回应广大人民群众的体育期待,把服务社会体育发展,建设体育新文化作为己任,平衡竞技体育和群众体育的投入比;将公共体育服务利益范围扩大,重视群众体育需求,满足其公益性的社会属性。其一,体育行业协会可以结合自身体育项目特色拓宽体育类型、创新体育活动方式,通过结合新科技、新媒体发展线上体育和家庭体育,拓展体育的发展空间,提高体育渗透力;积极举办和参与国内、国际赛事,提供优质体育服务,提升体育项目专业化、国际化程度,满足群众观赏的需要。其二,加强体育人才培养,加强同政府、学校的合作,发展最优化的体育人才培养模式,定期为体育行业输送综合性体育人才。其三,响应国家《全民健身计划》,加大对群众体育的投入,健全公共体育服务体系,保障全体公民的体育合法权益。此外,体育行业协会还应加大对体育文化产业的投入,推动体育文化的繁荣发展。文化作为一种潜移默化的力量,对社会生活方式及社会价值观的形成和发展具有非常重要的作用,如中国女排精神就是顽强拼搏、勇敢无畏、勇攀高峰,鼓舞了许多中国人民。体育行业协会可以通过开展体育文化节,拍摄体育纪录片、体育电影和举办体育摄影展等方式增强体育运动的吸引力,提高公众的体育参与度,达到践行社会责任的目标。

2. 努力协调各方利益

体育行业协会在积极承担社会责任的同时也要协调好各方利益,避免利益冲突。行业协会重要的职能包括为政府提供服务和为行业提供服务,一方面,体育行业协会可以协助政府收集体育行业的数据、信息和更新体育行业动态,为国家和政府出台相关体育法律法规及规范性文件提供问题导向帮助;另一方面,体育行业协会制定体育产品标准、开展评估与认证,对会员企业的内部治理结构进行监管,当行业内部秩序出现问题时,协调内部会员之间的利益冲突;同外部企业进行商业合作,服务社会公益体育事业,展现人文关怀。但是目前存在协会服务政府多于服务企业的现象,协会通过依附政府来获取发展,企业的市场空间被忽视,既不利于体育行业协会的独立,也不利于体育产业化的发展。因此,体育行业协会要协调好各方利益。如政府与协会可以挖掘异地合作潜力,举办体育类投资合作洽谈会等会议,为本地企业获取异地合作的资源和机会,提升会员企业的认可度。同时,不同类别的协会之间也可以开展密切合作,如体育行业协会可以加强同各地残疾人协会的沟通和合作,通过开展残疾人体育运动,关注社会公益,提高协会公信力,吸引品牌企业的赞助,实现各方利益最大化。

体育纠纷解决机制建设报告(2020)

一、体育行业协会内部纠纷解决

(一)体育行业协会内部纠纷解决年度概况

《体育法》第32条明确规定了竞技体育活动中发生的纠纷由体育仲裁机构进行调解或仲裁。我国《反兴奋剂条例》也规定,运动员对取消比赛资格或竞赛成绩等行为不服的可以就争议纠纷向体育仲裁机构申请仲裁。但至今我国也未建立起《中华人民共和国仲裁法》(以下简称《仲裁法》)意义上的体育仲裁制度,《体育法》中关于竞技体育纠纷解决的规定无法实现。

体育行会内部纠纷解决途径主要是通过体育运动项目协会的内部调解或仲裁,这是我国目前体育纠纷解决的主要渠道。我国《体育法》赋予体育运动项目协会行政管理的权力,该法第31条规定全国单项体育竞赛由该项运动的全国性协会负责管理,也就是《体育法》授予了单项体育运动协会管理本项目的行政管理权。如足球协会负责管理职业足球联赛,同时对于该项目联赛中的争议和矛盾,《中国足球协会章程》(以下简称《足协章程》)规定必须由足协内部的仲裁机构进行仲裁。《足协章程》还规定,中国足球协会会员应当保证其与足协、足协其他会员(包括会员俱乐部)、足协工作人员等之间的矛盾争议只能向足协的仲裁委员会提起申诉,而不能提交法院解决。这规定了职业足球联赛纠纷问题是由中国足协内部的解纠机构进行裁决,同时也排除了其他途径对足球职业联赛内部纠纷问题的管辖权。不仅如此,《足协章程》还规定,足协的会员必须遵守《国际足联章程》和《亚足联章程》的相关规定,不得将其与国际足联、亚足联及其会员之间的争议提交至法院,而应将体育争议纠纷提交至纠纷当事人双方均认可的体育仲裁委员会,并接受该体育仲裁委员会的裁决。体育纠纷的内部解决是当前我国体育纠纷解决的主要渠道,但是从体育纠纷内部解决的实践来看,其在公信力、公正性等方面还存在一系列不足之处,这也是今后体育纠纷解决机制进一步完善的难点。

(二)体育行业协会内部纠纷解决机制新近建设

受2020年新冠肺炎疫情的影响,各级各类体育赛事暂停举行,这在一定程度上也减少了体育纠纷的产生,从中国足协、中国篮协等全国性单项体育协会官方网站数据检索情况来看,2020年并无涉及相关的纠纷解决的制度文件,仅有为数不多的几条纪律处罚决定,似乎在一定程度上降低了社会对体育纠纷的关注度,但是学术界对于体育行业协会内部体育纠纷解决机制的完善的讨论一直存在。

随着我国体育内涵和外延的进一步扩展,体育纠纷的类型和表现也呈现出多元化的发展趋势。当前体育纠纷已经从传统的体育管理纠纷、运动员参赛资格纠纷、体育伤害纠纷等,发展到包括体育人格权纠纷、体育知识产权纠纷、运动员劳资纠纷、体育社会保障权纠纷等现代新型体育纠纷。较之于一般社会纠纷,体育纠纷具有较强的专业性、技术性和时效性,其纠纷解决需要特殊的规则和多元化的制度构建。

体育行业内部依其规则对体育纠纷的解决(包括内部的调解、仲裁、纪律处罚、裁决等),适应了体育纠纷解决的要求,也能够较好地维护体育行业自治。以中国足协为例,虽然其内部裁决机制本身存在诸多问题,但从形式上看,中国足协的内部纠纷解决机制相对较为完善,有多元的和解、调解和仲裁解决方式,还有层级化的申诉和上诉程序。基于体育纠纷自身的专业性、技术性及行业封闭性,体育行业协会内部裁决对于维护体育行业规则的统一与自治发挥着重要作用。

(三)体育行业协会内部纠纷解决机制建设困境

体育纠纷的内部解决是当前我国体育纠纷解决的主要途径,在实践中为我国体育纠纷的解决及保障体育的建设起到了积极的作用。但是从当前我国体育纠纷解决的实践来看,还存在以下局限:

1. 体育纠纷的内部解决与其他纠纷解决程序不能有效衔接

《体育法》第 32 条规定,在竞技体育活动中发生纠纷,由体育仲裁机构负责调解、仲裁。体育仲裁机构的设立办法和仲裁范围由国务院另行规定。然而,我国还没有成立独立的体育仲裁机构。与此同时,体育法赋予体育运动项目协会管理本项目活动开展的权力,一些运动项目协会也因此制定了开展本项目的活动章程,并通过章程实施对本项目运动开展的管理。然而实践中,体育协会内部纠纷解决机制与体育仲裁及司法诉讼存在衔接不畅的问题。例如,许多球员因与俱乐部之间的劳动合同纠纷诉至劳动仲裁委员会及法院都不被受理,而提交至协会内仲裁机构以后,最终的裁决得不到法院承认与执行。

2. 体育纠纷内部解决机构设置的合法性饱受质疑

根据《仲裁法》的相关规定,体育仲裁机构的设立必须要保证其独立性,不仅要独立于政府行政机关,而且还要独立于体育社会团体以及相关个人。只有这样,体育仲裁机构作出的仲裁裁决才具有公信力。但是我国目前还没有《仲裁法》意义上的体育仲裁制度,反观中国足协内部的体育仲裁委员会,它属于体育运动项目协会的内设机构,依附于体育运动项目协会并受其领导管辖,在一些体育纠纷中体育运动项目协会扮演了“运动员”和“裁判员”的双重角色,裁决的公正性和公信力都饱受质疑,这种体育仲裁机构设立得不合理,不是仲裁法意义上的体育仲裁机构,但却在实践中履行了体育仲裁的职能。一个并没有法律依据而设立的体育仲裁机构,其作出的裁决显然是得不到认可的,这也是我国体育纠纷内部解决机制的症结之一。

3. 内部纠纷解决机制侵害了运动员基本权利

再以中国足协为例,足协在其章程中规定对于中国足协会员与其他会员及中国足协之间的争议纠纷只能提交足协内部的仲裁委员会进行裁决,不得提交法院解决,并规定中国足协内设的体育仲裁委员会依据《仲裁委员会工作条例》作出的争议纠纷的裁决为最终裁决,对体育纠纷当事人各方均具有约束力。除此之外还规定对于《仲裁委员会工作条例》之外的争议纠纷可以向足协的执行委员会申诉,而且执行委员会作出的裁决为最终裁决,体育纠纷当事人均应遵守。

从中国足协对内部纠纷解决的规定来看不难发现,中国足协通过《足协章程》排除了法院对体育纠纷的管辖权,进而剥夺了体育纠纷当事人行使司法上诉的权利,这里涉及体育纠纷当事人诉讼权的问题。所谓“诉讼权”指的是公民在争议纠纷产生后要求国家司法机关依法保护和救济其权益的权利,是我国《宪法》赋予公民的一项基本权利。但是中国足协通过其内部章程的相关条款变相“剥夺”了《宪法》赋予体育纠纷当事人的诉讼权,并通过“剥夺”公民的诉讼权进而排除了司法对体育纠纷的管辖权。这样的体育纠纷内部解决机构的裁决的合法性显然广受质疑。

(四)体育行业协会内部纠纷解决机制的完善途径

1. 建立独立的体育行业调解制度

从体育纠纷解决的国际实践来看,注重体育纠纷解决机构的独立性和中立性建设是国际体育纠纷解决实践的重要原则。如美国仲裁协会(AAA)是美国最大、最著名的解决纠纷的常设性机构,英国体育纠纷解决中心和加拿大体育纠纷解决中心都是国家级层面的体育纠纷解决的专门机构。这三个国家的体育纠纷解决机构均不隶属于任何体育行政机关和相关的体育组织,在体育纠纷解决实践中很好地保证了纠纷解决的独立性和体育纠纷解决结果的公正性与公信力。

2. 明确体育纠纷解决的司法最终原则

司法是维护社会公平正义的最后一道防线。明确体育纠纷解决的司法最终原则与体育行业自治并不矛盾,相反,明确体育纠纷解决的司法最终原则可以很好地监督体育行业自治,更好地促进体育行业协会纠纷解决制度的完善。

国际体育纠纷解决的实践也表明,在体育纠纷解决的程序上都是奉行减少司法不必要的干预为原则,因为司法是体育纠纷解决的最后一道防线。体育纠纷产生后纠纷当事人首先用尽体育行业协会组织内部的纠纷解决资源,如果内部解决不了的话可以通过调解、仲裁等非诉讼纠纷解决方式来解决体育纠纷。当内部解决、调解解决或仲裁解决都不能实现解决纠纷的目的时,纠纷当事人可以申请提起司法诉讼,维护体育发展的公平正义。

3. 与其他体育纠纷解决机制相互衔接

国际体育纠纷的解决实践表明,在体育纠纷的解决过程中,通过构建多元的体育纠纷解决机制是各国的普遍做法。比如美国主要以体育仲裁的方式解决体育纠纷,英国和加拿大主要以调解和仲裁的方式解决体育纠纷。如果这些非诉讼解决途径无法解决纠纷的话,可以最终求助于司法途径,实现以多元化的体育纠纷解决机制应对体育纠纷的多元化。

就体育协会内部而言,可以建立体育纠纷解决的咨询与援助制度。

实践中,许多运动员面对多元化的体育纠纷解决途径并不了解如何有效地选择体育纠纷的解决途径,而建立体育纠纷解决的咨询与援助机制能够有效解决这一问题。这一制度在加拿大体育纠纷解决中心得到了很好的应用。加拿大体育纠纷解决中心的宗旨使命之一就是为体育纠纷的解决提供相关的咨询和援助,从而帮助体育纠纷当事人选择合理、有效的体育纠纷解决方式,降低纠纷解决的成本,提高体育纠纷解决的效率,从而更好地促进体育纠纷的解决。一方面,我国体育协会内部可以借鉴加拿大体育纠纷解决中心的做法,充分运用替代性纠纷解决制度;另一方面,应当注意各纠纷解决机制之间的衔接与协调。

二、体育行政纠纷解决

(一)体育行政纠纷解决年度概况

受新冠肺炎疫情的影响,2020年体育行政纠纷解决主要围绕着球员讨薪而展开。在相关纠纷当事人用尽体育内部救济资源却仍然不能有效解决纠纷时,更关注司法对体育行政纠纷的介入问题。足球与司法机构在关于职业球员工作合同(特殊劳动合同)、转会费、培训补偿等方面有越来越多的不同维度解读体育法、体育仲裁制度和足球行业自治范围、效力的趋势。事实上,近两年辽宁、天津等地都发生了球员讨薪的争议纠纷的类似案例,如辽足球员因俱乐部未能通过中国足协的准入而被欠薪的案例。2020年6月,前辽足20余名球员和教练为追讨数千万欠薪,向中国足协仲裁委员会提交仲裁申请,中国足协以辽足俱乐部被取消注册资格,不在受理范围为由,拒绝受理仲裁申请。2020年10月,被欠薪球员又向辽宁省劳动人事争议仲裁委员会申请劳动仲裁,也未被受理。最终,在律师的帮助下,这些被欠薪球员向所在地法院提起诉讼,请求法院帮助解决欠薪问题。遗憾的是诉状被法院驳回,驳回的理由是:此类纠纷应由体育仲裁机构负责调解、仲裁;但此前中国足协明确作出书面说明:辽足俱乐部已经被取消中国足协会员资格,无法仲裁。中国足协拒绝仲裁,法院驳回诉讼,导致出现辽足俱乐部球员讨薪“无门”的困境。再如北京市朝阳区人民法院受理的大连万达诉王某培训费及违约金 2000 万元案件最终以调解方式结案。北京市朝阳区人民法院向体育总局发送司法建议,大致内容为建议加快推进建立专门的体育仲裁制度,修改中国足协章程及相关工作规则,完善青少年足球培训违约赔偿和联合机制补偿制度等。

在这样的情势下,通过建立独立的体育调解制度和体育仲裁制度,建立司法对体育纠纷的管辖制度,建立健全体育纠纷解决机制,保障体育事业健康发展,在加快推进体育强国建设进程的时代背景下显得十分必要且紧迫。

(二)体育行政纠纷解决机制建设困境

1. 体育行政调解的公正性饱受质疑

体育行政调解作为整个体育调解体系的重要组成部分,是体育纠纷多元化解决机制的重要内涵。以下从两个层面来考察体育行政调解:

其一,体育行政调解是体育纠纷当事人在体育行政主体的主持下进行的纠纷解决活动。含义的重心在于体育纠纷调解的主体是体育行政部门,即体育纠纷当事人在体育行政部门主导下对体育纠纷进行调解。调解范围包括体育民事纠纷、体育竞技纠纷等除体育刑事纠纷之外的所有类型的体育纠纷。

其二,相关的体育行政部门对体育行政纠纷的调解,重心在于被调解的体育纠纷在性质上是体育行政纠纷,相关体育行政主体成了体育行政纠纷的当事人一方。有观点认为行政纠纷不可调解,因为调解的实质是纠纷当事人让渡自己解纠的权利给第三方,由第三方作为调解主体进行解纠。从行政法理论上来讲,作为体育行政纠纷当事人一方的体育行政部门或代表体育行政部门的公职人员代表的是国家,而国家行为具有国家意思的先定力,体育行政部门或代表体育行政部门的公职人员是不能随意让渡或放弃自身的权利的,所以,此种情势下的体育行政调解是不存在的。作为体育行政纠纷内容本身意义上的体育行政调解,则只能在不侵犯他人利益、社会公共利益、国家利益的前提下,由相关具有管辖权的体育行政部门就体育行政纠纷进行调解。所以,当涉及体育行政部门对体育行政纠纷进行调解时只能在不损害他人利益、社会公共利益、国家利益的前提下进行,《行政诉讼法》的修改使行政调解的内涵和外延得以延伸。因此,实践中开展体育行政调解的一个前提就是要明确其为何种层面意义上的体育行政调解。不难发现,当相关体育行政主体成了体育行政纠纷的当事人一方时,会出现调解主体既当运动员,又当裁判员的尴尬现象,体育行政调解的公正性也因此饱受质疑。

2. 体育行政复议制度并不能有效发挥解纠作用

体育行政复议制度是从事体育活动的公民、法人或者其他组织认为体育行政部门的行政行为侵犯了其合法权益,依据相关法律法规向主管体育行政部门提出对行政行为的复查请求,行政复议机构根据事实依法进行审查,并作出处理决定的一种体育行政纠纷的法律解决制度。

体育行政复议制度作为体育行政纠纷解决的内部机制,受理体育行政复议的部门是体育行政管理部门或行政授权的体育组织。此外,由于体育行政复议的申请人与体育行政纠纷的行政主体之间存在行政上的被管理与管理关系,容易导致体育行政纠纷发生后,法律上处于被管理身份的体育行政纠纷的客体,如运动员、教练员、俱乐部、体育经营单位等往往迫于种种原因不敢提起体育行政复议,使体育行政复议制度作为一种体育纠纷解决制度形同虚设。

3. 徘徊在行政诉讼法之外的体育行政诉讼

体育行政诉讼在实践中也较为少见。首先,对于体育行政纠纷的受案范围,司法实践中往往不能达成一致意见。体育行政纠纷提起诉讼之后,法院有的按照民事案件进行处理,有的按照行政案件进行处理,还有的则以不属于法院的受案范围为由不受理案件。曾经中国足球甲B联赛(当时中国男子足球的次级联赛,现已更名为"中甲联赛")的长春亚泰、成都五牛、绵阳太极、浙江绿城、江苏舜天五支球队为冲击甲A联赛(当时中国男子足球的顶级联赛)资格,争夺最后一个升级名额,在几场关键的决定胜负的比赛中涉嫌打假球,事后这五支球队受到中国足协的严惩,长春亚泰俱乐部不服处罚,遂对中国足协提起行政诉讼。长春亚泰对中国足协提起行政诉讼也创下了我国体育界"民告官"的第一案,但是遗憾的是法院对中国足协处罚行为的行政可诉性在法理上以及实践中存在障碍,最终以不符合行政诉讼的受案范围为由对长春亚泰的起诉案件作出不予受理的决定。2020年发生的辽足讨薪纠纷案件仍被法院驳回,表明了司法对体育纠纷也是持谨慎介入的态度。

其次,对一些体育组织的行政主体资格认定上的不一致,最为典型的就是对我国足球协会以及其他体育项目协会的行政主体资格的认定。有观点认为中国足协是一个民间组织,法律上不具有行政主体资格。因此,当中国足协作为被告被提起行政诉讼时,往往法院会认为中国足协不具有行政主体资格,案件不属于行政诉讼的受案范围而作出不予受理的决定。

再次,诉讼的期限漫长、费用高昂、程序烦琐等原因,再加上体育纠纷解决的即时性、专业性、技术性等特征,使得诉讼在体育纠纷的解决过程中往往不是纠纷当事人的首要选择,而只能成为体育争议纠纷解决的最后一道防线。

最后,在体育行业协会章程等体育规章制度中,往往有排斥司法介入的规定。如《足协章程》第62条就规定协会内发生的体育纠纷只能向足协内部的仲裁委员会提出申诉。如对申诉结果不服的话可以向足协的执行委员会上诉,执行委员会的裁决为最终裁决,并规定对违反规定的行为足协将予以处罚。

(三)体育行政纠纷解决机制完善途径

1. 建立独立的体育行政调解制度

现行体育行政调解的中立性饱受质疑。在体育行政纠纷中当体育行政部门或法律授权的具有行政管理职权的体育组织成为纠纷一方时,相关体育行政部门再充当体育行政纠纷调解者的身份对体育行政纠纷进行调解,在此情势下,体育行政部门或具有行政管理权的体育组织既当运动员又当裁判员,自身身份的中立性与调解协议的公信力自然受到公众的质疑。而且,体育行政纠纷当事人调解协议的自愿意思表达受到质疑。体育行政纠纷的一方是地位强势的具有行政管理职权的体育行政机关或体育组织,代表的是"官",另一方是地位相对弱势的"民"。虽然法律规定体育行政纠纷调解应遵循当事人自愿的原则,并自愿达成调解协议。但是,由于体育行政部门或组织既是体育事务的管理者又是纠纷的调解者,另一方当事人中的公民、法人或其他体育组织往往受制于体育行政部门的权威,对于体育行政部门提出的调解建议即使与内心有落差但也违心接受,不是法律意义上的自愿表达。

基于此,为了保证体育行政调解的中立性、公正性、公信力等,应适时建立独立的体育行政调解制度。而且,体育行政调解应接受司法审查,对体育行政调解过程是否存在强制、诱导、胁迫、重大失误等行为进行审查,并对纠纷当事人的意思表示是否自愿、清晰、真实等进行审查。另外,还需对体育行政调解协议内容合法性进行审查。

2. 适时建立统一的体育行政复议机构

体育行政复议制度是体育行政机关自我纠错的有效途径。实践中建立体育行政复议制度,一是可以有效减轻法院繁重的诉讼负担;二是可以减轻当事人的经济负担和精神负担;三是与“漫长”的诉讼周期相比,可以高效地解决体育行政纠纷;四是可以使体育行政部门获得自我纠正的机会。但从目前的体育行政复议机构的设置现状来看,由于我国体育行政复议机构设在体育行政机关内部,对体育行政机关的依附性较强,独立性受到质疑。我国体育行政复议制度存在公信力低下,受案率不高,行政复议决定的执行力不强,行政复议的程序还需要进一步完善等不足之处,因此应对其进行重构。

时机成熟可以建立独立的体育行政复议委员会,且在同一级政府层面只设立一个体育行政复议委员会,取消目前部门或行业内设的体育行政复议机构,部门或行业不再行使行政复议权。设立后的体育行政复议委员会的管辖范围是:在国务院设立国务院体育行政复议委员会,受理国务院体育行政部门和省级体育行政部门具体行政行为引起的体育行政复议案件;在省级政府层面设立省级体育行政复议委员会,受理地市级体育行政行为引发的体育行政复议案件;在地市级设立地市级体育行政复议委员会,受理县市级体育行政行为引发的体育行政复议案件;在县市级设立县市级体育行政复议委员会,受理基层体育行政行为引发的体育行政复议案件。

3. 明确将体育行政纠纷纳入行政诉讼受案范围

我国的运动项目协会基于《体育法》赋予的行政管理权,负责该项运动在全国范围内的发展和推广工作。我国的一些体育运动项目协会一方面通过协会章程排除了司法制度的管辖,另一方面又通过协会章程终局裁决的规定规避了司法制度的审查。“权力缺少监管,一切权力都有可能走向腐败。”而我国的运动项目协会一方面拥有法律赋予的行政管理权,另一方面这种权力又不受司法监督,其结果只能是这种不受限制的权力最终走上腐败的道路。足球领域十年前爆发的大面积的腐败案件就充分说明了这一问题。从我国司法制度本身来看,司法对介入体育纠纷也是持谨慎的态度。这主要是因为在法院看来,体育纠纷是体育行业内部的问题,应该由体育行业自身去解决。法院之所以对介入体育争议纠纷持谨慎的态度,主要原因在于:第一,符合国际体育纠纷解决的惯例。比如,欧美法院就积极反对司法介入体育纠纷的解决,积极推崇体育纠纷的非诉讼解决机制。第二,关于行业社会组织的行政管理权的性质的讨论还没有行政定论,有人认为行业协会是依法设立的民间组织,民间组织作出的处罚不是行政法意义上的行政处罚,故不属于行政诉讼的受案范围。也有的人认为,决定体育行业协会作出的处罚是否具有行政诉讼性质的依据是体育行业协会行使的权力的性质,而与体育行业协会是否为民间组织没有关系。理论中对这一问题的讨论没有形成定论导致了实践中法院对此类纠纷的谨慎介入。第三,中华人民共和国成立以来,特别是改革开放至今,我国的体育事业获得了长足的发展,特别是竞技体育在国际赛场上取得了一系列辉煌的成就,可以说我国体育发展的实践是超前的。与之相对应的是我国体育法治建设却相对落后,现有的体育法治建设的成果很多都缺乏可操作性,很难为司法制度解决体育纠纷提供法律上的依据。

体育行政调解、体育行政复议、体育行政诉讼作为体育行政纠纷解决的三条进路各具特色。其中在体育行政诉讼中法院作为具有法律强制力的国家行政机关,司法在解决体育行政纠纷的各类机制中处于最权威和最终的环节,对体育行政复议和体育行政调解也起到制约和监督的作用,很多体育纠纷往往能在司法权威面前通过体育行政调解或体育行政复议而得以解决。司法最终原则也是当前世界各国解决纠纷普遍遵守的基本原则。只是由于各国的历史文化、社会背景、传统习俗等不同,所建立的体育纠纷解决机制也不尽相同。但这并不影响司法解决路径作为体育纠纷解决的重要途径而存在,司法途径永远都是体育行政纠纷解决的最后一道防线。依据有些学者关于行政纠纷的解决机制的层次论观点,体育行政纠纷产生后首先应尝试通过体育行政调解、体育行政复议等系统内部资源来解决,如果以上途径都不能有效解决的话,体育纠纷当事人则应求助于司法行政诉讼的途径,从而保障自身的合法权益。

三、体育仲裁纠纷解决机制

(一)国际体育仲裁院年度概况

新冠肺炎疫情对国际体育仲裁院(以下简称"CAS")的工作产生了一定的影响,但CAS在国际体育仲裁纠纷解决机制中的重要地位并未因此而下降。CAS的国际影响力与权威性不断提升,CAS上诉程序处于整个国际体育纠纷仲裁解决机制的核心地位。

2020年,为应对新冠肺炎疫情,CAS发布了应急指南,并对仲裁规则加以补充,承认了电子化、远程化办公的合理性与有效性。CAS还更新了反兴奋剂仲裁庭仲裁规则,明确了反兴奋剂仲裁庭的授权主体及其本质,扩大了规则的适用范围。CAS优化了仲裁程序,尤其是灵活化了听证程序,其目的是更好地应对新冠肺炎疫情。CAS还为东京奥运会优化了其机构设置,设立了临时仲裁庭与临时反兴奋剂仲裁庭的办公室。据CAS公布的数据,CAS受理的案件数量仍在飞速增长,世界对CAS权威性的高度认同促使CAS裁决的溢出效应日益明显。

我国体育仲裁制度呼之欲出,CAS始终是我国体育仲裁机构构建过程中必须参考的优秀范本,其新近发展对绘就机构的建设蓝图有着重要的启示作用。在我国体育仲裁机构的构建过程中,应设计具备可操作性的体育仲裁规则以保障机构的合法高效运行;应紧跟世界体育发展的潮流,在中国大型体育赛事中设置临时仲裁庭,设计灵活的听证程序以应对新冠肺炎疫情;还应重视对运动员程序性权利的保护;应尽快融入 CAS 纠纷解决机制,以保证我国体育仲裁制度与国际制度的顺利对接。

(二)国际体育仲裁院之新近建设

1. CAS 修订了仲裁规则

(1)修订了 CAS 仲裁规则

2020 年 CAS 修订了《体育相关仲裁规则》。首先,为应对新冠肺炎疫情,新规则优化了 CAS 的运作模式。新规则第 S8 条与第 S10 条认可国际体育仲裁理事会(以下简称"ICAS")及其委员会会议可以通过电子邮件或任何其他适当的电子手段达成决定。新规则还规定,ICAS 及其委员会可以通过电话会议、视频会议或任何其他电子方式召开会议并作出任何决定。同时,新规则第 R31 条还认可了通过 e-filing 平台提交的仲裁申请、上诉状和任何其他书面文件的有效性。其次,新规则第 S18 条新增规定,位于反兴奋剂仲裁庭仲裁员特别名单中的仲裁员不得在 CAS 上诉仲裁程序中担任仲裁员,以此强化反兴奋剂仲裁庭仲裁员的特殊性。再次,考虑到一些国家的体育活动可能出现延误和减少,CAS 对第 R32 条进行了修改,将 CAS 秘书长依职权可批准的首次延期时长调整为两周。如果情况需要并且最初期限尚未届满的话,当事人基于正当理由提出申请并与另一方(或多方)协商后,专家组组长或机构长官(专家组组长还未被聘任时)可以延长该程序规则规定的时限,但上诉状的时限除外。除上诉状的时限外,任何首次延期的请求最多为 2 周,并可由 CAS 秘书长决定,无须与另一方或多方协商。当事各方也可商定在某一日期之前中止诉讼程序。然后,CAS 办公室将发出一封确认终止诉讼程序的信函。最后,新规则统一将"The

CAS Secretary General”(CAS 秘书长)的头衔修改为“The CAS Director General”(CAS 总干事),目的是更好地体现 CAS 总干事的管理角色,并承认其对 CAS 办公室工作的监督。

CAS 仲裁规则的修订展现了 CAS 应对疫情的智慧,通过及时认可 CAS 电子化运作模式的合法性保证了 CAS 工作的顺利进行,并为运动员提交仲裁程序相关材料提供了便利,尽可能避免了疫情对国际体育仲裁产生冲击性的影响。同时,新 CAS 仲裁规则框定了反兴奋剂仲裁庭仲裁员可参与的程序范围,延长了期限,并厘清了 CAS 总干事的职能,这都加强了 CAS 的专业性。

(2)修订了反兴奋剂仲裁庭仲裁规则

自 CAS 成立专门的反兴奋剂仲裁庭(以下简称“ADD”)以来,ADD 为世界反兴奋剂事业作出了重要贡献。为了提升反兴奋剂纠纷解决的实效,ADD 修改了反兴奋剂仲裁庭仲裁规则。规则有了如下的变化:①新规则改变了 ADD 的授权主体。2019 年的规则规定,ADD 的授权主体是国际奥委会、国际单项体育联合会、国际检测机构(以下简称“ITA”)以及《世界反兴奋剂条例》(以下简称“WADC”)的签署方,而新规则剔除了 ITA 的授权。②新规则明确了授权主体的本质。2019 年的规则将授权主体定义为国际体育实体(International Sports Entities),此种表述过于抽象。新规则中将授权主体定义为 WADC 的签署方,此种定义方式更为明确。③新规则扩大了其管辖范围。2019 年的规则仅适用于包括向 ADD 提交的涉嫌兴奋剂违规行为的一审仲裁裁决以及与复检相关并涉嫌兴奋剂违规的行为,对其他决定的上诉以及针对任何 ADD 作出的决定的上诉并不适用。新规则将适用范围扩大至“本规则中明确规定的其他情况”。这里所说的“其他情况”具体包括以下两种情形:情形一,根据 WADC 第 13.2.2 条的规定,在上诉时,国家上诉机构不存在或不可用,具有上诉权的运动员或其他个人/实体可以向

ADD 提出上诉。情形二,根据 WADC 第 7.4.3 条的规定,反兴奋剂组织被要求为运动员或其他人提供:(a)在实施临时停赛前或在实施临时停赛后及时进行临时听证的机会;(b)在实施临时停赛后,根据 WADC 第 8 条及时进行加速听证的机会,而反兴奋剂组织没有在合理时间内将请求提交 ADD,运动员或其他人可向 ADD 提出临时措施申请,或根据案情作出裁决。

ADD 仲裁规则的修订显示出了 CAS 针对兴奋剂案件的处理日趋专业,ADD 仲裁规则与 WADC 之间存在密切的互动且该仲裁规则的管辖权日渐扩张。作为世界反兴奋剂领域最基本规范的 WADC 亦是 ADD 的主要仲裁规则,这体现了兴奋剂仲裁的特殊性。CAS 仲裁依据逐步回归 WADC 的核心规范,这有利于简化与明晰法律适用框架,从而为各方提供稳定的结果预期。ADD 管辖权的扩张也意味着兴奋剂违规管理权力逐渐集中,对统一的兴奋剂管理机构的需求愈加明显。

2. CAS 优化了仲裁程序以应对新冠肺炎疫情

新冠肺炎疫情的蔓延对整个世界,特别是对体育运动,产生了巨大的影响,也在一定程度上影响了 CAS 的运转。体育纠纷的解决,必须进行调整以保持有效性。体育纠纷解决专业人士也需要适应这一特殊情况,并做好应对的准备。为应对疫情,CAS 提供了灵活的听证程序。

在新冠肺炎疫情袭来时,CAS 暂停了当面听证,但继续为当事人提供在线听证的机会,CAS 大量使用视频会议的形式进行听证。CAS 通过发布应急指南对其仲裁规则及时进行了补充,认同了 CAS 各部门可通过电话会议、视频会议或其他合适的电子方式召开会议并作出相关决定。近年来,电子化办公手段的使用已愈发普遍,随着新冠肺炎疫情的蔓延,电子化办公更是被推上了一个新的高度。各方通过 e-filing 平台提交其书面意见及证据。有了这些特别措施,核证机关的程序没有延误,除非当事人选择推迟听证以便当面进行。此平台的推行大获成功,但疫情结束后,这些措施是否会继续仍有待观察。

CAS 也没有剥夺运动员获得当面听证的权利,给予了其选择的余地。在多数案件中,运动员面对的是丧失练习或参赛的权利,对他们来说亲自到仲裁庭而非通过线上方式参与听证是很重要的。至少从心理原因方面出发,允许对运动员纪律案件进行当面听证是必要的。虽然基于这一考虑可能会导致案件被推迟解决,但 CAS 仍然充分尊重运动员提出的当面听证的请求。在运动员纪律纠纷中,CAS 认真对待了这一问题,彰显了其对运动员程序性权利的高度重视。

3. CAS 为东京奥运会优化了机构设置

在即将举办的东京奥运会上,CAS 利用日本国际争端解决中心的设施设立了临时仲裁庭与反兴奋剂临时仲裁庭的办公室。CAS 承诺将为东京奥运会健儿提供免费的高质量的争议解决服务。

自 1996 年起的每届奥运会上,CAS 都会设立临时仲裁庭。作为上诉法庭的 CAS 临时仲裁庭将根据《奥运会仲裁规则》解决在奥运会期间和开幕式前 10 天内发生的法律纠纷,这些纠纷可能涉及参赛资格争议、体育规则的解释和适用等。CAS 反兴奋剂仲裁庭已在 2016 年里约热内卢奥运会上首次亮相,作为奥运会期间出现的反兴奋剂相关案件的一审仲裁庭,依据其仲裁规则解决兴奋剂纠纷。临时仲裁庭和反兴奋剂仲裁庭的职能是通过仲裁解决在奥运会期间或与奥运会有关的任何争议,包括兴奋剂纠纷。

临时仲裁庭仲裁规则旨在提供一个自由、快速和公平的仲裁程序。首先,其第 15 条设置了加速听证程序,即专家在收到听证申请后,须在极短时间内通知当事各方出席听证会。其次,其第 18 条规定专家组必须在提交听证申请后 24 小时内作出决定。这一程序过程便捷且迅速,目的是让各方尽快得到明确的结果。鉴于新冠肺炎疫情还未结束,一些 CAS 仲裁员将远程工作,CAS 临时仲裁庭的听证会还是需要通过视频会议远程举行。

4. CAS的案件数量不断增加且典型案例的溢出效应明显

根据CAS公布的2020年数据,普通程序案件共129件,上诉程序案件共811件,反兴奋剂程序案件有8件,调解程序案件有9件,案件总数高达957件。其中上诉程序案件增幅最为明显,同比增长约64.5%,总案件数量同比增长约57.1%。

2020年的CAS公报中的典型案例主要涉及足球相关的案例。CAS 2018/A/6007(Jibril Rajoub v. FIFA)是第一个涉及《国际足联纪律准则》第53条有关煽动仇恨或暴力的裁决。在CAS 2017/O/5264,5265&5266(Miami FC & Kingston v. FIFA,CONCACAF & United States Soccer Federation)中,专家组分析和解释了美国足球中的升级/关系系统。CAS 2018/A/6027(Sociedeade Esportiva Palmeiras v. FIFA)是转会纠纷,主要解决与国际足联的《球员身份与转会的规定》(以下简称"RSTP")第18条之二相关的问题,即第三方对俱乐部的影响。在CAS 2018/A/5945(Al Shorta Sports Club v. FIFA & Dalian Yilang FC)中,该小组审查了RSTP第17条规定的支付赔偿的连带责任问题。在CAS 2018/A/6017(FC Lugano v. FC Internazionale Milano)中,专家组对终止合同的"体育正当理由"的概念进行了分析。在CAS 2019/A/6288(Waterford Football Club v. UEFA)中,专家组探讨了给予UEFA CL/FFF第12(2)条规定的三年规则例外待遇的目的和条件。CAS 2018/A/5959(Club Al Kharaitiyat v. FIFA)对《国际足联纪律准则》第64条项下制裁的合法性进行了审查。在CAS 2018/A/5945(Maxim Astafiev v. FC Mordovia & FUR)中,专家组处理了与仲裁有关的各种概念和与当事人未能参与CAS程序有关的问题。CAS 2018/A/5982(Al Merreikh Sport Club v. Sudan Football Federation)处理了比赛投诉的有效性问题,以及CAS规则第R31.3条和R32条有关提交书面意见书的时限的

适用问题。在 CAS 2019/A/6179(Gambia Football Federation v. Confédération Africaine de Football & Fédération Togolaise de Football)中,专家组通过探讨当事人提出同等举证责任及证明标准的问题来检验球员的比赛资格。CAS 2019/A/6388(Karim Keramuddin v. FIFA)是针对足球官员违反《国际足联道德准则》进行性骚扰和滥用职权的首个裁决。

2020 年 CAS 公报案例还有涉及兴奋剂的案例。CAS 2019/A/6482(Gabriel da Silva Santos v. FINA)是一个罕见的案例,在无过错责任原则之下,运动员被证明清白,相关制裁被取消。在 CAS 2019/A/6313(Jarrion Lawson v. IAAF)中,专家组审查了在运动员不能确定违禁物质来源的情况下,缺乏故意的证明问题;还审查了在这种情况下,证明缺乏故意的其他因素的绝对重要性的问题。

除了与足球、兴奋剂相关的案例,CAS 2019/A/6330(Sara Castillo Martinez v. World Skate)处理了具有双重国籍的运动员参加重大比赛的资格问题,并对联邦法令的条款和奥林匹克宪章作出了解释。在 CAS 2019/A/6181(Fédération Belge de Gymnastique v. FIG and JCA)中,专家组对组织世界锦标赛的竞标过程进行了审查。CAS 2018/O/5830(International Surfing Association v. International Canoe Federation)涉及立桨冲浪板的管理问题,国际冲浪协会(ISA)与世界桨板锦标赛(ICF)都认为这属于各自能力领域范围内的体育标准。

新冠肺炎疫情并未当然减少 CAS 所处理的案件数量,相反,案件数量仍在递增。CAS 的典型案例主要集中在足球领域,盘活了《国际足联纪律准则》《国际足联道德准则》中不常用的条款,并给出了理解与适用的方法;还对常用的 RSTP 与 CAS 规则中的条款进行了反复解读,完善了对它们的理解与使用。CAS 的涉兴奋剂典型案例体现了 CAS 对严格责任的反思。其他典型案例则体现了 CAS 对国内法、国际法解释的影响力,并对体育项目管理亦存在指导功能。CAS 裁决在法律的理解与适用上体现了其对足球领域、反兴奋剂领域及其他领域的溢出效应,再一次体现了其权威性。

(三)国际体育仲裁院对我国体育仲裁机构构建的启示

《体育法》第32条虽是建立我国体育仲裁机构的渊源,但规定过于宣誓性、原则化,操作性不强。我国体育仲裁机构的构建仍然缺乏具体的制度设计蓝图,CAS的新近发展对我国体育仲裁机构的构建有着重要的启发意义。

1. 设计具备可操作性的体育仲裁规则

我国具体的体育仲裁规则仍在孕育当中。纵览他国体育仲裁规则的设计思路,主要涉及主体资格、管辖范围、前置程序、法律选择、仲裁庭的组成方式、案件的申请与受理、案件评议的流程等。同时还涉及一些特殊情形的制度设计,比如第三方当事人的参与、当事人缺席、回避、临时措施、保全措施、上诉程序等。这些内容涉及整个体育仲裁程序的方方面面,而我国体育仲裁规则的设计蓝图仍然停留在较为粗放的阶段,注重大方向,但小觑细节。

首先,为尽快设计出具备可操作性的体育仲裁规则,我国体育仲裁规则可以以《仲裁法》作为蓝本加以设计,并将两者作为一般和特殊的关系对待。体育仲裁制度作为仲裁法律制度的子概念,两者之间有着千丝万缕的联系,但规则设计也不可忽略体育仲裁的专业性、快捷性、国际性。此外,我国体育仲裁规则的设计还应重视相邻法的考察,尤其是与劳动仲裁相关的规范。受疫情影响,许多大型赛事暂停举办,多家运营本不顺畅的足球俱乐部更是雪上加霜,纷纷宣布解散,产生了"球员讨薪难"的问题。"球员讨薪难"的报道占据了体育新闻的半壁江山,使得体育仲裁制度的建立再一次受到广泛关注。体育仲裁规则应重视《劳动争议调解仲裁法》的跨域应用,以便可以更好地解决"球员讨薪难"的问题,从而协调劳动争议仲裁与体育仲裁之间的关系。

其次,体育仲裁规则的设计应博采众长,力求协调统一,尽量保证规则设计能够具体全面且具备可操作性,避免事后产生不必要的立法成本。我国体育仲裁规则的设计还应参考各体育协会内部仲裁委员会的仲裁规则。国内体育协会设立内部仲裁委员会是建立独立的体育仲裁机构的基础,吸收国内体育协会内良善的仲裁规则有助于凝聚其构建体育仲裁机构的向心力,但这些规则之间也会存在冲突,比如有关兴奋剂违规行为所产生的纠纷,不同的协会存在不同的规定。为协调这些规则,体育仲裁规则的设计应当重视听取国内各体育协会的意见以减少规则冲突。

再次,体育仲裁规则的设计还应重视优化体育仲裁程序与体育协会内部仲裁程序的衔接问题。考虑到体育协会内部仲裁部门中立性存疑且程序设计存在诸多不足,我国体育仲裁机构的管辖范围应囊括体育协会内部仲裁程序的上诉案件,同时也应囊括直接诉至体育仲裁机构的案件,因为有些体育协会内部并未设置仲裁程序,或者相关主体并不信任体育协会内部的仲裁部门。程序间的衔接通畅对运动员获得公平裁判大有裨益。

最后,我国体育仲裁规则的设计不应局限于竞技体育领域。根据《体育法》第 32 条第 1 款的规定,体育仲裁机构的主要职能是解决在竞技体育活动中发生的纠纷,但这一规定显然会限制体育仲裁机构职能的扩张,亦不利于体育仲裁规则的设计。体育仲裁规则的设计还应重视其对体育产业发展的作用,体育纠纷已经不再局限于竞技体育领域。随着体育产业的发展,我国体育纠纷逐渐趋于民事化、商事化,体育明星代言合同纠纷、体育赞助合同纠纷、体育培训纠纷、体育知识产权纠纷等占据了体育纠纷的很大一部分,这一部分的纠纷在符合一定条件时亦应归体育仲裁机构管辖。

2. 设立中国特色的临时仲裁庭

在大型赛事上设立体育临时仲裁庭显得尤为必要,因为它以连贯和灵活的方式在体育赛事中发挥着至关重要的作用。临时仲裁庭的主要功能是在办赛期间快速高效解决与体育有关的争端,它们也为确保运动员遵守体育规则发挥着威慑作用。越大型的体育赛事越使人们强烈地注意到临时仲裁庭的必要性,因为它们最快可在24小时内解决体育纠纷,以确保每一位运动员可以获得快速的救济和确定的比赛结果。

建议我国在全运会等重大赛事上设立临时仲裁庭。首先,临时仲裁庭的管辖范围不应局限于比赛时所发生的体育纠纷,可参考CAS临时仲裁庭的管辖范围,将其扩展至赛前10日所发生的体育纠纷。其次,仲裁员的独立性与资质应得到严格把关。每位仲裁员都应具备较高的法律素养,同时具备体育知识。另外,这些仲裁员必须独立于双方当事人,负有立即披露任何可能影响其独立性情况的义务。再次,专家组的审裁时限应得到严格限制。对于临时仲裁庭来说,以最快的速度解决体育纠纷是它有别于一般体育仲裁程序最为突出的特点,因此,其审裁时限亦可参照CAS临时仲裁庭来设置,即专家组须在提出申请后24小时内作出决定,在特殊情况下,专家组组长才可以延长这一时限。最后,临时仲裁机制的保障措施应得到充分重视。我国临时仲裁庭可以要求一些担任要职的仲裁员随时待命,以便在紧急情况下加快组建临时仲裁庭的速度。此外,可以设立一种“紧急仲裁员轮值表”,以解决仲裁员时间紧张等问题。这可能意味着当事各方将不得不放弃由自己选择仲裁员审理争议的权利,但这将带来一个更高效便捷的仲裁程序。

3. 设置灵活的听证程序以应对新冠肺炎疫情

新冠肺炎疫情对体育纠纷解决机制产生了巨大影响,如何保证听证程序在疫情防控期间顺利进行成为重点需要解决的问题。我国在设置听证程序时应与特殊的时代状况相结合,实现听证程序的灵活化,可采取远程听证与当面听证相结合的模式。

新冠肺炎疫情下远程听证的重要性显得尤为突出。我国在设计远程听证程序时应尽可能模仿传统当面听证的场景,还要确保听证符合公平公正原则。首先,在处理技术问题时,必须考虑到参与者之间技术熟练程度以及硬件可用性的潜在差异。我国应当设置"试听程序",确保硬件的访问和可用性问题在各阶段得到解决。试听程序应参照当面听证会的时长、问题的复杂性和数量留出相应的时间来"测试"各个必要的环节,以确保所有参与者都能浏览相关的电子信息、共享文件并使用软件平台的基本功能,最重要的是确保每一个问题都能为参与者所知悉和回答。其次,远程听证的保障措施应得以明确。远程听证程序不可避免地存在潜在的技术困难。我国在设计远程听证程序时应明确远程听证组织者的技术困难解除义务。行政长官、书记员或其他合适的人选应当在听证会正式开始前收集所有参与者的电子邮箱、移动电话号码等联系方式,在参与者遇到技术问题时与他们联系,并为其解决技术困难。最后,为了顺利进行远程听证会,应该为参与者何时可以发言以及如何表明他们希望发言提供明确的指导。在传统当面听证会中,参与者想要恰当地插话,可以通过肢体语言加以表达,但在远程听证中这并不是一件容易的事情。我国在设计远程听证程序时应规划好明确的发言顺序,处理好可能在指定时间以外提出观点的人的发言顺序,可通过平台提供的问答功能或举手功能作为解决问题的权宜之计,还应当要求不发表意见的人将麦克风静音。

远程听证并不能取代当面听证。当面听证一般不会存在技术困难,且对运动员的心理能有一定的抚慰作用。我国应当给予运动员选择当面听证或远程听证的权利。若运动员选择当面听证后出现了特殊事由,导致当面听证无法顺利进行,运动员有权再一次进行选择;若运动员再次选择当面听证,在不影响其他运动员权利的同时,仲裁庭应充分尊重其选择,应待事由解除后再行开庭,但当不及时得出听证结果会影响其他运动员的权利时,仲裁庭的长官有权强制开启远程听证程序。

4. 重视对运动员程序性权利的保护

由 CAS 的先例观之,基于自然正义原则,CAS 充分尊重运动员的基本权利,尤其重视对运动员程序性权利的保护。因为对基本权利的尊重是法治的一个固有要素。程序性权利的保护在某种程度上是一种强制性规范要素,不尊重某些基本程序权利的行为将构成对公共秩序的侵犯,CAS 裁决将难以得到执行。随着我国运动员权利意识的不断增强,我国体育仲裁机构更应将自身打造成运动员程序性权利的监护者,重点审查体育管理组织是否遵守或是否履行了正当程序,还可以通过全面重新审理来纠正任何侵犯运动员程序性权利的行为。这点在兴奋剂纠纷中显得尤为重要。因为运动员本身处在证明能力的弱势地位,与调查机构之间存在明显的势力差,若我国体育仲裁机构的设置不注重对运动员的程序性权利,尤其是对听证权的保护,那么所谓的在个案中最大限度地维护运动员的权益便无从谈起。

我国体育仲裁机构的设计应确保司法的合理渗透,发挥司法程序对运动员程序性权利的保护作用。仲裁司法审查的本质在于救济当事人的程序性权利。运动员与仲裁庭之间难免出现针对程序性权利的争议,需要一个新的中立机构进行审理,此时,法院是最佳的选择。参照世界各国的立法例,仲裁庭侵犯当事人的程序性权利时,司法应给予救济路径,因为法院是维护社会正义的最后一道屏障。根据我国《民事诉讼法》《仲裁法》的规定,各级仲裁机构的仲裁都受到司法监督,体育仲裁也不例外。但须注意的是,体育仲裁的司法审查具有特殊性、专业性等特点,司法审查应聚焦于程序性事项,对实体事项的审查应保持谦抑性,避免过度介入而损害体育自治。

5. 融入 CAS 纠纷解决机制

CAS 不断推动全球体育法的形成。一是 CAS 在裁判过程中发展了一套体育原则应用于体育纠纷的解决;二是 CAS 在解释体育法方面发挥着重要的作用,从而影响和制约着其他相关体育管理主体的规则制定活动;三是 CAS 对全球体育法的协调作出了巨大贡献,被称为体育领域的"最高法院"。无论全球体育法是不是一个虚幻的概念,CAS 对体育领域的纠纷解决都有着重要的指导作用。我国体育仲裁机构的构建应具备国际视野,应融入 CAS 纠纷解决机制。

首先,我国体育仲裁机构应尊重现有的体育原则。CAS 一直强调在监管和制裁功能方面,体育管理机构与行政机关有着明显的相似之处。CAS 通常将体育机构的行为类比于公共管理行为进行评估,因此 CAS 发展出的体育原则多为公法原则。我国体育仲裁机构应吸收这些原则约束自己,同时约束其他体育管理机构。其次,我国体育仲裁机构在适用体育规则时应参考 CAS 的法律解释。CAS 的法律解释功能在反兴奋剂领域比较明显。WADC 的第一版和修订版均参考了 CAS 的裁决,在有关具体条款的评论中亦提到了 CAS 先例。虽然 CAS 的意见没有约束力,但至少具备一定的说服力,可以影响体育实体的选择。我国体育仲裁机构成功设立后在适用规则,尤其是在适用国际体育规则时,也可参考 CAS 的解释方法及现成的解释成果,避免裁决结果偏离国际航道。最后,我国体育仲裁程序应与 CAS 对接。CAS 就像"最高法院"一样,统领着全球体育纠纷解决机构,CAS 可以以上诉法院的角色审查案件的事实和法律问题,这对于确保运动员的平等对待和避免国家体育机构对国内运动员案件的过度干预至关重要。我国体育仲裁制度若能与 CAS 对接,将会形成一定的外力约束,有助于充分保障运动员的人权。此外,CAS 连接了国际体育法与国家体育法,并尝试进行衔接和协调,我国体育仲裁制度与 CAS 的对接亦有助于我国体育规则立法不断被优化。

四、体育纠纷司法解决机制

(一)体育纠纷司法解决机制年度概况

体育刑事纠纷司法解决机制仍以反兴奋剂为工作重点,通过《刑法修正案(十一)》增设与兴奋剂有关的罪名,为建立反兴奋剂长效机制提供了刑事制度保障。随着体育产业的蓬勃发展,体育行政纠纷司法解决机制的辐射范围已经扩大至体育产业内的行政纠纷,不再局限于竞技体育领域;体育行政公益诉讼的推行打开了机制格局,加强了机制的公益性。《民法典》的出台为体育民事纠纷司法解决机制打下了坚实的法律基础,有助于机制高质量落实优化体育产业营商环境的政策,充分保障民众的体育民事权利。

体育纠纷司法解决机制在刑事、行政、民事方面均有了一定的发展与突破,但是仍然存在进一步发展的困境。在体育纠纷司法解决机制的运行过程中,体育相关规范的司法适用较为困难,裁判专业性不强,且缺乏完善的体育鉴定制度。在未来,这些发展困境仍然是体育纠纷司法解决机制需要攻克的难点。

(二)体育纠纷司法解决机制新近建设

1. 体育刑事纠纷司法解决机制

《刑法修正案(十一)》第 44 条规定,在《刑法》第 355 条,即非法提供麻醉药品、精神药品罪后新增一条,作为第 355 条之一:“引诱、教唆、欺骗运动员使用兴奋剂参加国内、国际重大体育竞赛,或者明知运动员参加上述竞赛而向其提供兴奋剂,情节严重的,处三年以下有期徒刑或者拘役,并处罚金。组织、强迫运动员使用兴奋剂参加国内、国际重大体育竞赛的,依照前款的规定从重处罚。”这是继 2020 年 1 月 1 日最高人民法院《关于审理走私、非法经营、非法使用兴奋剂刑事案件适用法律若干问题的解释》(以下简称《司法解释》)施行以后,中国反兴奋剂斗争的又一重要里程碑。

兴奋剂入刑是体育刑事纠纷司法解决机制的重大发展与突破,体现了国家严厉打击兴奋剂的坚决态度。《刑法修正案(十一)》与《司法解释》共同构成打击兴奋剂违法行为的法律依据,使得刑事纠纷司法解决机制可以从源头对兴奋剂违法行为进行全链条式打击。《刑法修正案(十一)》第44条之规定的初衷建立在打造纯净的体育环境之上,明确了守护体育公平竞争和运动员身心健康的立场。《刑法修正案(十一)》与国际奥委会的标准相契合,对组织、强迫运动员使用兴奋剂的违法行为进行了规制,体现了我国反兴奋剂规则及体育刑事纠纷司法解决机制与国际对接的趋势。《刑法修正案(十一)》还对接了《反兴奋剂条例》等行政法规,实现了反兴奋剂的"行刑衔接",完善了兴奋剂防控体系和兴奋剂违规的制裁体系。

2. 体育行政纠纷司法解决机制

随着我国体育产业的蓬勃发展,体育行政纠纷已经不再局限于竞技体育领域内的纠纷,还涉及知识产权等体育产业内的纠纷。2012年,迈克尔·乔丹向国家工商行政管理总局商标评审委员会申请要求撤销乔丹体育相关注册商标,但被驳回;迈尔克·乔丹不服裁决,向法院提起了行政诉讼,请求撤销商标评审委员会的裁定。但在2014年至2015年的一审、二审中,迈克尔·乔丹均败诉。2020年4月,经最高人民法院再审后,原一审和二审法院的判决被推翻,国家知识产权局也将重新审定乔丹体育商标。长达8年的乔丹商标行政诉讼案终于告一段落,这引发了舆论热议。显然,体育行政纠纷司法解决机制还承担着优化体育产业发展环境,塑造优质体育国货品牌,为体育产业高质量发展保驾护航的职能。

我国的体育行政纠纷司法解决机制长期保持创新的态度,于2020年年底尝试探索体育行政公益诉讼,以丰富机制的整体内涵,提升机制的社会效应。全民健身浪潮开启后,民众对体育健身项目多样化的需求日益扩大,游泳、攀岩等高危险性体育项目建设不断增多。然而,这些高危险性体育项目中却隐藏着许多生产安全隐患,与《全民健身条例》《经营高危险性体育项目许可管理办法》等有关规定相背离,严重损害了社会公共利益。在湖南省人民检察院的指导下,娄星区人民检察院向娄底市文旅广体局发出了诉前检察建议,要求该局对相关违法行为进行处理,并在辖区范围内开展专项排查,依法全面履行行政许可和检查监督职责。体育行政公益诉讼实现了司法与行政的良性互动,通过司法与行政的合力对高危险性体育项目进行监督与管理,在推动全民健身的同时,也保证了全民健身的安全。

3. 体育民事纠纷司法解决机制

按照体育产业"十三五"规划,至2020年我国体育产业将达到3万亿元左右的市场规模。随着体育产业规模不断扩大,体育产业体系逐渐丰富,体育产业内的民事活动愈加频繁,体育民事纠纷的解决需求也随之不断增加。体育民事纠纷司法解决机制发展至今,对提升人民生活幸福感,促进体育产业蓬勃发展起着至关重要的作用。我国正处在迈向体育强国的攻坚阶段,体育行业在瞬息万变的形势下不断面临着新的课题。《民法典》的颁布为体育民事纠纷的解决提供了新思路和新方法,体育民事纠纷司法解决机制运行效果的提升令人期待。

(1)体育领域劳动与工作合同纠纷的司法解决

我国职业体育俱乐部运营效益不佳,经营管理现状不够理想,收支无法实现平衡,长期处在亏损状态,这导致俱乐部难以留存足够的预备资金防范债务风险,内部债务危机四伏。以职业足球俱乐部为例,据不完整统计,2020年中乙赛区解散球队数量已经超总参赛球队数量三分之一,中甲赛区也有三家以上俱乐部解散。这亦带来了体育领域劳动与工作合同纠纷。我国职业运动员针对此类纠纷的维权之路较为艰难。

2016年,人力资源和社会保障部、教育部、体育总局、中华全国总工会联合出台了《关于加强和改进职业足球俱乐部劳动保障管理的意见》。职业足球俱乐部与运动员之间是否构成劳动关系已经不再成为法院裁判的争议焦点。但案件是否由法院管辖仍然是裁判文书论述的核心内容。根据《体育法》第32条第1款之规定,在竞技体育活动中发生纠纷,由体育仲裁机构负责调解、仲裁。因此,有法院认为当事人双方签订的劳动与工作合同,系双方在参加职业足球运动中形成的,现双方发生纠纷,属于在竞技体育活动中发生的纠纷,故应由体育仲裁机构负责调解、仲裁,排除人民法院管辖。另外,体育纠纷司法解决机制充分尊重体育自治,若双方在合同中约定了仲裁机构,或存在相应的体育协会内部仲裁纠纷解决机制,这同样也可以排除人民法院管辖。这种裁判思维剥夺了运动员获得司法救济的权利。

但是,沈阳东进足球俱乐部有限公司、于振劳动争议案的原审法院否定了此种裁判思维。原审法院认为,运动员作为劳动者的合法权益受法律保护。于振、东进俱乐部之间签订的运动员工作合同内容不违反法律规定,合法有效,东进俱乐部应当向于振履行支付工资义务。该案原审法院并未以行业仲裁排除法院管辖为由裁定驳回起诉。这意味着法院队伍中仍有一部分法官认为运动员与一般劳动者一样,应当获得司法的兜底救济。但遗憾的是,该案再审法院仍然采用了前述裁判思路。不过,原审法院试图为运动员提供司法救济的裁判思路,体现了体育民事纠纷司法解决机制对体育仲裁排除法院管辖理解的不同观点,再一次唤醒了机制对运动员劳动权利保障的重视。

(2)体育领域知识产权纠纷的司法解决

2020年,曾经的央视世界杯案和新浪中超案均于北京市高级人民法院启动了再审程序。两案的主要争议焦点均为涉案赛事节目是否构成以类似摄制电影的方法创作的作品。再审法院认为,对电影类作品构成要件的理解应更加灵活,在合目的解释的基础之上应作广义理解,最终认定涉案赛事节目构成我国著作权法保护的电影类作品,而不属于录像制品。因此,原审被告的涉案行为侵害了原审原告对涉案赛事节目所享有的著作权。新浪中超案的再审判决在法律适用上,还明确了反不正当竞争法的兜底地位,将其与著作权法的适用区别开来。此外,随着电子竞技的兴起,此领域的知识产权侵权纠纷也逐渐增多。在深圳市腾讯计算机系统有限公司与运城市阳光文化传媒有限公司、北京字节跳动科技有限公司侵害作品信息网络传播权纠纷案中,法院从《英雄联盟》游戏整体画面的特点、作品属性等方面充分论证了电子竞技赛事视频亦属于我国著作权法保护的电影类作品,被告随意传播赛事画面的行为属侵权行为。这意味着体育民事纠纷司法解决机制对体育赛事节目著作权的保护已经扩展至电子竞技赛事。这些案件均体现了体育民事纠纷司法解决机制对体育赛事节目的著作权保护,积极回应了体育产业蓬勃发展对知识产权保护强烈的诉求。

体育领域的知识产权纠纷除著作权纠纷以外,商标权纠纷也屡见不鲜。纵观 2020 年相关裁判文书,斐乐、361 度、特步、李宁、鸿星尔克等知名品牌均受到侵害商标权纠纷的困扰。商标权侵权行为会贬损商标权人的品牌价值与品牌形象,对其造成一定的商业损失。体育民事纠纷司法解决机制能够在维护商标权人品牌价值与品牌形象的同时,打击假冒伪劣产品,促进体育产业的良性竞争,从而优化体育产业营商环境。

(3)体育领域违反安全保障义务责任纠纷的司法解决

根据体育总局官网发布的《2020 年全国体育场地统计调查数据》,2020 年,全国有体育场地 371.34 万个,体育场地面积达 30.99 亿平方米,全民健身路径 87.12 万个,健身房 11.48 万个。随着体育产业的发展,高危险性体育项目,比如游泳、滑雪等供给增加。2020 年,全国游泳场地达 2.92 万个,全国冰雪场地达 1888 个。同时,新兴体育娱乐项目(蹦床等)日渐受到年轻人的追捧,我国体育场地数量远不止以上统计数量。这引发了许多体育领域违反安全保障义务责任纠纷,而高危险性体育项目场地产生的相关纠纷尤为突出。但是,若对体育场馆的经营者、管理者课以过于繁重的义务,这会大大限制体育娱乐产业前进的步伐。鉴于此,涉高危险性项目的违反安全保障义务责任纠纷,法院除了会考虑责任人是否尽到安全保障义务,还会充分考虑到活动参与人对危险性的认知程度,以此作为责任分担的考量。比如,河北省石家庄市中级人民法院在(2020)冀 01 民终 9805 号民事判决书中提到,针对在滑雪场产生的此类纠纷,有的裁判观点认为参与者在滑雪运动过程中应保持高度的注意义务以免危及自身安全,只要滑雪场是具备经营许可证的,且滑雪场内有警示牌、有治疗的场所,则应当认定其尽到了警示、提醒的责任,而无须承担相应责任。再比如,吉林省长春市中级人民法院在(2020)吉 01 民终 4968 号民事判决书中提到,针对在蹦床场所产生的此类纠纷,有的裁判观点认为被告负有法定的安全保障义务,同时认为原告应对项目的刺激性、危险性具有一定的认知,并应对自身的人身安全尽到审慎注意义务,而不是将自身安全完全寄托于安全保障人员,对本次人身损害的发生亦有过错,因此被告仅承担原告损失的 60%。

(4)学校体育领域伤害纠纷的司法解决

《民法典》中的自甘风险条款将为体育活动参与者松绑。《民法典》虽然自 2021 年 1 月 1 日起施行,但是在 2020 年的司法实践中已经出现了遵循其相关精神的裁判说理,而从裁判结果来看,公平责任的适用空间仍然比较大。在程某某与周某某、常州大学侵权纠纷案中,程某某是在学校学生自行组织的篮球训练时因与周某某有肢体接触而受伤。江苏省常州市中级人民法院在说理中明确认为,篮球运动作为一项竞技体育运动,具有对抗性,参与运动的人员在快速投篮、防守和抢攻运动中发生身体接触的概率极高,在激烈的对抗中,很难要求行为人每做出一个动作之前考虑清楚是否会伤害他人,篮球运动中常规性身体接触带来碰撞伤害是常见现象,这种伤害是正当和被允许的,参与篮球运动的人也习惯了接受这种伤害风险。因此,篮球运动中常规性身体接触带来碰撞伤害的正当危险并不属于篮球运动参与者的合理注意义务,并综合证据考量,周某某不存在过错,其行为不具备一般侵权行为的构成要件,不应承担侵权责任。但法院仍然以《侵权责任法》(已失效)第 24 条公平责任负担规则判令周某某承担约 20%的责任。此判决的说理虽契合《民法典》所传递的精神,但判决结果仍然与之违背。《民法典》第 1186 条虽对《侵权责任法》第 24 条公平责任负担规则进行了修正,但在未来适用中能否避免自甘风险条款流于形式,还需待更多司法实践予以证明。

虽然《民法典》自甘风险条款承载着为校园体育松绑的希冀,但究其本质仅仅只是为体育活动参与者松绑,校方是否需要承担责任仍需参考《民法典》第 1199、1200 条有关教育机构管理职责以及《学生伤害事故处理办法》的相关规定。在辛某某、黄某某、鲁东大学侵权纠纷案中,黄某某在持球进攻时与辛某某相撞受伤,山东省烟台市中级人民法院认为鲁东大学作为篮球比赛的组织者,对比赛过程中因争抢而发生身体接触造成的人身伤害,只要不违反比赛规则,作为组织者便无法控制,且在事故发生后,鲁东大学对黄某某进行了积极的救助,并无任何过错,不应承担侵权责任。在司法实践中,法院出现了为大学体育活动松绑的裁判倾向,但是针对无民事行为能力人、限制民事行为能力人在学校体育中受伤的案件的处理,法院更加倾向于判决学校承担教育机构的管理责任,并且是承担主要责任。法院在案件中虽然多次论及受害人自甘风险的事实，但是仍然根据《侵权责任法》第32、39条对此类教育机构课以较高的管理义务，会充分考量校方在事前防范、事中监管、事后处理等方面的履责情况。这无疑给校方极大的管理压力。鉴于《民法典》第1199、1200条是对《侵权责任法》第32、39条的继承，自甘风险条款的精神仍然难以传递给无民事行为能力人、限制民事行为能力人所在的教育机构，而大学体育则可以依据《学生伤害事故处理办法》处理，在涉诉时，只要其充分履行职责就能够免责，但仍然负有审慎的注意义务。

（5）体育彩票纠纷的司法解决

财政部发布的《2020年12月份全国彩票销售情况》指出，2020年我国体育彩票机构累计销售额为1894.63亿元，约占全国彩票销售总额的57%。显然，虽然体育彩票销售额受到疫情影响，但是体育彩票仍然深受彩民青睐，这也会带来体育彩票纠纷。

首先，购彩者与体育彩票销售机构之间会产生射幸合同纠纷。体育彩票销售机构在向彩民销售彩票时会向其作出类似于"不中奖包退本金"的承诺，彩民会在非理性情况下大量购进彩票，此时两者之间易产生纠纷，彩民常诉至法院要求体育彩票销售机构返还购彩票款。湖北省襄阳市中级人民法院在（2020）鄂06民终1239号民事判决书中提及，购彩者应当知晓购买彩票具有主观上的猜测性和客观上的不确定性，射幸合同最大的特征在于合同双方互负的给付义务具有特殊性，即双方的给付并不一定是等价物，且是否给付系基于偶然事件的结果，当事各方可能获得巨额利益也可能一无所获，因此判决驳回购彩者的诉讼请求。但湖北省汉江市中级人民法院在（2020）鄂96民终614号民事判决书中却认为，此种承诺系射幸合同具体条款之一，若体育彩票销售机构无法履约，应承担返还本金的违约责任。其次，购彩者与彩票代买者之间会产生委托合同纠纷。随着微信钱包、支付宝等电子支付的发展,体育彩票购买方式呈多样化,购彩者委托他人代买彩票在民间也比较普遍,两者之间易产生委托合同纠纷。此种纠纷主要源于彩票代买者未履行忠实勤勉义务。法院在处理此类纠纷时主要按照合同法中委托合同的相关规定来裁判。

(三)体育纠纷司法解决机制建设困境

1. 体育规范司法适用的难度性较高

法官适用体育相关规范时存在找法与解释上的困境。我国体育相关规范体系日趋庞杂,而许多体育规范又未被收录进国家法律法规数据库。这给法官找法设置了较大的难度,进而导致体育相关规范的司法适用较少。以《体育法》为例,在北大法宝上以"体育法"作为关键词搜索案例,搜索结果仅呈现了339篇裁判文书。此外,体育相关规范仍然处在完善阶段,大量规范过于抽象化、原则化、宣誓化,缺乏制裁性要素,法院适用起来难度极大,倾向于对其进行"简约化"释法说理。体育相关规范的特点赋予了法官较大自由裁量的空间,这容易造成法律解释与适用的分歧,从而导致"同案不同判"的后果。

2. 体育纠纷司法解决机制的专业性不强

体育纠纷司法解决逐渐呈多样态且复杂化。黄海燕在《2019~2020年中国体育产业发展报告》中提到,在体育产业体系方面,我国已基本形成了以竞赛表演、健身休闲为引领,体育用品制造与销售、体育中介服务、体育教育与培训、体育场馆服务等多种业态共同发展的产业发展格局。在这一过程中,从体育产业、竞技体育、大众体育等领域衍生出的诉讼数量增多,且较为复杂。此外,体育的特性要求体育纠纷的裁判应当具有专业性和权威性。但我国现阶段的体育纠纷司法解决机制难以满足体育纠纷专业化解决的要求。从审判主体来看,法官的办案压力较大,加之大多数法官对体育相关规范并不熟悉,相关司法实践经验的积累不足。从审判模式来看,我国法院系统亦未重视体育纠纷解决机制的专业性,未建立体育纠纷解决机制的类案化管理制度,也未成立相关专业法庭或培养相关专业法官。

3. 体育纠纷司法解决机制缺乏完善的体育鉴定制度

陈如超认为,鉴定意见往往被法官赋予“超证据效力”,其已经成为民事审判的核心证据,当事人也将鉴定意见视为诉讼成败的关键。体育纠纷具有专业性,其内部事实的查明当然需要依靠专业的鉴定意见。鉴定意见在体育伤害纠纷中被广泛应用,因而一套完善的体育鉴定制度对还原体育纠纷案件事实有着不可或缺的作用。然而,我国还未建立起完善的、专业的体育鉴定制度。就一般的司法鉴定制度而言,其内部存在许多问题,包括鉴定仪器不够先进、鉴定人员的职业技能与职业道德水平参差不齐、鉴定标准不统一等。因此,现有的司法鉴定制度无法满足体育纠纷解决的需求,体育鉴定制度的建立尤为重要。

(四)体育纠纷司法解决机制完善路径

1. 加强对体育相关规范的理解与适用

首先,需要实现法官找法便捷化。因体育相关规范涵盖许多自治“软法”,法官找法较为困难。系统化、体系化、类目化的体育相关规范汇编亟待出现,随后信息化的体育相关规范检索平台亦需要得到建立。法官找法的便捷化可以提升其办案效率,亦有助于实现司法对体育自治的充分尊重。

其次,需要实现规范解释专业化。配套规则的建立可以优化体育相关规范的解释路径,加强体育相关规范的实效性。同时,法院系统应主动与体育协会、体育专家进行对接,以座谈会的形式就体育相关规范的理解与适用吸纳专业意见,从而形成内部的理解与适用规则,先试点推行而后再大范围推广。

最后,需要实现规范适用标准化。体育纠纷的复杂性、复合性要求对其建立必要的类案管理系统,通过司法实践的积累,构建相应的裁判模型,从而实现类案的标准化审理。法院系统内部也应建立针对体育纠纷案件的沟通机制,就案件事实的查明及法律的理解与适用进行交流,尽量保证体育纠纷的“同案同判”,从而维护体育纠纷司法解决机制的权威性。

2. 提升体育纠纷司法解决机制专业性

首先,需要实现审判人员的专业化。审判人员主要出身于法学院,因此国家应重视各大法学院的体育法学科建设,从源头实现审判人员候选人的专业化。法院系统应重点培养专业体育纠纷审判人员,亦可邀请专家对审判人员进行有关体育纠纷解决的培训。

其次,需要实现审判机制与机构专业化。更多的体育法相关专家应被任命为人民陪审员,当法院欲解决较为复杂的体育纠纷时,可以组成较为专业的合议庭。随着我国体育产业、竞技体育、大众体育的不断发展,专业体育法庭,甚至体育法院拥有了生长的土壤,体育领域的司法资源投入应受到国家重视。

最后,需要建立体育专业智库。专业智库在我国司法领域的地位不断攀升,体育专业智库的建立势在必行。体育专业智库不仅可以加强体育纠纷司法解决机制的专业性,亦可提升司法对促进全民健身、保证我国经济体育高质量发展、优化体育产业营商环境的作用。

3. 建立完善的体育鉴定制度

首先,需要确保建设体育鉴定制度的人力与资金支持。体育鉴定制度的构建离不开专业技术人员、体育专家、法学专家等的支持。为获取各方的大力支持,必要时应召集体育行政主管部门、协会、司法部门等共同牵头建立体育鉴定中心。一项制度的运转同样离不开资金的支持。国家应加大对体育鉴定制度的财政投入,为其配备先进的鉴定仪器,引进更多专业人才,以提升制度的高效性、准确性、专业性。

其次,需要统一的鉴定流程与标准。鉴定流程与标准会对鉴定结果的认定产生较大的影响。以兴奋剂检测的取样阶段而论,《兴奋剂检查取样细则》就对取样程序进行了规定,对取样流程更是作了细致化的描述。此种规定有助于提升检测效率,保证检测结果的准确性。鉴于此,针对不同的项目亦应设立不同的鉴定流程。此外,鉴定流程与标准的设计应与国际对接,这可以拓宽鉴定意见的适用范围,避免重复鉴定。

最后,需要明确违法鉴定、重大过错行为的法律后果。完善的制度运行离不开必要的制裁手段。明晰违法鉴定、重大过错行为的法律后果可以在起到必要警示作用的同时,形成有效的追责制度,从而维护体育鉴定的公正性。

反兴奋剂法治建设报告(2020)

一、反兴奋剂法治年度概况

2020年,中国反兴奋剂法治建设进程较快。在规则制定方面,27个省(自治区、直辖市)体育局共制定或修订反兴奋剂工作规章制度103项;截至2020年年底,省(自治区、直辖市)编办批复正式成立的省级反兴奋剂机构有27个,较2019年增加了5个,分别为广东省反兴奋剂中心、河南省反兴奋剂中心、江西省反兴奋剂中心、湖南省反兴奋剂中心、吉林省反兴奋剂中心。现有27个省级反兴奋剂机构中,除辽宁省反兴奋剂中心、北京市反兴奋剂中心、江苏省反兴奋剂中心为独立的反兴奋剂机构外,其余均挂靠省级体育科学研究所;40个国家运动项目管理单位中已有20个单位成立反兴奋剂部门,较2019年增加9个,即中国自行车运动协会、中国铁人三项运动协会、中国跆拳道协会、中国空手道协会、中国羽毛球协会、体育总局射击射箭运动管理中心、体育总局排球运动管理中心、中国摔跤协会、中国柔道协会。

(一)反兴奋剂立法取得重大进展

2020年12月26日,第十三届全国人民代表大会常务委员会第二十四次会议审议通过《刑法修正案(十一)》,在《刑法》第355条后增加一条,作为第355条之一,明确将引诱、教唆、欺骗、组织、强迫运动员使用兴奋剂的行为规定为犯罪,并自2021年3月1日起施行,此即"妨害兴奋剂管理罪"。2020年12月28日,体育总局《关于印发〈反兴奋剂规则〉的通知》正式公布,由此,《反兴奋剂规则》(以下简称《规则》)这一反兴奋剂领域的重要规范性文件得以推出。《规则》自2021年1月1日起施行,原有的《体育运动中兴奋剂管制通则》等多个规范性文件一并废止。此外,反兴奋剂中心发布了相关法律文件。2020年5月6日,《国家体育总局"反兴奋剂工程"建设方案》(以下简称《建设方案》)正式印发。《建设方案》要求坚决贯彻落实习近平总书记对反兴奋剂工作的系列指示批示精神,按照"零容忍""零出现"的标准和要求全面加强反兴奋剂工作,加快构建由重事后追惩轻事前预防转为追惩预防并举、以预防为重的"拿干净金牌"反兴奋剂长效治理体系,确保参加东京奥运会、北京冬奥会的中国代表团兴奋剂问题"零出现",全面提升体育行业反兴奋剂治理能力和治理水平。此外,针对新冠肺炎疫情,反兴奋剂中心发布了《防疫工作指南》,对兴奋剂检查等工作作出了紧急应对方案。

(二)听证委员会建设

反兴奋剂中心于2020年4月10日成立第三届听证委员会,由18名委员组成,与往届不同的是,为加强独立性,第三届听证委员会中不再含有中心工作人员,而是由法学、医学、体育和反兴奋剂等领域的专家、执业律师、全国性体育社会团体的管理人员等成员组成。主任委员由中国政法大学原校长、知名法学家黄进教授担任,副主任委员为体育总局举重摔跤柔道运动管理中心反兴奋剂部部长李浩担任。

听证委员会的建设,保证了反兴奋剂听证工作的依法有序开展,体现了反兴奋剂理念和管理方式的不断创新,是我国体育法治建设的成果。尤其在2020年听证委员会培训工作计划中,大力加强了对委员的培训工作,全年共开展了三期培训,并取得了良好的效果。听证委员会建设工作的不断完善和发展,为我国体育事业迈向现代化和加速体育法治进程发挥了重要作用。

(三)反兴奋剂教育取得卓越成效

国家级教育讲师开展教育准入 319 场,国家级教育讲师共开展线上、线下反兴奋剂教育讲座 477 场,国家级教育讲师开展教育拓展 154 场。中国反兴奋剂教育平台(CADEP)注册人数为 210947 人,比上一年增长 20342 人,增长率达到 9.6%。共有 1933 名国家队队员参加了面向东京奥运会开展的线上积分制准入工作,各省市利用平台开展本地区的入队、注册、赛事准入工作,共有 21345 人进行了在线学习。

(四)兴奋剂违规事件

1. 孙杨兴奋剂违规案

游泳名将孙杨涉兴奋剂案件,是 2020 年备受瞩目的重大体育事件。在国内外媒体的大量报道下,受众对案件的事实和法律问题表现出持续、高度的关注。2020 年 2 月 28 日下午 5 点,国际体育仲裁院宣布了此前世界反兴奋剂机构诉中国游泳运动员孙杨和国际泳联一案的仲裁结果。国际体育仲裁院表示,“当时对孙杨进行反兴奋剂检查取样的工作人员符合世界反兴奋剂机构的规定,而孙杨对自己破坏反兴奋剂取样的举动未能提供有说服力的解释,且孙杨不能因单方面认为反兴奋剂取样程序不合法而破坏取样”,从而对孙杨作出禁赛 8 年的处罚。2020 年 4 月 28 日,孙杨向瑞士联邦最高法院申请撤销国际体育仲裁院作出的禁赛 8 年仲裁裁决。2020 年 12 月 22 日,孙杨挑战成功,获得重审机会。瑞士联邦最高法院发布新闻公报,由于国际体育仲裁院仲裁小组中的一名仲裁员存在偏见和歧视,瑞士联邦最高法院决定撤销国际体育仲裁院对中国游泳运动员孙杨的 8 年禁赛处罚,国际体育仲裁院需要组建一个新的仲裁小组重新作出裁决。

2. 周广科兴奋剂刑事犯罪案

周广科案是我国体育界因兴奋剂而获刑的第一案。公安司法机关查明,2014 年以来,周广科、冯跃进、董晓艳等人为提高运动员成绩,通过非法手段和渠道获得兴奋剂,并连续、多次向其所带多名运动员进行注射。同时,为了逃避检查,周广科等人利用检查过程没有专业设备识别身份证件的空子,非法伪造了多名运动员的身份证,指使未被注射兴奋剂的运动员冒名顶替已被注射兴奋剂的运动员接受兴奋剂检查,有计划、有预谋地篡改兴奋剂管制环节。2020 年 7 月,济南市历城区人民法院一审判决周广科犯伪造身份证件罪,判处有期徒刑 4 年,并处罚金人民币 16 万元,同案另外 3 名被告人也分别被定罪处刑。

除周广科等 4 人被司法机关追究刑事责任外,该案中还有 15 名运动员、教练员存在兴奋剂违规行为。在案件刑事审理终结之前,反兴奋剂中心已对上述人员按照兴奋剂违规进行了处理,及时采取了临时停赛的措施。同时,体育总局依据相关规定取消了山西省自行车项目 2019 年第二届全国青年运动会的参赛资格。反兴奋剂中心会同中国自行车运动协会依法依规对违规人员给予了禁赛和相应的经济处罚。中国自行车运动协会取消了相关涉案人员自兴奋剂违规行为发生之日起的所有比赛成绩和奖励,并追缴期间所获得的奖金、荣誉和其他奖励等。

周广科案中 4 名被告人的罪名为伪造身份证件罪,但其通过伪造居民身份证犯罪行为所要达到的目标是在体育运动中有组织地使用兴奋剂,因此该案的依法判决,对于我国的兴奋剂治理仍具有里程碑意义。

二、反兴奋剂规则体系的发展变化

2020 年我国反兴奋剂规则体系建设持续推进。一方面,2021 年版

《世界反兴奋剂条例》的推出需要我国同步跟进,另一方面,党和政府对反兴奋剂事业更加重视,这双重因素都强力助推了反兴奋剂规则的完善。2020 年 9 月 22 日下午,习近平总书记在北京主持召开教育文化卫生体育领域专家代表座谈会,并发表重要讲话,他强调,党和国家高度重视体育事业发展,党的十八大以来党中央就此作出一系列战略部署,各级党委和政府要抓好落实工作,努力培养担当民族复兴大任的时代新人,加快体育强国建设。要坚决推进反兴奋剂斗争,强化拿道德的金牌、风格的金牌、干净的金牌意识,坚决做到兴奋剂问题“零出现”“零容忍”。

为深入学习贯彻习近平总书记重要指示批示精神,全面加强反兴奋剂工作,坚持对兴奋剂“零容忍”“零出现”的标准,落实体育总局《反兴奋剂工作发展规划(2018—2022)》和《国家体育总局“反兴奋剂工程”建设方案》的要求,2020 年,中央与地方不断加强和改进反兴奋剂规则体系建设工作,努力构建多部门、多类型、全方位的反兴奋剂规则体系,为全面推进反兴奋剂工作提供坚实的制度保障。

(一)兴奋剂入刑的全面确立

2020 年,兴奋剂入刑在我国取得了重大进展。其一,是兴奋剂刑事案件相关司法解释的正式施行;其二,是《刑法修正案(十一)》设立了专门的“妨害兴奋剂管理罪”。

最高人民法院《关于审理走私、非法经营、非法使用兴奋剂刑事案件适用法律若干问题的解释》(以下简称《兴奋剂刑事案件司法解释》)2019 年 11 月 12 日由最高人民法院审判委员会第 1781 次会议通过,自 2020 年 1 月 1 日起施行。这一司法解释在切实做到从源头加强治理、惩治非法使用行为、压实监管责任三个面向上对兴奋剂犯罪的定罪量刑问题作出了规定。具体而言:

在兴奋剂源头治理方面,《兴奋剂刑事案件司法解释》规定,非法经营兴奋剂目录所列物质,涉案物质属于法律、行政法规规定的限制买卖的物品的,可以非法经营罪定罪处罚。在惩治非法使用行为方面,《兴奋剂刑事案件司法解释》规定,对未成年人、残疾人负有监护、看护职责的人组织、强迫、引诱、欺骗未成年人、残疾人在体育运动中非法使用兴奋剂,严重损害未成年人、残疾人身心健康的,以虐待被监护、看护人罪定罪处罚;在普通高等学校招生、公务员录用等法律规定的国家考试涉及的体育、体能测试等体育运动中,组织考生非法使用兴奋剂的,以组织考试作弊罪定罪处罚;生产、销售含有兴奋剂目录所列物质的食品,符合刑法相关规定的,以生产、销售不符合安全标准的食品罪,生产、销售有毒、有害食品罪定罪处罚。明确国家机关工作人员以及依法或者受委托行使反兴奋剂管理职权的单位的工作人员,在行使反兴奋剂管理职权时滥用职权或者玩忽职守,造成严重兴奋剂违规事件,严重损害国家声誉或者造成恶劣社会影响的,以滥用职权罪、玩忽职守罪定罪处罚。2020 年,《兴奋剂刑事案件司法解释》正式施行后,相关的宣传解释和贯彻落实不断推进,并已在一些案件的办理中得到具体适用。

与《兴奋剂刑事案件司法解释》相比,此次在《刑法》中专门设立妨害兴奋剂管理罪,具有更大的宣示意义,标志着兴奋剂入刑在中国的全面确立。《兴奋剂刑事案件司法解释》通过法律解释的方式,用《刑法》中既有的罪名来规制相关的兴奋剂违法犯罪行为,既没有创设新的罪名,也没有对兴奋剂违法犯罪行为作出完整的评价。《刑法修正案(十一)》彻底解决了上述问题,标志着立法层面兴奋剂入刑的完整实现。立法工作的这一进展,为严厉打击兴奋剂犯罪提供了明确的法律依据,是我国反兴奋剂法治建设中的里程碑。

(二)《反兴奋剂规则》的制定发布

2020 年 12 月 28 日,体育总局在全面修订《体育运动中兴奋剂管制通则》(以下简称《通则》)等多个涉兴奋剂文件的基础上,制定发布了全新的《规则》。这一文件自 2021 年 1 月 1 日起施行,有效期为 6 年。《规则》施行之后,《通则》《兴奋剂违规听证规则》《运动员行踪信息管理规定》《运动员治疗用药豁免管理办法》等规范性文件同时废止。

在《规则》之前,我国反兴奋剂工作中使用的技术规则是《通则》。《通则》较好地为我国反兴奋剂工作提供了法律依据,我国反兴奋剂工作的法治化水平也有了明显提高。随着国内国际反兴奋剂实务层面和制度层面的发展变化,也产生了修订《通则》以便更好地实现兴奋剂管制的需要。

从实务层面来看,《通则》在实施过程中遇到的一些问题迫切需要解决,例如处罚相关责任人的问题、处理决定的审核机制问题、争议解决的问题、新旧规则衔接的问题等。这些问题的解决,需要系统整合反兴奋剂制度规范,吸纳反兴奋剂工作实践经验,在此基础上制定更加全面、系统化的规则。

从制度层面来说,国内、国际反兴奋剂领域都发生了重大变化。就国内而言,党中央、国务院对反兴奋剂工作的重视程度空前提高,“拿干净金牌”的理念引领了一系列制度建设,体育总局制定了《反兴奋剂工作发展规划(2018—2022)》和《国家体育总局“反兴奋剂工程”建设方案》,这些都需要贯彻在具体的规则当中。

就国际而言,2019 年 11 月第五届世界反兴奋剂大会通过新版《世界反兴奋剂条例》及相关国际标准,自 2021 年 1 月 1 日起正式实施。据其规定,签约方必须将其主要内容纳入自身规则,且核心条款(例如兴奋剂违规、举证责任、禁用清单、处罚、争议解决等)不能有任何实质性修改。世界反兴奋剂机构曾多次提醒,各签约方应于 2021 年 1 月 1 日前实施与 2021 年版《世界反兴奋剂条例》一致的反兴奋剂规则,逾期可能导致不遵守条例的后果。因此,及时制定新规则,也是我国反兴奋剂工作必须履行的国际义务。

鉴于此,体育总局对《通则》《兴奋剂违规听证规则》《运动员行踪信息管理规定》《运动员治疗用药豁免管理办法》进行了充分整合,制定了《规则》,并自 2021 年 1 月 1 日起施行。

《规则》是我国体育领域反兴奋剂工作的技术规范和操作指南,与《反兴奋剂管理办法》(以下简称《办法》)相辅相成,互为补充,为我国反兴奋剂工作提供了基础性的规范和标准。作为反兴奋剂工作中重要的规范性文件,其从总则、兴奋剂违规、证据、禁用清单和治疗用药豁免、检查和调查、样本检测、结果管理、听证、处罚程序、对当事人的处罚、对有关人员和单位的处罚、争议解决、通知保密和信息公开、承认、教育、责任义务等方面系统化、体系化地对体育运动中的兴奋剂问题进行规制,为反兴奋剂工作提供了最常用、最基础的法律文本。

与《通则》相比,《规则》有了明显的充实、修改和完善。《通则》共十三章 110 条,《规则》共十七章 176 条,多了 66 个条文,内容大有扩充。在章节结构上,《规则》将“结果管理”和“听证”分为两个章节,新增了“承认”“教育”“责任和义务”三个章节,调整了“处罚程序”一章的位置。

(三)其他主要的反兴奋剂工作文件

除刑事立法的重大进展和《规则》的制定外,2020 年度还出台了多个重要的反兴奋剂工作文件,这对于贯彻“拿干净金牌”的理念,加强推进反兴奋剂长效治理,全面提升体育行业反兴奋剂治理能力和治理水平,具有积极的影响。

这些工作文件主要包括:

2020 年 1 月 9 日印发的《反兴奋剂教育工作实施细则》。提出要遵循“预防为主、教育为本”的反兴奋剂工作原则,弘扬和传播“拿干净金牌”的竞技体育价值观和理念,结合我国优良传统体育精神,将反兴奋剂教育工作落到实处,从而提高体育运动参与者自觉抵制兴奋剂的能力。

2020 年 5 月 6 日印发的《国家体育总局“反兴奋剂工程”建设方案》。该建议方案提出要从提高政治站位、压实政治责任、紧抓重点岗位和环节、制定完善反兴奋剂处罚问责追责制度四个大方向,全面加强建设反兴奋剂工作,全面提升体育行业反兴奋剂治理能力和治理水平。

2020 年 5 月 25 日印发的体育总局科教司《关于做好 2020 年体育单招考试兴奋剂检查工作的通知》。这一通知的发布,从组织实施、结果认定及处理程序三个方面为 2020 年体育单招考试的公平、公正、公开开展提供了规则保障。

2020 年 8 月 13 日印发的《国家队兴奋剂风险防控体系建设指南》。其中提出为学习贯彻党的十九届四中全会精神,推进反兴奋剂治理体系和治理能力现代化,落实体育总局《反兴奋剂工作发展规划(2018—2022)》和《国家体育总局“反兴奋剂工程”建设方案》的要求,建立“纵横交叉、上下联动”全覆盖的反兴奋剂组织体系,应当着眼于解决现实中存在的突出问题,牢牢抓住查处故意使用兴奋剂的主要矛盾,制定科学有效的工作措施,从而全面加强兴奋剂风险防控体系建设。

2020 年 8 月 21 日发布的体育总局反兴奋剂中心《关于做好兴奋剂风险防控“十严”要求的通知》。立足于积极备战东京奥运会和北京冬奥会的反兴奋剂工作,结合当时国内发生的兴奋剂问题和存在的相关风险,从严防食品、药品和营养品兴奋剂风险,及时准确申报运动员行踪信息,明确变动期反兴奋剂工作职责三个方面,提出了十项严格要求。

以上几个文件,为全国各省级体育部门、各运动项目管理中心、各单项体育协会、行业体育协会等相关部门的反兴奋剂实践工作提供了较为完备的规范依据,具备较强的操作性。

三、反兴奋剂法治实践建设

2020年,中国反兴奋剂中心及各省市区、各单项体育中心(协会)等单位以备战两个奥运为重心,克服疫情带来的影响,在反兴奋剂工作中取得了长足进步,并随着实务工作的开展,有序推进了反兴奋剂治理体系的制度化、法治化。

(一)中国反兴奋剂中心

1. 疫情影响下的兴奋剂检查工作

2020年年初,新冠肺炎疫情发生之后,中国的兴奋剂检查工作一度受到影响,但在短暂停摆之后,检查工作很快重启,尤其是有效开展了针对备战东京奥运会国家运动员的严格检查。2020年度兴奋剂检查官大会等与兴奋剂检查有关的培训工作也经由线上视频会议等方式顺利展开。

2020年2月,在体育总局"防疫情、保备战"的工作要求之下,中国反兴奋剂中心制定了《疫情防控期间兴奋剂检查工作方案》《疫情期间兴奋剂检查工作指导》,持续每日监控检查官身体状况以排查疫情风险,并遴选符合条件的检查官执行任务;专门成立兴奋剂检查工作防疫督导组,培训检查官和相关工作人员的专业防疫和医学知识。

2020年3月,反兴奋剂中心将疫情期间中国兴奋剂检查工作的进展及《疫情期间兴奋剂检查工作指导》通报世界反兴奋剂机构等国际组织,世界反兴奋剂机构向全球推荐了中国在疫情期间确保反兴奋剂工作完整性的措施和做法。

由于严格落实了兴奋剂检查过程中的防疫要求,在2020年全年工作中,中国的兴奋剂检查过程实现了"零感染、零传播"。同时,检查工作也严格遵照了相关国际标准,检查质量未受疫情影响。

2. 国家队兴奋剂风险防控体系建设

国家队的兴奋剂问题是中国反兴奋剂中心治理防控的重中之重。2020 年 5 月 26 日,反兴奋剂中心印发了《反兴奋剂中心关于抓实抓细国家队兴奋剂风险防控体系的通知》,并随通知发放了 1300 余册《国家队反兴奋剂管理应知应会手册》。手册的发放范围覆盖国家队反兴奋剂管理全体人员,从总局到中心/协会,到领队、教练、科研和队医等,实现了全链条、全覆盖,力求将国家队兴奋剂风险防控体系建设深入到"最后一公里"。

在《国家队反兴奋剂管理应知应会手册》中,简明扼要地讲解了管理、教育、检查、调查、处罚、三品防控和典型案例等内容,提供了大量实用管理工具,力求实现国家队反兴奋剂工作网格化和精细化管理,将队伍管理、教育准入、行踪申报、陪同检查和三品管理等具体工作落实到人,抓实抓细。

2020 年 8 月 31 日,反兴奋剂中心制定了《国家队兴奋剂风险防控体系建设指南》,建立了国家队兴奋剂风险防控平台,提供了反兴奋剂管理实用工具。此外,反兴奋剂中心在天津组织了国家队兴奋剂风险防控体系建设培训班,在培训中就坚持底线思维、防范化解风险、坚决做到东京奥运会兴奋剂问题零出现、拿干净金牌提出了具体要求。

3. 执行司法解释,配合公安司法机关打击兴奋剂犯罪行为

《兴奋剂刑事案件司法解释》实施之后,中国反兴奋剂中心发挥行业管理机构优势,积极落实兴奋剂入刑,并配合公安司法机关研判相关案件,协助收集线索,提出专业认定意见。

2020 年 1 月 21 日,上海市公安机关就秦某某、赵某等人生产、销售《兴奋剂目录》所列药品的案件正式立案,同年 11 月 30 日,检察机关就秦某某、赵某非法经营兴奋剂一案向上海市第三中级人民法院提起公

诉。在此期间,体育总局和反兴奋剂中心结合体育部门工作实际,为办案机关提供了必要的、有力的支持。

4. 第三届听证委员会正式成立并开始运行

2020年4月10日上午,体育总局反兴奋剂中心听证委员会(以下简称“听证委员会”)采取视频方式举行全体会议,实现顺利换届,正式成立了第三届听证委员会。中国政法大学黄进教授担任主任委员。本届听证委员会共有18名委员,均为法学、医学、运动等领域的理论和实务专家,反兴奋剂中心人员不再担任委员。听证会的调查和评判功能不断强化,听证专家组居中裁判的控辩式运作方式逐步确立,听证委员会的独立性、公正性和权威性不断提高。

2020年由于受新冠肺炎疫情影响,听证委员会探索了听证会召开的新途径,即线上形式,全年共召开听证会5人次。根据裁决结果来看,听证专家组基本或部分接受当事人解释的3人次,不接受的2人次。

除正常履职、处理听证案件之外,听证委员会运作模式的改革完善也是饱受关注的重大命题。鉴于《兴奋剂违规听证规则》于2021年1月1日废止,反兴奋剂中心结合国内、国际规则的变化,组织相关力量,广泛征求意见,着手开始了新的听证规则的制定工作。

5. 反兴奋剂教育工作

反兴奋剂中心建立的中国反兴奋剂教育平台,经过几年的完善和更新,在国内体育领域产生了较大影响力,截至2020年,注册人数已经超过19万人。在国际反兴奋剂教育发展的大背景下,中国反兴奋剂教育平台作为一个开放性的平台,能与国际国内受众分享我国优质、丰富的反兴奋剂教育资源,为反兴奋剂教育贡献中国力量和中国智慧。

在2020年度的反兴奋剂教育工作中,东京奥运会备战是重中之重。中国反兴奋剂中心创新教育模式,将积分制引入东京奥运会反兴奋剂教育参赛资格准入工作,备战东京奥运会中国体育代表团的反兴奋剂教育参赛资格准入工作采用“线上教育+积分制”方式进行,效果良好。

2020年中国反兴奋剂中心克服疫情影响,组织开展了年度纯洁体育教育讲师线上培训工作。截至2020年年底,反兴奋剂中心已培训认证国家级纯洁体育教育讲师139人,省市/协会级纯洁体育教育讲师约1700人,覆盖了全国31个省市区以及残疾人体育系统。

6. 体育单招考试中的兴奋剂治理

体育单招考试中的兴奋剂违规问题,近年来日益凸显,虽然不像竞技体育中出现的兴奋剂问题那样令人瞩目,但由于往往涉及未成年人且严重影响招考制度公平,其社会危害非常严重。对此,体育总局科教司根据《兴奋剂刑事案件司法解释》的规定,颁布了《关于做好2020年体育单招考试兴奋剂检查工作的通知》,要求各院校在招生工作中发现任何兴奋剂问题要及时向科教司和反兴奋剂中心报告。根据该通知,考试过程中,各院校若发现销售兴奋剂或组织考生使用兴奋剂的,应在第一时间报告科教司、反兴奋剂中心。兴奋剂违规结果由反兴奋剂中心认定并通知省级教育考试机构、考生所在单位、相关院校和所属国家单项协会等,省级教育考试机构按照《国家教育考试违规处理办法》《普通高等学校招生违规行为处理暂行办法》等有关规定进行处理,各单项协会按照反兴奋剂有关规定进行处罚,并将处理和处罚决定抄报反兴奋剂中心。

(二)各地反兴奋剂法治实践

据中国反兴奋剂中心《2020年度省级反兴奋剂工作情况的报告》,全国有27个省(市、区)体育局2020年共制定或修订反兴奋剂工作规章制度103项,涉及体系建设、工作方案、实施细则、工作预案、“三品防控”、行踪信息申报管理、治疗用药豁免、反兴奋剂教育、交流运动员管理和监督检查与处罚等方面。此外,各地的反兴奋剂工作中也有一些值得注意的反兴奋剂法治实践。

例如,作为2022年冬奥会举办地的北京,在2020年9月22日成立了正式在编的北京市反兴奋剂中心,中心为北京市体育局正处级公益一类事业单位。其主要职责是参与研究制定北京市反兴奋剂工作的开展规划、规则和相关标准,负责兴奋剂检查和违规事件调查处理等方面的事务性、辅助性工作,负责反兴奋剂的宣传、教育和培训等。中心的成立既是完善反兴奋剂组织体系的实际行动,也是促进北京市体育事业健康发展的重要保证。

上海市为贯彻落实上海市体育局《关于做好第十四届全国冬季运动会上海市代表团反兴奋剂工作的通知》的精神,确保反兴奋剂教育参赛资格准入全覆盖,组织开展了第十四届全国冬季运动会反兴奋剂"送教上门"活动,安排纯洁体育教育讲师对在北京集训项目的运动员及辅助人员进行反兴奋剂的宣传教育。

为贯彻体育总局反兴奋剂精神,广东省体育局力图构建反兴奋剂长效治理体系。广东省体育局组建了反兴奋剂工作领导小组,下设反兴奋剂业务及技术指导工作组、竞体组、群体组和青少组4个专项工作组,力图按照"全面覆盖、突出重点"的工作方针协同推进反兴奋剂各项工作,构建反兴奋剂长效治理体系。2020年11月,广东省反兴奋剂工作暨纯洁体育教育讲师培训班在广州开班,近140名参与人员来自广东省各地。培训活动安排了"以兴奋剂入刑为抓手,完善反兴奋剂法律体系""以案为鉴,预防和避免兴奋剂违规行为""反兴奋剂六项规定""运动员行踪申报及治疗用药豁免"四个主题讲座,后组织理论考试和分组试讲考核,经专家组评定,对成绩合格的培训人员授予省级纯洁体育教育讲师资格,并颁发培训证书。

陕西省多形式进行反兴奋剂宣传教育工作,注重疫情防控常态化下的工作管理,力求提高反兴奋剂治理能力和水平。例如,陕西省反兴奋剂中心联合陕西省拳击跆拳道运动管理中心与西安体育学院附属竞技体校开展了反兴奋剂知识宣传和运动员科学膳食宣传专题教育讲座。内容围绕反兴奋剂的"六项规定"以及兴奋剂的种类、危害、监督等知识展开。此外,反兴奋剂教育活动走进陕西省乒乓球羽毛球网球运动管理中心,针对"什么是兴奋剂""兴奋剂的种类及危害""兴奋剂十种违规行为及八种管制环节""兴奋剂检测程序""治疗用药豁免"及"准确填报行踪信息"等主题,结合案例分析,生动讲授了反兴奋剂知识。陕西省反兴奋剂中心全面排查陕西省备战第十四届全运会运动队兴奋剂风险点;强化源头和过程管理,积极参与修订陕西省反兴奋剂工作实施细则,多平台开展疫情线上反兴奋剂宣传教育活动,为制定运动队兴奋剂风险防控措施奠定基础。

再如天津市贯彻落实反兴奋剂管理实施细则,深入开展反兴奋剂培训,加强反兴奋剂防控体系建设。例如,天津市冬季和水上运动管理中心召开反兴奋剂教育及第十四届全国冬季运动会备战工作会议,传达了《天津市专业运动队反兴奋剂管理实施细则(试行)》《大型赛事食源性兴奋剂防控工作指南(暂行)》及体育总局《关于落实习近平总书记对反兴奋剂工作系列指示批示精神有关事宜的通知》等文件精神。此外,天津市反兴奋剂中心与国家网球队共同举办了运动员行踪信息申报反兴奋剂专题培训,有针对性地回答了国家网球队的行踪疑问,处理了填报方式和注意事项等问题,提高了运动员的认识,使之加强了对兴奋剂问题的重视;举办反兴奋剂"三品防控"和兴奋剂防控体系建设培训班,加强天津市反兴奋剂防控体系建设。

此外,其他各省也紧紧围绕"零出现、零容忍",以不发生兴奋剂违规事件为目标,分别从提高政治站位、落实工作责任主体等方面入手,促进及完善了本省的反兴奋剂工作。

(三)各单项管理单位反兴奋剂法治实践

除各省市区的反兴奋剂工作外,一些单项运动管理单位(协会或中心)也在自身工作中贯彻了反兴奋剂法治的基本要求,进行了有益的探索。以工作规章制度的制定为例,与2019年相比,28个单位结合工作情况新增或修订了本单位规章制度;其中20个单位新增或修订了管理办法、工作方案、实施细则、工作预案等统筹各方面反兴奋剂工作的规章制度。

具有代表性的单项体育协会如中国田径协会。中国田径协会实体化运行后,正式组建了反兴奋剂委员会,含正式委员8人,他们是体育管理、法律法规、医学药学和反兴奋剂实验检测等领域的专家和领导。中国田径协会高度重视反兴奋剂工作,自2018年成立反兴奋剂办公室以来,以"全覆盖、全周期、常态化、制度化"反兴奋剂工作为目标,推进体系建设、预算编制、上下联动、专家协助等方面的工作,致力于构建反兴奋剂长效治理体系;把反兴奋剂工作始终当作一项经常性、长期性、基础性的政治任务,提高使命站位,严守反兴奋剂工作底线,确保东京奥运会兴奋剂问题"零出现"。

此外,中国自行车运动协会参考体育总局的相关文件,印制了《反兴奋剂法规文件汇编》,拟定了严于体育总局处罚标准的《中国自行车运动协会反兴奋剂管理办法(征求意见稿)》。中国游泳协会针对队员调整回省的交接手续不完整这一常见问题,制定了国家队人员离开队伍专用文件模板和专用表格等配套文件,明确队员在国家队期间与在地方训练时的反兴奋剂责任人员,对于进队或离队的转交过程均要求有明确记载,形成书面材料备查,所有文件存业务部门留档备查,复印件交反兴奋剂办公室。再有,中国中学生体育协会与中国反兴奋剂中心于2020年9月9日签署了战略合作谅解备忘录,合作涵盖学校体育反兴奋剂规则、组织、预防、查处、科研体系等方面,具体体现为:相关部门和专项工作委员会的建立,讲师的培养,项目和教材的开发,教育基地的筹建,教育模式和方法的研究,讲座开展等;深入加强合作,贯彻落实预防为主、教育为本的原则,标本兼治、惩防并举的工作思路,培养青少年树立正确的价值理念;充分发挥各自优势,搭建互动平台,推动中学生体育领域的反兴奋剂工作开展。

重大赛事法律事务分析报告(2020)

2020年新冠肺炎疫情的全面暴发与蔓延使得整个体育行业深受打击,许多职业俱乐部的经营每况愈下,严重影响职业联赛和俱乐部的基础运营,甚至有许多俱乐部难以生存,不得不宣布解散。

以中国足球超级联赛为例,根据中国足协2020年5月23日发布的《关于公布2020赛季中国足球协会三级职业联赛俱乐部参赛名单的通知》,获得2020赛季中超联赛参赛资格的俱乐部有:广州恒大淘宝足球俱乐部、北京中赫国安足球俱乐部、上海上港集团足球俱乐部、江苏苏宁足球俱乐部、山东鲁能泰山足球俱乐部、武汉卓尔职业足球俱乐部、天津泰达足球俱乐部、河南建业足球俱乐部、大连人职业足球俱乐部、重庆当代力帆足球俱乐部、河北华夏幸福足球俱乐部、广州富力足球俱乐部、上海绿地申花足球俱乐部、青岛黄海足球俱乐部、石家庄永昌足球俱乐部、深圳市足球俱乐部16家俱乐部。同时,中国足协在该通知中表示收到原中超足球俱乐部——天津天海足球俱乐部主动申报退出职业联赛的请求,依据相关规定确认其不具有2020赛季中超联赛的准入资格。天津天海足球俱乐部即原天津权健足球俱乐部,在资金链断裂之后苦心经营并在上赛季艰难保级成功,但因没有获得充分的资金支持而未能解决自身的财务问题,最终无力继续维持俱乐部的正常运营,于2020年5月12日正式宣布解散。

自我国体育运动职业化以来,职业联赛管理机制改革问题一直是社会关注的重点。在2020年,主要单项体育协会对此也进行了有益的探索。以职业足球为例,为进一步落实《中国足球改革发展总体方案》的要求,2020年12月18日中国足协发布了《中国足球协会关于进一步推进足球改革发展的若干措施》,明确要调整改革职业联赛管理机构,完成具有独立社团法人资格的职业联赛管理机构成立登记和组织机构设立工作;中国足协与新设立的职业联赛管理机构通过各自章程和约定明确职责,并互派代表参与有关问题讨论和决策;职业联赛管理机构主要负责人由中国足协推荐;中国足协独家拥有中超等三级职业联赛的产权和监督权,负责制定职业联赛的升降级制度、青训制度、职业俱乐部财务管理规定、球员薪资政策、球员注册转会制度和外籍球员政策;职业联赛管理机构拥有职业联赛的管理权、经营权和收益分配权,在俱乐部准入、竞赛组织、裁判管理、纪律处罚、争议解决、市场开发和收入分配等方面拥有自主管理权。此举有助于真正实现中国足协去行政化以及中超等职业联赛的管办分离。

一、2020年中超联赛法律事务分析报告

疫情的暴发使得整个足球行业发展遭受重创,中超联赛也遭受重大打击。2020年度中超联赛从预计年初举办,推迟到7月25日恢复,到2020赛季的结束,仅历时110天,是史上最短赛季。这一年中超联赛的艰难发展暴露出了很多问题,主要有以下四个方面。

(一)疫情引发的法律问题

由于疫情的突发影响,全球范围内的足球联赛均不同程度陷入停滞。自2020年3月10日起,意甲、西甲、法甲、英超、德甲官方纷纷宣

布停赛,五大联赛自第二次世界大战以来首次全部停摆,基于此种连锁反应,中超联赛也面临前所未有的挑战。

1. 疫情对中超联赛开展的影响严重

2020 年 1 月 30 日,中国足协发布《关于 2020 赛季国内足球赛事延期开始的公告》。公告称,为配合做好新冠肺炎疫情防控工作,保障广大球迷、媒体、球员、教练员、比赛官员、俱乐部及赛区工作人员的身体健康,决定自该日起延期开始 2020 赛季全国各级各类足球赛事,将结合各地疫情的实际发展情况另行决定各项赛事的举行时间,并在必要时对部分赛事的赛制、赛程及赛事规模进行合理的调整。此外,中国足协决定于 2020 赛季职业联赛开始前增加不短于 3 周的国内转会窗,以更好地保障职业俱乐部和职业球员的共同利益。

中超联赛推迟首先影响的是职业球员工作合同的履行问题。作为俱乐部正常运行的基础和球员依法维护自身权益的重要依据,职业球员的工作合同在足球行业中至关重要。其一方面具备一般劳动合同的基本属性而受劳动法的直接调整,另一方面又因行业特性与普通的劳动合同关系存在差异。同时因为外籍球员的存在,职业球员工作合同的履行还涉及国际层面的法律冲突问题,既有足球的行业规则与国家法之间的冲突,又有不同国家法之间的协调。在新冠肺炎疫情背景下,这一问题变得更加复杂,俱乐部和球员都面临自身困境。无论是国际层面还是国内层面,如何处理疫情给两者之间的劳动合同带来的影响成为难题。受制于各国疫情影响程度和防控水平的差异,全球范围内赛事的恢复在可预见范围内难以实现统一,这也使得跨国球员的合约履行更具复杂性。

首先,联赛停摆之后,俱乐部与球员间的工作合同无法按约继续,这包括两个问题:一方面是即将到期合同的处理,如何确定合同终止日期,从联赛中止至联赛恢复期间球员的薪资如何计算的问题。如果按照原先合同的约定时间,那么不管是球员抑或是俱乐部都无法实现原先目标,球员无法完成原定时间的比赛,俱乐部预期收益也沦为空谈。另一方面是已签订的新赛季合同的对待,如何确定合同开始之日,自原先合同开始之日至赛季实际开始之日的薪资如何计算的问题。

其次是工作合同的解除问题。根据《国际足联球员身份和转会规则》第 13—14 条的规定,除非存在正当理由,职业球员和俱乐部签订的合同只有在合同期限届满或双方协议解除的情况下才能解除。在国际体育仲裁的实践中,单方解除权的行使都受到严格限制,球员一方行使单方解除权的争议集中在俱乐部不予注册、训练条件不足、工资被过度扣除等情形,俱乐部一方行使单方解除权的争议主要集中在球员存在违法违纪行为的情形,比如球员隐瞒重大伤病、表现不佳、擅自离队或拒绝归队以及摄取禁用物等。在此次疫情背景下,训练条件难以满足、薪资无法正常发放成为俱乐部的普遍现象,在相关防疫举措影响下,比赛停滞、身处国外的球员无法归队成为常态,这些都使得原先规定的某些解除条件无法适用。

不同于国家法将不可抗力作为法定的合同解除事由,对于疫情此类的不可抗力,《国际足联球员身份和转会规则》仅在第 27 条中规定,任何在该规则中没有规定的事项以及存在不可抗力的案件将由国际足联理事会裁决,该裁决具有终局效力。这样的模糊规定固然可以避免因与国家法规定不同而发生激烈的冲突,但在实践中难以说是切实可行。国家法大多在双方平等协商的基础上对劳动者予以倾向性保护,但职业球员工作合同与一般的劳动合同不同,若将疫情之类的不可抗力视为法定解除事由,则难以满足维护职业球员工作合同稳定性的需要,且对于弱势一方显然不公。对于超级球员而言,如允许其利用疫情解除合同,将使得俱乐部遭受巨大损失;而对于普通球员而言,若俱乐部滥用此类解除权,则会造成大量的球员失业。

2. 应对疫情影响的举措

在国际层面,国际足联理事会主席团就新冠肺炎疫情问题成立了工作小组,理事会认为新冠肺炎疫情对足球行业的影响属于不可抗力事件。2020 年 4 月 7 日,国际足联正式颁发了《关于应对新冠肺炎疫情足球管理问题指南》(Covid-19 Football Regulatory Issues)(以下简称《指南》),以期为及时均衡俱乐部与球员之间的利益并尽量保持足球行业的稳定提供指引。在《指南》中,工作小组认为当前亟待解决的是:第一,即将到期的协议(即将在本赛季结束时期限届满的协议)和新协议(即已签署并将在下一赛季开始时生效的协议);第二,由于新冠肺炎疫情问题导致无法按照当事各方预期继续履行的协议;第三,为球员注册期确定适当的时间即转会窗。

工作合同的调整既应符合一国国内法规定,也应是当事人意思自治的产物。当出现纠纷时,在合乎法律的框架内双方能再次达成合意是最佳方案。为了保障球员就业和维持合同稳定,《指南》积极倡导合同当事人重新协商,包括呼吁达成集体协议、发挥球员工会作用、促成社会对话等方式。然而各国足坛应对疫情的具体做法仍主要受制于本国法,国际足联的作用十分有限。以五大联赛为例,西班牙法不允许以不可抗力为由终止劳动合同,只能暂停或者修改合同。英国法当中并无不可抗力制度,而且英格兰足球总会的标准职业球员合同未包含不可抗力条款。在法国,虽然新冠肺炎疫情可能符合《法国民法典》下不可抗力事件的条件,但鉴于危机只是暂时的,因此以此为由解除合同无法得到执行。尽管德国法中存在类似的交易基础丧失理论,但允许德国俱乐部终止其球员服务的条款被认为很难援引。意大利在法律上允许俱乐部因不可抗力而终止合同,但这在实践中十分少见。况且不能忽视千差万别的现实情况,毕竟各国疫情防控水平与能力的差异以及对足球联赛的影响不能一概而论。

与国际大环境稍有不同,疫情暴发之际我国中超联赛刚好处于上一赛季结束、新赛季尚未开始的阶段,不存在赛季中断的问题。我国足球行业面临的最大问题是赛季延期至复赛期间合同如何履行的问题。从疫情暴发之初到年底,国内劳动政策历经了从严格的“一刀切”——保证劳动者薪酬按时全部发放——到允许企业适当调整薪资应对经济困境,再到政府积极发放补贴或实施优惠政策防止企业大批破产的转变。

在我国,与受疫情影响的民事合同适用不可抗力制度不同,基于劳动关系的从属性特征,劳动合同并不适用不可抗力制度。人力资源和社会保障部、最高人民法院等七部门发布的《关于妥善处置涉疫情劳动关系有关问题的意见》(以下简称“17 号文件”)第 1 条规定,受疫情影响导致原劳动合同确实无法履行的,不得采取暂时停止履行劳动合同的做法,企业和劳动者协商一致,可依法变更劳动合同。最高人民法院 2020 年 4 月 16 日出台的《关于依法妥善审理涉新冠肺炎疫情民事案件若干问题的指导意见(一)》以及 2020 年 5 月 15 日出台的《关于依法妥善审理涉新冠肺炎疫情民事案件若干问题的指导意见(二)》对疫情下的劳动争议作出指示:针对受疫情或者疫情防控措施直接影响引发的纠纷,要考虑不同的地区差异、行业差异以及疫情或疫情防控措施与相关纠纷之间的因果关系,积极引导继续履行,审慎适用解除条件。除此之外,司法部发布的《第三批疫情防控和企业复工复产律师公益法律服务指导案例》涉及集体讨薪、协商解约等劳动纠纷。这一系列政策文件为应对中超联赛推迟带来的一系列劳动合同问题提供了基本指引。

2020 年 5 月 8 日,中国足协发布了《关于男足职业俱乐部与所属球员、教练员合理调整薪酬、共克时艰的倡议书》(以下简称《倡议书》),对疫情下国际足联与国内足球界面临的问题作出了回应,其中对具体降薪方案进行了初步的倡议性规定。

首先,《倡议书》明确了友好协商的基本原则,各俱乐部可与所属球员、教练员就疫情期间调整合同薪酬的事宜进行平等、友好的协商并积极利用工会等集体组织,寻求共同认可的薪酬调整方案。

其次,《倡议书》明确了薪酬调整的适用周期、合同及薪酬类型。《倡议书》建议此次薪酬调整的适用周期为 2020 年 3 月 1 日起至 2020 赛季各级联赛开始前一周止,即俱乐部与球员、教练员协商调整该段时期内的薪酬及其支付方案。对于适用此次薪酬调整的合同,《倡议书》建议为中超俱乐部与球员、教练员在 2020 年 3 月 1 日之前签订的符合中国足协相关规定的工作合同、肖像权合同、赞助合同,而适用调整的薪酬为上述合同项下球员或教练员的应得款项。

再次,《倡议书》建议中超俱乐部与所有球员、教练员协商确定薪酬调整的幅度,并给出了 30%至 50%的调整比例。《倡议书》指出,俱乐部可以与球员、教练员协商迟延支付部分薪酬,并规定了迟延部分的最高比例不得超过合同款项的 30%且迟延部分应在联赛开始后的 90 个自然日内补齐。《倡议书》明确,对税后月收入少于或等于 1 万元人民币的球员及教练员,不建议俱乐部调整其薪酬;对税后月收入少丁或等于 2 万元人民币的球员及教练员,不建议俱乐部迟延支付其任何比例的薪酬。

复次,《倡议书》对中超俱乐部的单方调整行为进行了重点强调,在俱乐部未能通过有效的协商机制与球员或教练员就调整原合同条款达成一致从而考虑按照本俱乐部的统一方案单方面作出调整的情况下,俱乐部尤其应当整理、提供充分的材料用以证明或说明:①俱乐部已尽力尝试与该球员或教练员友好协商达成一致;②俱乐部的实际经济状况;③薪酬调整的幅度属于合理范畴;④实施调整后,球员或教练员的净收入水平情况;⑤俱乐部的单方调整方案是否适用于全队。

此类单方调整方案一定程度上赋予了俱乐部在无法协商一致的情况下自我保护的权利,同时为了维护球员、教练员方的权益使俱乐部一方承担了更多的证明责任。

最后,《倡议书》对协商的程序和争议解决问题作出了规定。《倡议书》建议法律顾问全程参与薪酬协商、做好记录与见证,并于签署完毕后 10 个工作日内,最晚于 2020 年 8 月 31 日向中国足协备案。国内球员、教练员与俱乐部涉及薪酬调整所引起的争议,由中国足协仲裁委员会负责审理和裁决;外籍球员、教练员与俱乐部涉及薪酬调整所引起的争议,应由国际足联相关部门负责审理和裁决,或根据双方工作协议的约定确定负责机构和部门。《倡议书》还对球员及教练员的基本权益保障作出了具体规定,明确此次薪酬调整周期内,俱乐部应为球员及教练员正常缴纳各类社会保险和专业险;俱乐部不得以疫情为理由侵害球员、教练员的合法权益;在疫情对相关合同履行造成影响之前,俱乐部不应对球员、教练员存在其他违约行为。

总之,《倡议书》是为了应对中超联赛被迫延期,俱乐部无法正常经营而经济压力过大的现实,保障俱乐部的生存和基本运营而提出的。中国足协根据《指南》的基本精神与原则并综合考虑我国俱乐部的整体经济状况、协议履行情况等因素提出了上述倡议,延续并细化了《指南》的规定,然而规定的非强制性和模糊性使其在个案争议面前显得苍白无力。

针对疫情带来的履约困境,目前比较有效可行的举措是完善中国足协大力推行的统一足球工作合同范本中的相关条款。以中国足协 2016 年 3 月 1 日出台的《俱乐部工作合同范本》为例,其第 9 条对合同的变更、解除和终止作了规定,即"本合同所依据的法律、行政法规及规章制度等发生变化,本合同相关内容应予以相应变更。本合同所依据的客观情况发生重大变化,致使合同无法履行,经甲乙双方协商同意,可以变更本合同相关内容”。这实际上是对我国合同法基本精神的重申,可以考虑对此条款进行更有针对性的修改,即“在合同所依据的法律、行政法规及规章制度等发生变化致使合同履行不能,或者合同所依据的客观情况发生重大变化致使合同继续履行显失公平的,可以采取迟延履行、适当延长合同期限等措施,迟延履行期间俱乐部按照行业确定的基本薪资支付,不能履行时间超过三个月的,可以协议变更或者解除合同。经甲乙双方协商同意,也可以直接变更本合同的相关条款”。

(二)俱乐部准入问题

1. 俱乐部名称“非企业化”问题

2020 年 12 月 14 日,中国足协发布《关于各级职业联赛实行俱乐部名称非企业化变更的通知》,对俱乐部在市场监管部门注册的官方名称、俱乐部报名参加联赛的俱乐部简称或球队名称提出了具体的标准,并明确了俱乐部名称变更程序。2020 年 12 月 18 日中国足协在《中国足球协会关于进一步推进足球改革发展的若干措施》中再次强调要求各级职业足球俱乐部应于 2021 赛季前完成名称“非企业化”变更,未完成变更的,取消俱乐部注册资格。

俱乐部名称承载着“利益、价值、文化、共赢”的内涵,其命名不能简单视为企业的个体行为,应加以规范与引导。我国职业足球俱乐部名称去企业化既是俱乐部自身良性发展的现实需要,也是落实《中国足球改革发展总体方案》的具体要求。需要明确的是,职业足球俱乐部具有非营利性组织的特点,同时具有企业和公益的双重性。职业足球俱乐部获得经济利益只是生存的基础,应考虑职业足球的社会效益,实现社会效益和经济效益的和谐发展。职业足球俱乐部应积极参与社会公共、公益事业,承担中国足球运动的普及与推广责任。而对于俱乐部名称去企业化之后可能带来的俱乐部经费缩水等情况,应当采用优化股权结构、推动建立专业运营公司等方法,并辅以相关的配套保障措施。

2. 女足队伍建设问题

随着国家建设体育强国目标的提出,作为体育项目之一的女足运动的受重视程度也在不断提高。《中国足球协会关于进一步推进足球改革发展的若干措施》再次要求实行中超俱乐部"男足带女足"模式,把建立职业女足队伍作为中超俱乐部的准入条件。可见我国在对女足的管理上更加规范化,也体现了我国发展女足运动的决心。将女足队伍建设从倡导性标准升级为强制性标准,没有女足队的俱乐部将不能取得中超联赛的准入资格,这一举措一方面有利于进一步推动中国足球运动的普及与推广,另一方面也扩展了女足球员的生存空间,有利于促进女足球员的职业发展。

3. 俱乐部财务限制问题

早在《关于转发并执行〈中超俱乐部财务约定指标(2019—2021)〉的通知》中,中国足协正式确立了"注资帽、薪酬帽、奖金帽、转会帽"等一系列的俱乐部财务限制。为进一步贯彻落实《中国足球改革发展总体方案》的精神要求,坚决抑制"金元足球"和投资泡沫,促进中超俱乐部及联赛的健康、可持续发展,中国足协于 2020 年 12 月 14 日发布的《关于发布 2021—2023 赛季中超联赛俱乐部财务约定指标的通知》对俱乐部总支出限额、球员个人薪酬限额以及俱乐部奖金限额等问题进行了明确规定。此外,该通知还对俱乐部总支出超过限额、球员集体薪酬超过限额、俱乐部违规发放奖金以及球员个人薪酬违规等情况分别设置了相应的处罚措施。

中国足协在《中国足球协会关于进一步推进足球改革发展的若干措施》中明确提出优化俱乐部的运营模式,控制中超俱乐部资金投入,适当降低球员薪酬水平。该文件重申,从 2021 年起,中超俱乐部运营费用年支出不得超过6亿元人民币,同时对俱乐部一线队球员合同薪酬限额进行了明确规定。根据要求,中超俱乐部国内球员税前最高合同薪酬每年不得超过500万元人民币且所有国内球员平均合同薪酬每年每人不得超过300万元人民币;外籍球员税前最高合同薪酬每年不得超过300万欧元且所有外籍球员合同薪酬总额每年不得超过1000万欧元;入籍球员税前合同薪酬每年不得超过500万元人民币或者300万欧元,俱乐部可自行为入籍球员申报归属球员类型并执行相应的薪酬限额规定。

在我国实践中,为在短期内提高联赛名次,一些对优秀球员需求强的中超俱乐部试图通过签订阴阳合同的方式规避上述限薪的规定,即在向足协提交的、作为球员注册必备要件的职业球员工作合同之外订立其他约定高薪的补充协议。从民法原理上讲,作为以合法形式掩盖非法目的的体现,如果中超球员和俱乐部签订阴阳合同,未备案的阴合同即便违规,但在当事人平等自愿以及不违反国家强行法和公序良俗的基础上仍然具有法律效力。根据《民法典》第146条第1款的规定,行为人与相对人以虚假的意思表示实施的民事法律行为无效,故阳合同无效。然基于足球行业的特殊性,阴阳合同的存在必然会破坏行业秩序,更不利于中超联赛专业化、职业化和人才培养的持续化,因此需要对其进行有效的规制。在监管举措上,除对涉及阴阳合同的俱乐部予以取消参赛资格、核减联赛经费等更为严厉的处罚外,中国足协应当设立专门的部门和人员对阴阳合同进行主动调查,并且要求各俱乐部进行定期自查。此外,还可以通过引进第三方独立机构,对中超俱乐部的财务情况进行定期审计,一旦发现阴阳合同行为,立即上报并对其予以严厉制裁。

4. 对俱乐部准入问题的评价

中超联赛的俱乐部准入是由中国足协制定的、关于哪些俱乐部必须具备何种条件才能进入中超联赛的自治性规则与要求。然在实质上,竞技足球的自治并不是绝对的,一旦超出国家法容忍的范围,那些维护重大公共利益的强行法仍可以介入。目前,中国足协通过设置准入制度而限制参赛俱乐部的数量本身就可被视为限制竞争行为。从传统的反垄断法理论来看,联赛的准入限制不符合反垄断法的要求。从消极效应来看,在球队数量没有达到饱和状态的情况下,不具备合理理由就拒绝符合标准的俱乐部的准入申请,会影响职业体育市场的竞争。但在俱乐部数量达到饱和的情况下,对申请联赛资格设置准入限制就是维持竞争均衡的必要条件,应当被认定为合法限制。在这种情形中,合理的准入限制是维持甚至提升赛事产品质量的基本保证。竞技足球的观赏性在于结果的不确定,除运气成分外,更需要通过制度层面的球队实力平衡来实现。合理的准入制度就避免了因为竞争力不足的俱乐部数量过多而带来的赛事产品质量降低对整个足球体育产业利益的损害和球迷等消费者观赏利益的减损。同时,合理的准入制度还有利于中国足协对俱乐部的有效管理,如果失去必要的限制则可能造成俱乐部泛滥,从而陷入难以管理与控制的境地,将不利于竞技足球体育事业的有序发展以及建设体育强国目标的实现。

此前,基于体育自治的理念以及作为计划经济时代体育管理模式的遗留,不仅理论层面认为长期形成的体育赛事管理金字塔式的组织结构需要豁免适用反垄断法,而且在处理因对中国足协决定不服发生的争议时,我国法院多以不符合立案范围为由拒绝审理。然而《反垄断法》的出台以及包括中国足协在内的单项体育协会逐步去行政化改变了此前司法不主动干预的态势,最高人民法院《关于审理因垄断行为引发的民事纠纷案件应用法律若干问题的规定》的颁布更昭示了可以通过私人诉讼的方式执行《反垄断法》,这使得我国近期也出现针对足协的反垄断诉讼,如广东粤超体育发展股份有限公司与广东省足协等垄断纠纷案。故在具体适用《反垄断法》的过程中,仍有必要充分考虑体育的特殊性。总之,中超联赛准入制度的客观存在是不容争辩的事实。联赛的准入限制能否通过反垄断执法机构的审查,是否构成滥用市场支配地位中的拒绝交易行为,应对准入限制的标准进行合理分析,适度的联赛准入有利于联赛内部的竞争均衡,而过于严苛的联赛准入限制应该受到规制。

(三)中超联赛运行问题

目前除中国足协在中超联赛的运营过程中发挥重要作用外,中超公司也参与我国中超联赛的管理。该公司由中国足协、各中超俱乐部共同出资组建,其任务是进行中超产业规模化经营,创立中超商务品牌,以此提升中国足球产业的资源管理水平。

1. 入籍球员的联赛报名问题

对于新入籍归化球员的联赛报名问题,中国足协《关于2020赛季职业联赛政策调整的通知》作出了以下规定:"(一)符合以下条件的入籍球员,以国内球员身份进行注册和报名:1.球员本人出生在中国足球协会管辖区域;2.球员的生物学父亲或生物学母亲出生在中国足球协会管辖区域;3.球员的生物学(外)祖父或生物学(外)祖母出生在中国足球协会管辖区域。(二)若入籍球员不符合条件(一),以国内球员身份进行注册。参照亚足联相关规定,符合以下条件之一的入籍球员,每中超俱乐部最多可按照国内球员报名1人,超过1人将占用外援报名名额……1.入籍满五年;2.具备国家队正式比赛资格。(三)若入籍球员不符合条件(一)、(二),以国内球员身份进行注册,但占用外援报名名额。"

关于非华裔的归化球员,中国足协基于联赛公平性等因素的考虑作出了与华裔归化球员区别对待的决定。然此举不仅违反相关法律中不得以"种族"而设置差别化待遇的禁止性规定,也侵犯了劳动者的劳动权利。中国足协设置既非外援待遇又非内援待遇的"夹心层",并没有关注到这一部分球员的劳动权益。这压缩了相关球员在中超赛场上的生存空间,大大减少了他们的就业机会,增大了竞争压力,在事实上侵害了相关球员的平等就业权。

2. 欠薪问题

足球俱乐部欠薪问题在我国由来已久,足协多年来采取各项措施解决该问题,但收效甚微。中国足协在发布的《关于提交〈2019 年俱乐部全额支付教练员、运动员、工作人员工资奖金确认表〉并进行公示的通知》中指出逾期提交、不提交或所提交确认表中人员不完整的俱乐部,将被撤销 2020 赛季联赛的准入资格。根据中国足协公布的数据,有 9 家俱乐部未按规定提交确认表,将近 20%的俱乐部存在欠薪情况。撤销联赛准入资格的严格措施将欠薪与准入资格直接挂钩,虽是为了保障球员薪酬顺利发放而设立,但并不能从制度上杜绝欠薪行为,反而会引发一系列的连锁反应。如球队解散不复存在,球员与俱乐部之间的劳动合同关系也自然终止,但双方的实际欠薪争议并未随之解决,最终恶果仍由球员背负。虽然在 2020 年 5 月 23 日中国足协《关于取消相关职业足球俱乐部注册资格的通知》中并无中超俱乐部因欠薪被取消参赛资格,但主动退赛的原中超俱乐部——天津天海足球俱乐部即存在严重的欠薪行为。在 2020 年 5 月,有媒体爆出,天津天海足球俱乐部给一线队球员开出 3 月、4 月工资减半,5 月放弃薪水的条件。球员们拒绝签字,该俱乐部竟然拒绝沟通,还以不给开转会证明进行威胁。

一方面,根据《中国足球协会球员身份与转会管理规定》第 7 条的规定,俱乐部被取消注册资格后,其与球员的工作合同自动终止,球员可以在最临近的一个注册期内转会,未转会的球员应该在俱乐部所属中国足协会员协会注册为业余球员。球队解散将直接导致球员陷入无球可踢的尴尬境地,只能继续寻找“下家”,或者选择转为业余球员。

而且在俱乐部被取消之后,球员不再从属于该俱乐部,原球队无法通过球员转会获得收入,而球员若在转会窗口关闭之前未找到"下家",也将陷入失业困境。

另一方面,这种做法也导致球员讨薪维权更加艰难。中国足协要求提交确认表的初衷在于保障球员获取薪酬的权利,但"一刀切"式地取消俱乐部联赛准入资格反而导致了短时间内大量球队解散、球员失业的恶果。在球员讨薪权利的保障上,尽管中国足协在要求提交确认表的通知中明确,俱乐部与教练员、运动员、工作人员之间存在薪酬支付方面争议的,可向中国足协仲裁委员会提出正式仲裁申请;但当俱乐部失去准入资格后,中国足协仲裁委员会往往以俱乐部不归足协管辖为由拒绝仲裁,而我国劳动仲裁委员会与法院则基于足球领域纠纷解决的特殊性拒绝管辖,此种"三不管"会导致球员无处维权,也有悖于中国足协保障运动员劳动权利的初衷。

具体而言,法院对足球合同争议往往保持置身事外的态度,这使得广大球员难以维护自身权益。得出此种结论的依据在于我国《体育法》第32条,即根据特殊法优于一般法的原则,足球等体育行业纠纷应该由相关体育协会按照其章程解决。而《中国足球协会章程》将业内争议限制在中国足协仲裁委员会的框架内,这实际上排除了司法管辖权。《体育法》第32条虽然规定竞技体育纠纷由体育仲裁机构负责,然因我国尚未设立专门的体育仲裁机构,这一规定实际不可行。球员与俱乐部发生争议只能向中国足协仲裁委员会申请仲裁,而中国足协仲裁委员会作为中国足协的分支机构,在中国足协授权范围内处理专项事务,能否做到客观中立,备受诟病。虽然《中国足球协会关于进一步推进足球改革发展的若干措施》提出完善中国足协仲裁体系,公平、公正地处理足球行业运动员、教练员、会员协会、俱乐部、经纪人之间的纠纷,并加强裁决结果的执行,但此种通过中国足协仲裁委员会进行救济的方法只是组织内部的机制,不具有独立性,以此排斥法院的管辖乃至司法审查,其公信力大打折扣。考虑到我国目前立法的现状以及争端解决的需要,应加快建立统一的全国性的体育仲裁机构。

3. 联赛赞助问题

根据《足球报》2020年4月13日的报道,中超公司因一些赞助商和合作伙伴的费用没有收回而不得不等拖欠费用到位后才补发各家俱乐部应得的分红。经计算,仅2019年中超公司被各赞助商和合作伙伴拖欠的赞助费即高达3.2亿元人民币。而在2020赛季,中超联赛由于疫情的缘故变更为赛会制,比赛轮次大幅减少,中国足协和中超公司与赞助商之间就支付比例存在不小分歧。中国足协和中超公司方面希望按轮次或者赛程时间支付赞助费用,也就是赞助商须支付2/3或50%的合同费用,但仍然有赞助商对此方案持有异议,他们认为赞助费用应更大幅度地缩减。

从法律的角度,有学者认为赞助合同的性质属于赠与合同。然而如果简单地将其界定为赠与合同,则赞助商能依据2020年通过的《民法典》合同编的规定撤销合同,由此极易对受赞助的中超赛事造成影响。其实,赞助与赠与或者附条件赠与并不相同,包括中超联赛赞助合同在内的体育赛事合同非《民法典》中的有名合同,而是新型商事无名合同。赞助商主观上存在通过广告获得投资回报的商事目的,仍属于等价有偿的范畴。

然而在新冠肺炎疫情的影响之下,中超联赛面临赛程全面缩水、大多数场次空场比赛、外援明星球员大量流失而导致赛事水平下降的窘境,加上职业俱乐部名称去企业化的政策调整,使得越来越多的赞助商担忧自己赞助投资的预期商事目的不能得到实现,不愿意接受中国足协的相关条款甚至产生拖欠支付赞助费用的情况。由于中超联赛的赞助收入在支撑整个联赛运营过程中起到不可或缺的作用,此举显然不利于中国足球事业的发展，但与此同时，赞助商及各合作伙伴的合法利益也应当受到保护。应当承认新冠肺炎疫情这一突发公共卫生事件对赞助合同目的的实现产生的不利影响能够适用《民法典》第533条规定的情势变更原则，合同双方应当根据诚实信用原则对权利义务重新约定，协商一致、共克时艰。

（四）青训问题

青训即青少年球员培训，乃是当下战绩不佳的中国足坛谈论最多的话题之一，担负着振兴中国足球的重任。特别是对中超联赛而言，青训体制的不断完善将有助于后备人才的培养，提高转会市场中的青年球员供给，使得年轻球员的身价更加符合市场规律，减少“金元足球”带来的泡沫，推动中超转会活动的有序进行。

1. 中国足协关于青训的最新要求

2020年11月26日，《中国足球协会青少年训练大纲》正式公布。该大纲经过了专家的反复研讨，并根据中超俱乐部和中国足协会员协会的意见及相关单位和个人提出的相对集中的问题作出了相应的修改完善。大纲依据世界足球运动的发展趋势和我国青少年足球发展的实际情况，在吸收、借鉴国际足联青少年训练手册、国内外青少年足球训练大纲共性经验的基础上，结合中国青少年足球训练发展的需要，为从事青少年足球训练指导工作的培训机构、教练员和适龄球员特别定制编写。借此能够帮助一线教练员和基层实践者坚定信念，以高度的责任感、符合青少年自身发展的理念、准确的足球专业概念、适宜的方式方法及教学训练原则来开展青少年足球活动。

2020年12月18日，中国足协发布的《中国足球协会关于进一步推进足球改革发展的若干措施》在大力推动青少年足球发展方面提出六项措施。其明确要求：不断巩固和完善职业俱乐部精英青少年后备人才梯队建设体系，每支中超俱乐部至少拥有3～5级精英梯队，2023年应发展到9级精英梯队。建立职业俱乐部青训评估考核体系,从选材、训练、比赛、科研、硬件设施和成才率等方面对俱乐部青训工作进行评级,并与俱乐部准入挂钩;制定青少年足球训练指导大纲和精英球员培训计划,鼓励经济发达、足球基础好的地方建立足球青训中心,支持地方足协发展精英足球青训。制定青训中心软硬件标准,为各地建设青训中心提供指导性意见和政策支持;进一步完善球员注册转会制度,确保"谁培养谁受益",落实培训补偿等相关机制。中国足协的以上举措充分体现了我国大力推动青训的发展趋势,对中超联赛水平的提高也将发挥积极的作用。

2. 青训回报法律问题

在职业足球的背景下,青少年球员的培养是一项系统性的工程。基于高质量的培养目标,提供青训的足球俱乐部在回报收益不确定的风险下需预先耗费大量的资金、时间和精力成本,如何提高俱乐部对青训的热情成为一道难题。目前的青训回报制度仍存在缺陷,由此引发实践中大量的法律争议。

(1)青训回报法律制度

关于青训回报法律制度,目前主要通过培训补偿对俱乐部进行激励。培训补偿是指给予培养过球员的俱乐部(即青训俱乐部)以经济补偿。若球员转入新俱乐部并注册成为职业球员,青训俱乐部有权依照行业规定向新俱乐部索取一笔培养费。

2020年修订后的《国际足联球员身份和转会规则》在确立合同到期后的球员自由转会的同时,还设置了保护青训俱乐部利益的培训补偿制度。根据该规则第20条的规定,在球员首次签订职业合同或职业球员于23周岁赛季结束前的每次转会,与之签约的俱乐部应给予曾培训该球员的俱乐部以培训补偿。故无论转会发生在职业合同履行期内还是到期之后,新俱乐部均需承担因为球员加盟而发生的培训补偿义务。《国际足联球员身份和转会规则》附件四第1条进一步规定,新俱乐部应就不满23周岁的球员发生在12周岁至21周岁之间的训练支付培训补偿。但如有证据证明球员在21周岁前即已停止训练活动,则培训补偿金额的计算应至其事实上完成训练活动时结束。应注意的是,该补偿的性质与球员的市场价值完全不同,即仅补偿原俱乐部对青少年球员的培训和发展而支付的成本。

国际足联关于青训补偿的相关规定为我国青训法律事务的分析提供了参考。为落实《国际足联球员身份和转会规则》的要求,中国足协在2009年颁布的《中国足球协会球员身份及转会暂行规定》基本照搬国际足联培训补偿制度,除将获得培训补偿的主体扩大到在中国足协或其会员足协注册或备案的足球学校等培训单位外,更为特别的在于球员可参与培训补偿费用的分配。考虑到国内足坛对培训补偿制度的认知比较模糊,甚至没有引起培训单位的关注,中国足协曾专门下达《关于足球运动员联合机制补偿与培训补偿相关情况的说明》来分析该制度在我国水土不服的原因。除业内不甚重视规则的学习外,更重要的是,我国培训单位认为补偿标准太低,从而在实践中多就青少年球员的转会私下达成补偿费交易,使培训补偿制度落空。为此,在加强政策宣传、推进查询球员注册情况的管理信息系统建设、处罚违规现象的同时,中国足协应考虑结合我国青训和职业联赛转会情况对现行培训补偿进行完善。

(2)青训回报法律争议及解决

① 因“天价违约金”引发的培训协议争议

作为改进足球人才培养方式的重要体现,《中国足球改革发展总体方案》鼓励足球俱乐部等社会力量选派青少年球员到足球运动发达的国家接受培训。然而球员于境外进行长期培训会产生巨额费用,青少年球员及其监护人一般无力负担。此时青训俱乐部希望以获取球员首份职业合同的缔约选择权作为相应的对价,而非通过未来可能发生的培训补偿加以弥补。

根据中国足协的规定,业余球员不得通过俱乐部之间签订转会协议即支付转会费的方式转会。故我国俱乐部大多在培训协议中设置高昂的违约金以阻却有潜力的青少年球员于培训期内变更培训单位,进而实现在其成年时作为职业球员的注册。届时,一旦球员选择与其他俱乐部签约即触发该违约金条款。大连万达足球俱乐部曾以青年球员王某违反培训协议擅自加盟丹麦瓦埃勒足球俱乐部为由向其主张高达1700 万元人民币的违约金。该案后经北京市朝阳区人民法院主持调解,当事人自愿达成调解协议。在案件审理过程中,朝阳区人民法院发现体育纠纷管辖和青训违约赔偿制度存在漏洞,并于 2020 年 5 月 19 日向体育总局和中国足协发送司法建议,建议加快推进构建专门体育仲裁制度,修改中国足协章程及相关工作规则,完善青训违约赔偿制度,规定在球员违约的情况下青训机构的损失赔偿计算方法,以及解决在法院判决球员承担违约赔偿之后球员能否自由与其他单位签订工作合同、其他单位是否还需向原青训单位支付培训补偿费用等问题。体育总局和中国足协分别正式函复法院,表示将继续配合全国人大社会建设委员会加快推动修法进程,设立体育仲裁机构;进一步修改完善中国足协章程及相关工作规则,研究并改善青训补偿制度。

较之职业球员,无论是在年龄心智还是行业经验上,参加青训的业余球员的地位都更为弱势,即使在监护人与经纪人的协助下也容易接受不利的契约安排。培训协议往往仅规定业余球员单方解除或者到期后拒绝签订职业合同时应承担的违约责任,而对于培训单位不适当履行培训义务如何赔偿则付之阙如。虽然就国内球员培训协议履行发生的争议,当事人可申请中国足协仲裁委员会仲裁,但目前有关该问题的行业规则缺失。《中国足球协会球员身份与转会管理规定》第 27 条仅要求培训协议应包含违约责任的条款,对于此类条款效力的规制并无明确标准,即使考虑借助国家法也无法有效应对足球行业的特殊性。不同于劳动合同,培训协议属于教育培训合同的范畴,从而理应由民法而非劳动法规制。就此,虽然《民法典》合同编第584条将合同履行后的可得利益纳入损害赔偿,但球员违反培训协议给俱乐部造成的损失却过于难以预测。如果说球员职业合同的损害赔偿尚且可以说是俱乐部基于有效的合同关系提出主张,那么培训协议纠纷的索赔依据不仅基于培训协议还包括未来可能要签订的职业合同。即其中的违约金不仅仅是为了弥补俱乐部在培训协议下的实际损失,还包括其期待能够取得球员首次缔约后发生的转会收益,这更加难以估算。

对我国青训回报实践中发生的天价违约金争议而言,案件无论是由人民法院审理还是由中国足协仲裁委员会乃至未来成立的单独的体育仲裁机构解决,就当事人在此问题上自愿达成的合同安排,应当着重分析违约金对违约方而言是否过高,以及过高时如何根据个案的情形相应地予以减少。虽然违约金条款在当事人之间是否对等并非重点考量的对象,但一旦出现培训协议中约定俱乐部单方解约时所需支付的违约金远远低于球员违约应承担数额的情形,则在必要时仍可拒绝承认此类条款的效力。应注意的是,根据不得双重受偿原则,在裁判机构判令球员履行违约金责任的情况下,其新加盟的俱乐部无须向该请求赔偿的青训俱乐部按照国际足联的标准支付培训补偿费用。

② 因“过桥转会”引发的培训补偿争议

在2020年之前,国际足联的规章当中并无禁止“过桥转会”的条款。2020年修订的《国际足联球员身份和转会规则》首次对“过桥转会”定义如下:任何连续两次的针对彼此关联的同一球员的国内或国际转会,包括该球员在中间俱乐部的注册,以规避相关法规或法律的适用和/或欺骗其他个人或实体的行为。该规则第5条对“过桥转会”规定如下:第一,任何俱乐部或球员均不得参与“过桥转会”;第二,除非有相反的证据证明,否则如果同一名球员在16周内连续进行两次国内或国际转会,则应假定参与这两次转会的双方(俱乐部和球员)已经参与了“过桥转会”;第三,根据《国际足联纪律准则》,国际足联纪律委员会将根据国际足联章程和法规对参与“过桥转会”的任何一方进行制裁。

无论是根据目前国际足联的规定还是中国足协的规定,培训补偿的计算都以转入俱乐部的级别和标准为依据。这虽然有利于足球世界的团结一致,但在实践中特别容易造成规避培训补偿的“过桥转会”的发生。此种情况一般出现在球员自由转会的情形中。当球员首次注册为职业球员时,其所注册的俱乐部应向曾经对球员训练有贡献的所有俱乐部支付培训补偿。就职业球员此后进行的转会,培训补偿只需支付给此次转会前球员所在的那一家俱乐部。无论如何,原俱乐部就青训活动只有一次获得培训补偿的机会。为逃避或者减轻义务,新俱乐部会通过运作目标球员“过桥转会”的方式将之先转会至一家低级别的俱乐部,然后再转会至新俱乐部。

由于提供青训的高级别的俱乐部能获得的培训补偿的计算标准更高,“过桥转会”对中超俱乐部特别不利。为加大对培训协议到期球员恶意逃避培训补偿行为的打击力度,中国足协在《关于调整青少年球员转会与培训补偿标准管理制度的实施意见》中专门设置了一项反规避条款,即球员首次签订职业合同后两年内再次转会的,如新俱乐部对应的培训补偿标准高于首次签约的俱乐部,则新俱乐部按其对应的培训补偿标准再次向球员的所有培训单位支付培训补偿。然而该意见将规避培训补偿的情形限于球员首次签订职业合同时,忽视“过桥转会”可以发生于球员此后进行的转会,而且中国足协的规定无视当事人是否有规避培训补偿制度的意图,即新俱乐部是否为了避免支付培训补偿的目的与球员通谋,并和过桥俱乐部串通。只要球员在长达两年的时间内转会至更高级别的俱乐部,后者即无一例外地向之前所有的培训单位支付培训补偿。这无疑将抬高新俱乐部同球员签订职业合同的缔约成本,损害球员的劳动权益与人格权益,实属矫枉过正。

对中超联赛而言,在面对涉及中超俱乐部“过桥转会”引发的培训补偿争议时,应采取谁受益谁支付原则,以此剔除“过桥转会”中存在的明显不合理的情形。在这一过程中,须重点考量下列通常构成规避培训补偿制度的因素:如球员只是短暂地加盟低级别联赛的俱乐部,且并未代表该俱乐部参加正式比赛;球员在“过桥转会”之前即与最终加盟的俱乐部签订职业合同,或入队训练;当事人对不寻常的连续转会缺乏合理的解释等。以此注重对所涉当事人在个案中通过外部事实表现出的内心主观状态进行判断,避免前述实施意见中采取的“一刀切”的做法,从而实现俱乐部竞争均衡这一培训补偿制度设置的最终意图。

二、2020年奥运会法律事务

2020年,新冠肺炎疫情在全球蔓延,直接影响到本应在当年召开的世界性体育盛会——东京奥运会。2020年3月30日,国际奥林匹克委员会与日本政府、东京奥组委紧急商议后决定:原定于2020年7月24日至8月9日举办的东京奥运会将延迟一年,于2021年7月23日至8月8日举办。延迟举办奥运会的消息一出即受到国内外体育界、法律界、各大媒体的广泛关注,这在奥运会历史上是史无前例的,奥林匹克运动具有丰富的文化内涵和社会教育意义,由它延伸出的政治、经济意义也是非常重大的。这场全世界瞩目的盛会推迟举办将对各国和地区参赛的运动员产生何种影响,是值得我们关注的问题。

(一)东京奥运会延期与运动员的参赛权利

1. 参赛是一项基本权利

1894年,在现代奥林匹克之父——顾拜旦的倡导下,现代奥运会复兴了。随着世界政治、经济、文化全球化的推进,奥运会对社会、民族、国家乃至人类共同体产生的影响愈发重大。以国际奥委会、国家和地区奥委会以及各个单项体育联合会为支柱的奥运会“三驾马车”运转起来,各个国家和地区的运动员也殷切期许在奥运会这样一个世界瞩目的舞台上崭露头角,允许和鼓励运动员参赛成为奥林匹克的一大宗旨。公平竞争、公正审查和透明公开的选拔程序是运动员参赛的基本保障。《奥林匹克宪章》的基本原则之一:从事体育运动是人的基本权利,每个人都应当享有从事体育运动的可能性,而不能受到任何形式的歧视,充分体现理解、友谊、团结和公平竞赛的比赛精神。另外,《奥林匹克宪章》第四章还明确规定,奥运会的参赛人员必须是经国际奥委会批准和被国家和地区奥委会录取的。换言之,运动员必须具备一定的身体条件,其运动技术水平达到国际奥委会的要求,并经法定程序选拔出来,才有资格参加奥运会。从这个意义上看,参加奥运会的权利似乎又变成了一种特权。

奥运会的参赛资格对运动员及其所代表的国家和地区具有深远的影响。对运动员个人而言,奥运会参赛资格意味着职业合同、奖金收入、代言合同以及国家和地区的奖励,此外,运动员因为获得奥运会参赛资格而拥有的知名度、影响力等也是不容小觑的,因此,奥运会参赛资格对于各国和地区的运动员而言,都是非常珍贵的。

2. 奥运会延期对其他赛事的影响

东京奥运会的延期也打乱了其他各类赛事的节奏。几乎就在国际奥委会宣布延期后的第一时间,世界田联将原定于 2021 年 8 月 6 日在美国尤金举办的田径世锦赛延期到 2022 年举办。随后,国际羽联、国际泳联也宣布将公布羽毛球世锦赛、游泳世锦赛的具体时间。这些赛事的举办时间可能也要配合东京奥运会的延期而有所更改。随着奥运赛事以及世界大型体育竞赛赛程的调整,运动员奥运会参赛资格选拔程序及参赛计划也将被打乱。2020 年东京奥运会原本共设 34 个大项目,339 个小项,据国际奥委会公布,参赛总人数约 11000 人,但还有 5000 人的缺额。2020 年国际奥委会发布了新的 2020 年东京奥运会资格体系修订原则,针对剩余名额的分配,提出了尊重国际各单项体育联合会保留自主的自由裁量权,规定新的排名途径和截止日期。但是,国际奥委会提出,既要保护 2020 年有希望获得参赛资格的运动员的权利,又要允许 2021 赛季中表现突出的运动员获得奥运会的参赛资格。

3. 延期对处于特殊阶段运动员的影响

运动员的特殊阶段包括正处于运动损伤期需要时间恢复、濒临退役以及正处在兴奋剂禁赛期,马上要结束禁赛期等情况。

东京奥运会延期,从时间上打乱了运动员既定的训练计划和安排。对于暂时存在损伤的运动员而言,可以有更多的时间恢复身体、调整参赛计划,以达到自己最好的竞技状态,积极备战奥运会。而身处职业生涯末期的运动员可能将东京奥运会视为最后为梦想而战的舞台。东京奥运会延期对濒临退役运动员的影响主要有以下几点:一方面,竞技状态的保持和身体机能退化之间的抗衡。随着运动员年龄的增长,其生理机能、体能都呈逐渐下降的趋势。濒临退役的运动员要将自己的训练周期延长一年,从某种程度上讲,延期给濒临退役运动员竞技状态的保持增添了难度。另一方面,运动损伤风险和人力资本贬值的概率增加。濒临退役的运动员因常年训练,多少都会积累一些运动伤病,延期一年将会增加该类运动员遭受运动损伤的风险,一旦运动员因损伤失去了参加奥运会的资格,还会进一步影响其人力资本价值的保值和升值。

有学者通过软件分析发现,共 163 名运动员的兴奋剂禁赛期于 2020 年年底到期,另有 51 名运动员将在 2021 年 5 月底前结束禁赛期。东京奥运会延期,在时间上给予了这些运动员参加奥运会的可能性。

例如,来自土耳其的长跑运动员阿贝莱盖塞是2012年伦敦奥运会1500米跑的亚军,赛后被查出服用了兴奋剂,被剥夺奖牌并从2016年开始禁赛4年,她的禁赛期将于2020年5月29日到期。东京奥运会的延期使得阿贝莱盖塞将有一年的时间参加奥运会选拔赛。因此,东京奥运会的延期无疑给这部分运动员带来了转机。

（二）东京奥运会延期的合法性考察

国际奥委会和东京奥组委联合发布的东京奥运会延期一年举办的声明保护了运动员、奥运会参与者的健康,具有符合人类文明价值和奥林匹克精神的伦理正当性,得到了国际体育界和广大运动员的赞同。但是,这一决议的合法性依据是否充分,这一决议是否符合《奥林匹克宪章》的宗旨,是否满足《奥运会主办城市合同》的要求?这些问题都是值得思考的。

1. 程序法层面:以《奥林匹克宪章》为标准的考察

奥运会的时间问题,属于《奥林匹克宪章》关于奥运会规定中的一个重要事项。在全球化治理和现代法治的推进下,现代奥林匹克运动各项事务运行与奥运会举办也越来越规范有序,形成了以《奥林匹克宪章》为基本制度架构的法治奥运模式与趋势。奥运会重要事项及其变更,应当获得《奥林匹克宪章》的合法性依据支撑。

《奥林匹克宪章》是奥林匹克运动的纲领性文件,从法治视角被称为奥林匹克运动的法典。《奥林匹克宪章》在其开始的简介部分即明确宣称,其是阐明和重申奥林匹克主义基本原则和核心价值观的宪法性文件。该宪章对奥林匹克运动的各主要方面进行了明确的规定,是奥林匹克运动一切活动的根本依据和准绳。该宪章明确规定,遵守《奥林匹克宪章》是加入奥林匹克运动的首要条件;包括国际奥委会自身在内的奥林匹克运动三大组成机构都必须遵守《奥林匹克宪章》;任何属于奥林匹克运动的人员或组织,都要受《奥林匹克宪章》条款的约束。

奥运会延期这一事项是由《奥林匹克宪章》第32条第3款规定的。确定新的奥运会召开日期并不需要由国际奥委会全会来决定,只需要由国际奥委会执委会决定。仅就这一事项由国际奥委会执委会决定的职权行使主体的程序而言,确实是符合2019年版《奥林匹克宪章》规定的。1990年版及其之前的《奥林匹克宪章》在第四章第二节的奥运会管理和组织中规定,“每年举办奥运会的时间并非固定,由奥组委向国际奥委会提出,由国际奥委会批准决定”。而体例有较大修改的1991年版《奥林匹克宪章》第五章第一节的奥运会的组织与管理中的第36条第4款将其改成了“奥运会在一年中举行的时间必须在主办城市的遴选开始前,由申办城市提交国际奥委会执行委员会批准”。同时在该条附则中,也有奥运会的会期如因星期日或公共假日不安排比赛而延长,要经国际奥委会执委会批准的同类规定。而2004年版《奥林匹克宪章》第33条第3款直接作了更简洁的表述:“举行奥运会的日期由奥运会执行委员会决定。”这一条款一直沿用到2019年版《奥林匹克宪章》中。

2020年2月,国际奥委会牵头成立了包括世界卫生组织和日本奥组委参加的特别小组,监测和分析疫情对奥运会的影响。3月17日,国际奥委会执委会召开会议,确立了保护运动员健康、遏制病毒传播等应对疫情危机的指导原则。随着疫情的蔓延,在同日本方面磋商之后,国际奥委会执委会于3月22日召开紧急会议并发表声明,表示将通过为期四个星期的疫情评估确定东京奥运会举办方案,将延期举办作为备选方案。疫情形势的急剧严峻使3月24日国际奥委会主席巴赫与日本首相安倍在电话会议中,共同达成将东京奥运会推迟至2021年夏天举办的协议。当日,国际奥委会执委会召开紧急会议,批准了这一协议。3月30日,国际奥委会与东京奥组委、东京都政府商定2021年举办东京奥运会和残奥会的具体时间。虽不知东京奥运会延期举办日期的确定是否又经过了国际奥委会执委会决定的专门程序,但至少在3月24日决定东京奥运会延期这一重要事项上,最后是国际奥委会行使了权限,这在程序法意义上是符合《奥林匹克宪章》规定的。

2. 实体法层面:以《奥林匹克宪章》为标准的考察

《奥林匹克宪章》不但作出了由国际奥委会执委会行使奥运会举办日期决定权限的程序规定,而且对奥运会应在什么时间举办作出了非常明确的规定,这应是确定奥运会举办时间的实体法依据。国际奥委会执委会依法定权限作出的东京奥运会延期决定,是否符合《奥林匹克宪章》关于奥运会举办时间的实体规定呢?答案是否定的。

奥运会举办时间作为奥运会的一个重要事项,是《奥林匹克宪章》长期明确规定的重要内容。1978年版《奥林匹克宪章》中就有奥运会举办与持续时间的明确条款。其第53条以多个段落分别规定了奥运会举行的年份、批准权限、比赛期限。在举行年份上,规定必须在奥林匹克周期的第一年举行,且强调任何情况下都不能推迟到下一年。在比赛期限上,奥运会和冬奥会分别为16天和12天之内。其后,各个版本的《奥林匹克宪章》关于奥运会在奥林匹克周期第一年举行和16天赛期的规定一直延续。从1991年版《奥林匹克宪章》开始,增加了在奥运会周期的第二年举办冬奥会的规定,2004年版又将冬奥会改在奥运会周期的第三年举办,而1991年版中,冬奥会比赛期限与奥运会一致,均为不超过16天。2019年版《奥林匹克宪章》仍将其规定在第五章第32条中。这一条文较之前版本作了部分修改:由原5款改为4款,增减了一些内容,但关于奥运会举办时间的内容没有变化。虽已不见1978年版中对"任何情况下都不能推迟到下一年"的强调,但仍始终如一地明确规定:"奥运会在奥林匹克周期的第一年举行。"

显然,东京奥运会延期至2021年举行,尽管仍保留使用“东京2020年奥运会”的名称,但对照《奥林匹克宪章》关于奥运会举办年份的实体规则,延期的决定已背离《奥林匹克宪章》。通过对《奥林匹克宪章》各版本和现行版本全文的查阅发现,与奥运会举办时间相关的,还有“奥运会若未能如期举办即取消主办城市主办权”这一规定。这一规定在1978年版中第一次出现,一直沿用到2018年,表述十分近似,但巧合的是,2019年版《奥林匹克宪章》把这条规定取消了。

奥运会历史上,曾因两次世界大战而使三届奥运会被迫取消。根据《奥林匹克宪章》关于被取消的奥运会主办权不得延续到下一届的规定,第6届、第12届奥运会主办城市——柏林和东京都没有成为下一届奥运会的主办城市,而第13届奥运会主办城市——伦敦在被取消后获得了第14届奥运会的主办权。如何面对和决定奥运会取消这一重要事项的变更,《奥林匹克宪章》并没有给出明确答案。直到2019年版《奥林匹克宪章》,仍然没有关于奥运会取消、延期等关乎奥运会举办的重要事项变更的规定,缺乏举办奥运会遭遇突发事件和风险应对处理方面的内容。

因此,在新冠肺炎疫情蔓延的紧急情况下,出于保障运动员生命健康的责任,同时也是为了保证奥林匹克运动的秩序与发展,及时对2020年东京奥运会作出延期的决定是必然的,也是正当的。但是,国际奥委会执委会决定奥运会举办时间,应当遵循《奥林匹克宪章》的相关实体规范。有学者认为,现行宪章不能对奥运会举办变更这一重要事项提供可以适用的规则依据,而且延期决定与现有宪章的奥运会举办时间的实体规定直接冲突,是深化法治改革进程中的现代奥运及《奥林匹克宪章》的一种缺憾。

(三)东京奥运会延期背景下我国运动员面临的挑战以及应对

世界各国和地区争夺奥运积分赛、资格赛和选拔优秀运动员参赛时,我国各项训练备战工作也在紧张有序地推进。然而,突如其来的新型冠状病毒肺炎疫情在全球范围暴发,导致奥运资格赛、积分赛以及国际单项体育赛事计划紊乱,随着新冠肺炎疫情的蔓延,东京奥运会推迟一年举办。延期后的东京奥运会对后续国际赛事日程、各国和地区运动员备战以及奥运参赛资格等造成严重影响。奥运会成绩关乎国家形象和民族荣誉,尤其对于东京奥运会,我们肩负着特殊使命和民众期待。

1. 奥运会延期对我国赛事主办方面的影响

近年来,我国已经成为世界上举办大型体育赛事较多的国家之一。据世界体育营销公司 Sportcal 2019 年统计,我国已主办或即将主办的大型体育赛事数量跃居世界第二,仅次于美国。因此,受东京奥运会延期的影响,我国第 14 届全国运动会与延期后的东京奥运会几乎“撞车”,这让运动员和赞助商都陷入两难的境地。此外,在 2021 年举办的南京世界室内田径锦标赛、成都世界大学生夏季运动会、中国世俱杯足球赛 3 项国际体育赛事也都决定延期,给我国赛事的主办和安排带来不利影响。不过,艰难选择与不利影响的背后,是中国体育赛事治理的契机,让我们有机会反思如何科学、理性地申办赛事,如何更好地提升办赛效能,扩大赛事的辐射效应,利用赛事推动城市的更新升级。

2. 奥运会延期对运动员的影响

(1)训练周期性规律被打破

我国职业运动员通常采取大周期训练计划和“倒充式”训练模式,以 4 年一届的奥运会作为窗口期来备战。大型比赛的周期大多为 4 年,运动员也经常以年为单位来开展训练工作,划分为基础年、积累年、提高年和突破年。运动员的训练计划也是紧密围绕奥运会选拔计划来进行的,力求在奥运会召开期间达到个人竞技状态的最高峰。然而,东京奥运会的延期无疑打乱了我国运动员的奥运备战计划,使得个人竞技状态最高峰难以准确落定。

例如,我国优秀的跆拳道运动员陈中根据奥运会竞赛窗口时段(4年)和个人竞技状态发展周期性规律,提前一年制订了奥运冲刺阶段的训练计划。参加奥运会是运动员多年训练计划的核心目标,遵循原定区间性多年训练计划,运动员即将进入区间性多年训练计划的个人最佳竞技状态阶段,且竞技状态的峰值期通常维持在 8 周左右。2020年东京奥运会延期一年举办,导致运动训练的周期性规律遭到破坏。

(2)赞助和经费的危机

我国奥运会训练经费拨付依据训练人数、训练天数以及经费标准核定。东京奥运会延期使得奥运会训练经费的使用时限发生变化,稀释了资金使用额度配比。以奥运周期为单元拨付的训练经费使用时限即将逾期,奥运备战周期延长增加了职业训练活动的经济成本,各个项目训练物质的补充、器材设施的维护都需要经费的保障。依据职业训练活动需要延长运动员经费拨付年限、提高经费拨付额度是保障奥运备战活动持续稳步推进的经济基础。

(3)兴奋剂的管理困境

奥运会的延期、疫情的紧张局势,使得世界反兴奋剂机构降低了对兴奋剂的检测和管理力度。“俄罗斯运动员兴奋剂丑闻”又将药物滥用、奥运公平和体育精神推上风口浪尖。在加强疫情防控的基础上,不放松兴奋剂检测工作,是保障纯洁运动员参赛权益的必由之路,东京奥运会期间世界反兴奋剂机构势必加强兴奋剂的检测力度。为避免我国运动员使用违禁药物来提高运动成绩,有必要加强反兴奋剂的宣传工作,强化运动员公平意识,保障我国奥运参赛利益、塑造竞技体育大国形象。

3. 我国运动员的应对措施

(1)调整训练计划,补齐体能短板

体能是制约我国运动员跨入世界竞技体育顶尖梯队的非衡结构短

板,奥运会延期为我国运动员充分补充体能提供了时间。对于体能占主导地位或发挥重要作用的竞技项目,将体能训练作为重点工作列入奥运训练计划内容调整列表,对运动员进行为期一年的专项体能训练,全面提高运动员竞技水平。我国因疫情防控实行交通管制,部分从事体能训练的外籍人员滞留国外。体育行政部门可借此机会在全国范围内实行人才遴选与推荐制度,通过专家举荐、单位推举、自主报名的形式挖掘体能训练领域专业人才,针对奥运夺标种子选手配备专业化体能训练保障人员,全力保障我国运动员的体能训练工作。

(2)强化兴奋剂管理工作

强化兴奋剂管理工作,是保护运动员健康权益、维护体育大国形象的重要手段。其一,应当定期开展反兴奋剂专题宣传活动,加强教练员、运动员的思想教育,树立公平竞赛、对兴奋剂零容忍的意识。其二,强化对运动员兴奋剂违规相关人员的责任追究制度,如主教练负有连带责任,依据兴奋剂管理条例对主教练实施罚款、禁赛等惩罚措施。其三,推进我国兴奋剂检测实验室的建设,提高我国兴奋剂自主检测能力,严把兴奋剂检测关口。

(3)依据延期新情况,制订各项目新的备战计划

2021 年夏季各国际赛事赛历拥挤,一名运动员可能同时备战多个赛事。建议体育主管部门或各单项协会要及时摸清、排查各项目训练和参赛情况。以备战东京奥运会为重点,兼顾东京奥运会和 2022 年北京冬奥会的备战工作,统筹协调备战各类赛事的计划安排,抓重点赛事、重点环节,有所侧重地制订各项目参赛计划,避免运动队和运动员疲于奔波。确保运动员在东京奥运会上保持最佳状态。另外,东京奥运周期多出一年,意味着巴黎奥运会备战周期将缩短一年,我国奥运代表队在积极准备东京奥运会的同时,还应提前将 2024 年巴黎奥运会纳入备战计划。

(4)包容相待,塑造负责任的体育大国形象

东京奥运会的延期是疫情局势下不得已的选择,也是国际奥委会和东京都政府、东京奥组委协商的结果,是基于保护世界各国和地区运动员健康和维护奥林匹克价值的选择。因此,我们要理性看待奥运会延期一年的决议,以包容的心态对待东京奥运会,积极打造良好的舆论环境,塑造负责任的体育大国形象。

一方面,我们应当以平和的心态看待东京奥运会延期举办的问题。面对当前国际社会对东京奥运会延期问题褒贬不一,甚至存在的许多争论和诽谤,我国运动员乃至普通民众应当时刻保持客观理性的态度,以最积极的心态和最饱满的热情迎接挑战,尽量化解不利因素,消除可能带来的不良影响,将眼前的压力转变为备战的动力。在努力争取我国运动员合法利益的同时,还要配合国际奥委会的相关规定,避免任何破坏奥林匹克大家庭团结、友谊的措辞或举措,体现尊重和支持国际体育组织决议、维护国际体育比赛的严肃性和权威性、尊重运动员人身安全和健康的负责任体育大国的形象。另一方面,我们应当积极为国际体育组织提供中国方案。当前,我国正大力援助国际社会,分享疫情防控的中国经验,在这样的大好局势下,我们也应当为国际体育赛事的开展提供更多更优化的中国方案,这将有利于塑造负责任的体育大国形象。因此,建议国家体育行政管理部门要利用国际舆论风向,加强国际沟通与合作,保持各方对话磋商,与国际社会共同打造合理、快速、有效的国际体育应变机制,塑造负责任的世界体育大国形象。相关部门要尽快组织专家围绕东京奥运会延期开展专门的研讨,在奥运资格赛和参赛配额分配等事宜上尽快形成中国方案,在国际体育组织工作中及时发出中国声音,为保护全球运动员健康、遏制病毒传播作出中国贡献。

体育法学研究报告（2020）

一、体育法学著作

2020年，在体育法学著作出版方面，呈现出稳步发展的趋势，在体育法学基础理论研究、国际体育仲裁问题研究、职业体育法律问题研究等方面都有新著出版。

（一）体育法学基础理论研究

唐勇所著的《体育法基本问题研究》一书正如其书名所言，集中关注体育法的一些基础性问题，主要包括以下内容：体育法的基本含义，体育法的性质和地位，体育权利的人权地位，体育权利的研究述评，体育权利的合法性求证，体育权利的义务谱系，保障公民体育权利原则，公平配置体育资源原则，促进体育产业发展原则，有效实现体育自治原则，归纳体育法基本原则的要求，体育法基本原则之重构，体育法的机制建构，体育法的历史发展，体育法继承的依据，体育法继承的内容，体育法学的研究方法，体育法的运行问题等。

胡旭忠所著《我国体育法基本原则的法理剖析与重构》一书中提出，体育法基本原则是体育法的基础理论问题，无论体育法的修改、体育法律实务的应用,还是体育法学的理论研究,都绕不开对体育法基本原则的诠释。基本原则对于部门法的意义,是法理学给予明确解释的主题,主要作用在于完善成文法。体育法跟其他部门法一样,都应该在法律文本中规定或列示基本原则。鉴于此,该书运用文献资料法、规范分析法、访谈法、比较研究法、案例分析法等研究方法,以"社会法"和"法律原则"作为基础理论分析工具,从体育法的基本属性、体育法基本原则的生成机理和价值取向、现行体育法基本原则之评判、体育法基本原则的确立及实践运用等几个部分进行阐述与论证。

(二)国际体育仲裁问题研究

张春良、黄晖所著《国际体育仲裁院仲裁专题研究》一书,聚焦世界体育领域的"最高法院"即体育仲裁院,从体育仲裁院仲裁一般问题、仲裁协议、仲裁程序、仲裁裁决和奥运会仲裁五大主题出发,对体育仲裁院仲裁机制与实践做了专题研究,紧扣体育仲裁院仲裁机制与实践中的关键性、节点性、热点性和疑难性问题做了深入分析,以点带面地向读者呈现体育仲裁院仲裁的重要面向。

(三)职业体育法律问题研究

周青山所著《美国职业体育法律问题研究》一书在国内第一次较为系统地介绍了美国职业体育法制,特别是对美国职业体育中非常有特色的职业联盟机制、集体议价合同、运动员工作合同、不当劳动行为制度、停摆制度、职业体育中兴奋剂的法律规制等进行了较为深入的研究。该书围绕美国职业体育法律制度,以问题为中心,对若干重要的美国职业体育法律问题进行了较为详细的研究。主要包括三个大的主题:第一个主题是职业体育参与主体法律制度,包括职业体育联盟的法律性质、职业体育经纪人法律制度;第二个主题是职业体育劳资关系法律制度,包括职业体育劳资法律制度的基本框架、职业体育运动员工作合同法律制度、职业体育集体议价合同法律制度、职业体育中的不当劳动行为法律制度、职业体育停摆的法律审视、职业体育劳资纠纷的法律解决;第三个主题是职业体育发展保障法律制度,包括职业体育与业余体育关系的法律审视、职业体育中兴奋剂的法律规制、职业体育知识产权的法律保护、职业体育参赛资格的法律审视。这些研究主题基本上涵盖了美国职业体育法制的重要内容。

刘水庆所著《体育赛场反暴力法律问题研究》一书以体育赛场反暴力法律问题研究为题,研究了体育赛场暴力的防控和法律规制问题。主要从法律视角研究了体育赛场暴力的一般问题,探究了体育赛场运动员暴力的法律问题,解析了体育赛场观众暴力的法律问题,探索了体育赛场其他类型暴力的法律问题,并结合实际,重点研究了中国体育赛场暴力的法律问题。作者认为,体育赛场暴力行为是一种偏差行为,具有一定的社会危害性。体育赛场暴力行为侵犯了体育参与主体的合法权益,干扰了正常的体育活动秩序,影响了职业体育的健康和谐发展。严重的体育赛场暴力还会对社会秩序造成影响,甚至构成犯罪。这些问题的存在,需要体育行业和部门共同努力应对,体育行业和部门对其的治理手段应以防控为主,同时也需要国家和行业内外的其他纠纷解决机构相互协作解决体育赛场暴力纠纷,对其的治理手段应以规制为主。

刘万勇律师编的《足球行业法律规范汇编》是一部较为及时而全面的工具书,该书作为足球专业领域的法律及行业规范汇编,通过对足球行业法律法规的梳理,分门别类地罗列各类法律规范,分析各类法律规范的效力等级、适用范围、调整对象。该书从国家综合立法、国际规则、行业综合规范、竞赛管理、赛区管理、竞赛规程、注册与备案管理规定、球员、竞赛官员、经纪人、职业俱乐部准入、专业委员会方面对现有的足球行业法律及规则进行分类,并选取有代表性的规范编入,方便大家查阅使用。中国足球的发展离不开制度和规范建设,足球法作为新的法学领域逐渐受到社会大众关注,该书对现有的足球行业法律规范系统的整理,具有一定的价值。

二、体育法学期刊论文

2020年,在体育法学研究者的共同努力下,在国内学术期刊特别是体育类期刊的大力支持下,体育法学的期刊论文发表继续呈现出繁荣的局面。根据文章主题,择其要者,大致集中在以下七个主题。

(一)反兴奋剂法治研究

由于商业利益的驱使和政治利益动因,兴奋剂滥用问题日益严重。为了保障运动员身心健康及体育公平,严厉打击兴奋剂行为便成为各国及国际体育组织的工作重心。世界反兴奋剂机构是全球反兴奋剂行动的领导者,其一直致力于世界反兴奋剂法治体系的建设和完善,努力实现反兴奋剂工作的规则化、制度化和法治化。世界反兴奋剂机构于2003年首次通过《世界反兴奋剂条例》,自2004年起生效。发展至今,条例一共进行了三次大规模修订。第一次修订自2009年1月1日起生效,第二次修订自2015年1月1日起生效,第三次修订自2021年1月1日起生效。2021年版《世界反兴奋剂条例》因此成为2020年关注的重点。国内2020年反兴奋剂法治研究领域主要聚焦以下几点:

1. 对反兴奋剂国际规则的研究

(1)2021年版《世界反兴奋剂条例》

2021年版《世界反兴奋剂条例》是世界反兴奋剂机构时隔六年后,再次对相关反兴奋剂国际规则予以重新审视、更新和发展的成果。是体育法学界,尤其是反兴奋剂法治领域学者们近几年研究的重点和热点问题。从总体上说,学者们对此次修订后的《世界反兴奋剂条例》给予相当程度的正面评价,认为新修订的《世界反兴奋剂条例》是当今国际社会在反兴奋剂领域达成的最新共识,集中反映了世界反兴奋剂制度的革新与改良,既回应了世界反兴奋剂斗争的新形势,也进一步明确了诸多争议问题。其中更加突出了对运动员身体健康的重视及对运动员权益的保护,扩充了对兴奋剂违规行为的认定,革新了反兴奋剂斗争手段,完善了兴奋剂违规处罚机制,厘清了反兴奋剂组织内部的职责,加强了体育组织、反兴奋剂组织与政府之间的合作。虽然仍然存在一些规定上的不足和适用上的模糊,但从实体和程序两个方面强化对运动员合法权益的保护,充分体现了兴奋剂违规处罚的相称性。据此,学者们也相应认为我国相关部门应充分领悟其立法宗旨,根据其最新发展对我国反兴奋剂法律法规进行相应修改,完善反兴奋剂机构职能,建立体育仲裁机构,加强对外国际交流与合作,以实现与国际反兴奋剂治理体系的全面接轨。特别是,其中修改最多的处罚部分,由于处罚制度对运动员的影响巨大,更加需要深入考察。故而,有学者通过对本次修改过程中的多个草案以及各缔约方意见的文本分析,结合实践中的案例,分别对原有处罚规定的修改、新增的处罚制度、技术性制度的修改进行了解释,并提炼出新版处罚制度分类处理、灵活处理、不确定性增加的综合特色。同时,也建议我国今后应密切关注反兴奋剂案例,细化规则的制定,加强配套制度的建设,更积极地提出建议,以期更好地适用该处罚制度。另外,也有学者从法律解释学角度对《世界反兴奋剂条例》的听证条款进行了解析,并通过法律论证,认为保护运动员基本权利优先于国际奥委会确保体育纯洁、促进公平竞赛的目的,听证是否公开需要国际体育仲裁院综合考虑法律效果和社会效果的有机统一。运动员对世界反兴奋剂机构不遵守自己的规则或不正确解释规则的行为有向瑞士联邦最高法院上诉的司法救济权利。

但是,学者们对于 2021 年版《世界反兴奋剂条例》的不足,或者有待改进与加强,以及仍旧需要克服的缺陷部分,讨论与研究得不够充分。事实上,虽然相较于 2015 年版《世界反兴奋剂条例》,2021 年版

《世界反兴奋剂条例》有了长足的进步,特别是在运动员权利保障方面。然而,这并不是说2021年版《世界反兴奋剂条例》是完美无瑕的。譬如,2021年版《世界反兴奋剂条例》在事关严格责任、公平竞赛和运动员参赛权益冲突的治疗用药豁免(TUE)规则中,对于运动员获得治疗用药豁免的门槛有一定幅度的降低,而这在伴随2021年版《世界反兴奋剂条例》一同生效的治疗用药豁免国际标准(ISTUE)中展现得更加淋漓尽致。这种对于获取TUE要求降低的做法,本身便存在极大争议,因为其必然会绝对减损其他未获取TUE运动员的参加无兴奋剂体育运动之基本权利,特别是由此延伸的优胜权益。另外,获取TUE标准的降低也是负严格责任权威的削弱,会有更大概率引发对TUE相关权利滥用的风险,最终造成对作为体育基本原则的公平竞赛的绝对损害。因此,对于反兴奋剂国际规则的研究不仅应当从正面呼应2021年版《世界反兴奋剂条例》,也需要从反面同时反思2021年版《世界反兴奋剂条例》仍旧可以提升的部分。

总之,《世界反兴奋剂条例》是全球反兴奋剂斗争工作和保护运动员合法权利的"宪法性"和"纲领性"文件。该条例的不断完善及对应的配套支持措施和法律文件(例如《反兴奋剂运动员权利法案》)旨在促进打击兴奋剂违规行为与运动员权利保障之间的平衡,实现体育公平与运动员身心健康保护及运动员权利保护的目的。

(2) 兴奋剂检测调查相关规则

由于事关运动员的个人隐私权保护,对兴奋剂检测调查相关规则的探究也是体育法反兴奋剂法治领域的重要一环。尽管隐私权作为民事权利在同反兴奋剂整体的体育公共利益发生冲突时,并不具有足够的优先性,但是隐私权同时作为一项人权,已然被公认为是公民的基本权利之一,对其的相关限制也仍应符合限制公民基本权利的学理要求。否则,兴奋剂检测调查相关规则不仅将在学理上难以获得相当的合理性,在现实中,也可能会引发针对其所进行的人权诉讼,甚至可能在拥有宪法法院或宪法委员会的国家涉及维护公民基本权利的宪法诉讼。当然,可以乐观看待相关诉讼并不会真正推翻兴奋剂检测调查相关规则。但是,值得注意与提醒的是,一旦涉及类似的诉讼,其实就已然表明相关规则正当性的瑕疵,并且随着现代人权观念的加强,在今后几十年,兴奋剂检测调查相关规则仍旧存在被推翻的风险。是以,学者们对于兴奋剂检测调查相关规则也有着不俗的研究。譬如,有学者基于欧洲人权法院"FNASS 等诉法国案"对反兴奋剂"行踪规则"的合法性进行了研究,其提出了"行踪规则"是指被国际单项体育联合会或国家反兴奋剂机构列入注册检查库的运动员应根据反兴奋剂检查和调查国际标准中规定的方式提供行踪信息,并认为由于"行踪规则"涉及运动员隐私,所以该规则是与运动员人权保护密切相关的一项规则,也是反兴奋剂领域一直受到广泛争议的规则,欧洲人权法院对"FNASS 等诉法国案"的判决确认了"行踪规则"在《欧洲人权公约》下的合法性,对于世界反兴奋剂体系而言具有非常重要的意义。另外,也有学者以刘春红案、曹磊案为切入点,深入分析了兴奋剂样本复检规则的适用问题,其指出,这两起案件涉及禁用清单的非穷举式列举、复检规则和时效如何适用、检测结果不一致时如何处理等反兴奋剂领域的根本性问题。2019 年 11 月 7 日,2021 年版《世界反兴奋剂条例》在世界反兴奋剂大会上通过,自 2021 年 1 月 1 日起实施。与 2015 年版《世界反兴奋剂条例》相比,修改的内容涉及复检规则和样本无限次检测权,对运动员权利有重大影响。梳理刘春红案与曹磊案及其他反兴奋剂案件中体现出的规则和趋势,对于把握和了解反兴奋剂领域的国际规则及变化具有重要意义。未来反兴奋剂领域的发展应当兼顾严厉打击兴奋剂与保护运动员合法权利的平衡。

总之,在反兴奋剂工作中,世界反兴奋剂机构以及国际体育仲裁院逐步确立了诸多规则和原则,例如行踪规则、样本复检规则、严格责任原则、比例原则、一事不再罚原则、保护弱者权益原则、程序正义原则等。而在这些规则和原则中,有的主要以打击兴奋剂行为为目的的,例如行踪规则和严格责任原则;有的主要以保障运动员权益为目的,例如样本复检规则、一事不再罚原则、保护弱者权益原则;而有的则是中性的,例如比例原则和程序正义原则。因此,在理论和实践中,必须准确把握。

2. 国内兴奋剂管控治理及责任承担形式

在谈及我国兴奋剂管控治理时,有学者通过分析我国反兴奋剂管理取得的成效以及面临的风险,来回应这一更具现实意义和本土意义的研究。其指出:近年来,中国反兴奋剂在立法、组织运行、教育、检查与调查、检测、保障、结果管理、程序公正等方面都取得了长足进展。中国虽然对兴奋剂违规行为实行“零容忍”,但兴奋剂风险和问题仍然存在。除故意使用兴奋剂的现象(尤其是组织使用兴奋剂的情况)并未禁绝外,由于反兴奋剂规则复杂,食品药品环境不友好,运动员不够谨慎,误服误用兴奋剂风险仍然比较高。如果能够将兴奋剂违规处罚权委托给中国反兴奋剂中心,建立反兴奋剂仲裁制度,完善反兴奋剂规则,尽量公开中国反兴奋剂信息,做好舆论宣传,加强反兴奋剂教育,将有利于降低中国的兴奋剂风险。同时,在兴奋剂责任承担形式方面,有学者研究了职业体育领域兴奋剂和各方体育参与主体的民事责任问题,并从兴奋剂禁令的目的、反兴奋剂斗争的机制、制裁可能性和反兴奋剂法四个角度介绍现有体育法中预防、应对、制裁兴奋剂的机制。

一言以蔽之,对国内兴奋剂管控和责任承担形式而言,必须坚持事前防范为主、事中控制和事后补救为辅的理念。事前防范要求从兴奋剂源头包括药源性和食源性两个方面进行管理和控制。事中控制和事后补救主要是指责任追究和责任承担两个方面。责任承担主要指承担民事责任和刑事责任,而责任追究主要是指兴奋剂管控行政责任、违纪责任等。在国内反兴奋剂立法和执法中,不仅要建立和完善民事责任追究制度和刑事责任追究制度,还要配套实施行政责任、纪律责任追究制度。值得一提的是,我国《刑法修正案(十一)》第44条规定,在《刑法》第355条后增加一条,作为第355条之一,即妨害兴奋剂管理罪,该罪名囊括了“引诱、教唆、欺骗运动员使用兴奋剂”“明知运动员参加上述竞赛而向其提供兴奋剂”“组织、强迫运动员使用兴奋剂”三种行为类型。与上文学者所述的行为类型相比,还存在诸多差异(有重合),但这无疑体现了理论界对兴奋剂入刑的立法引导和贡献。

综上,对反兴奋剂法治相关问题进行深入研究和探讨具有重要的理论和实践意义。首先,进行深入的理论研究有利于提升我国的国际体育话语权和我国在国际体坛的地位,积极推动我国参与国际体育治理,逐步完善国际体育治理结构和治理机制,实现国际体育治理法治。其次,使我国国际体育参与主体了解并掌握国际体育规则、原则,指导国际体育实践,积极预防国际体育实践中的法律风险和应对国际体育危机。最后,可以借鉴国际体育反兴奋剂工作中的成功经验,汲取国际体育反兴奋剂工作中的失败教训,指导国内反兴奋剂工作,并逐步建立和完善反兴奋剂相关规则和制度。

(二)体育纠纷解决机制研究

体育法的行业法属性决定了体育法的研究对象既包括体育实体法内容,又包括体育程序法内容。而体育程序法主要是指体育纠纷解决。可以说在历史上,自体育产生时,体育纠纷解决程序就相伴而生。因此,对体育纠纷解决问题的研究在体育行业法领域是一个亘古不变的话题。

1. 体育纠纷的调解解决

传统上,对于体育纠纷的解决总是集中在诉讼或仲裁的争论之中。

相对于诉讼,尽管仲裁由于其诸多优势而更受到学者以及体育领域人士的偏爱,然而,从替代诉讼纠纷解决方式的角度出发,还有其他可以进行讨论的体育纠纷解决方式。其中,调解就是一个极好的选择,尤其是在很大程度上已形成中国特色的人民调解制度,至少在理论上对于分流解决体育纠纷有着极大的潜力。因而,有学者对此进行了相应的研究,即从人民调解的角度论述了学校体育伤害救济的程序法进路。简言之,由于传统纠纷解决方式存在的问题、学校体育伤害仲裁制度构建的困境,人民调解基于其优势,有在学校体育伤害纠纷中扩大适用的必要性。当然,人民调解应通过自治、法治、德治的融合,重视对当事人私权的救济来实现纠纷的彻底解决。同时,法律人士参与调解应为常态,并可以考虑增加体育、教育界人士作为专家参与重大疑难案件;因地制宜选择专门调解委员会模式和以现有人民调解组织为基础的改进模式;以现有鉴定机构的鉴定结论为调解依据。不过,也不能将调解或者人民调解作为主要的解决体育争议的方式。因为人民调解本身具有较强的准司法性质,其在程序性、期限性和专业性等方面仍有类似诉讼的劣势。因此,人民调解可以成为体育纠纷解决方式的有益补充,而不能成为主导方式。

总之,体育纠纷解决方式有和解、调解、体育社会团体内部处理、体育仲裁、行政裁决和行政复议、民事诉讼和行政诉讼以及刑事诉讼等。其中,调解和仲裁已经成为国际上主要的体育纠纷解决方式,特别是以国际体育仲裁院为代表的国际体育仲裁与调解,已形成完备的仲裁调解机制。

2. 体育纠纷的诉讼解决

学者们在面对体育纠纷的诉讼解决这一老生常谈的问题时,有一种更为新颖的观察角度,即从国内体育诉讼角度出发,认为在我国体育领域应当建立和适用民事公益公诉制度。“十三五”时期我国将体育发展纳入法治轨道,法律体系应提供相应的救济方式。当前我国体育领域民事公益公诉制度存在诸多问题,例如制度的适用条件尚存争议、检察机关的法律地位尚不明确等。从公益诉讼和民事公诉制度的基本理论问题着手,对两者间的关系进行辨析后,相关学者提出在我国建立体育领域民事公益公诉制度的正当性和可行性。同时为建立和完善我国体育领域民事公益公诉制度提出了构想,以期能够对我国体育领域的公益诉讼立法和实践提出一些有益的对策和建议。同时,也有学者从域外法律的角度进行了体育纠纷诉讼解决的研究。例如,有学者从瑞士联邦最高法院的司法实践出发,分析了体育领域瑕疵仲裁协议的审查原则。该学者指出,国际体育仲裁中,普通仲裁管辖权来源于当事人间平等协商自愿达成的仲裁协议。瑞士联邦最高法院针对仲裁协议是否合法有效的审查,适用较为宽松的标准。从协议的形式来看,法院接受推定的默示协议,从协议的实质来看,对于内容不明晰、不完整,甚至相互矛盾的仲裁协议,法院并不当然地判断其无效,而是根据具体案件适当地加以解释或补充。具体而言,在体育仲裁协议是否存在,以及如何解释仲裁协议这两个问题上,瑞士联邦最高法院采用了不同的标准。针对有瑕疵的仲裁条款,只要其有排除法院司法管辖、提交仲裁裁决的意思表示,法院就会认定其效力;但是,对有效仲裁协议的拘束力,法院会进行严格和审慎的审查。另外,有学者从具体判例出发,按图索骥来探究体育纠纷诉讼解决指导。譬如,有学者在研究欧洲人权法院 MUTU 案和 PECHSTEIN 案后指出,两个案件给中国体育法治建设、体育仲裁制度建立带来相当多的启示。与此同时,也有学者基于对瑞士联邦最高法院判例的分析,研究了对国际体育仲裁院裁决的救济。其指出,瑞士联邦最高法院是国际体育仲裁院裁决救济的核心,也是唯一可对国际体育仲裁院裁决行使撤销权的机构。瑞士联邦最高法院审查国际体育仲裁院裁决采取一级上诉机制和形式审查的原则,一般不干涉裁决的实体问题。能否先行中止裁决执行主要取决于三点:裁决的损害程度、相关方利益之衡量、上诉成功的可能性。在裁决撤销之诉的审查上,瑞士联邦最高法院总体持严苛的认定态度,对撤裁事由限制解释,尊重体育领域的特殊性,只有在国际体育仲裁院存在严重违规时才可能导致裁决撤销。

然而,学者们其实更多的是从具象化的角度来阐述现有的体育诉讼相关制度,并未将其进一步抽象化或者理论化来讨论诉讼本身对于体育纠纷解决的意义。事实上,从我国的司法实践出发,涉及纯粹体育纠纷的案件鲜有在人民法院进行诉讼,更多的是选择其他方式解决,尤其是那些涉及非职业运动的运动员,其纠纷仍旧依靠行政手段解决,而这种解决甚至称不上是行政裁决。所以,现实中仍有一定数量的运动员的权益实际没有适宜的救济途径。而诉讼权作为公民的基本权利应当得到更加完善与有效的保护。并且,从法理上看,司法机关必须遵循“禁止拒绝裁判原则”。显然,体育纠纷并不是法定的不得裁判的事由范围。另外,以专业性不足的理由否定体育诉讼的必要实际也违反了“禁止拒绝裁判原则”,这可以从我国逐步建立的互联网法院和金融法院的事例中得到佐证。是新事物或者法官对之陌生的事物,并不是法院可以拒绝裁判的理由,只要有足够的判例支持,或者在我国案例指导制度之下,形成足够多的案例,专业性的问题便会迎刃而解。因此,对体育纠纷诉讼解决的相关研究,不仅应当从现有制度或国外制度的角度出发,也应关注诉讼本身对于体育纠纷解决的不可替代性,从而使得包括运动员在内的所有涉及体育活动主体的权益都能够得到基本的救济。

3. 体育纠纷的体育组织内部解决

从现实的角度看,体育纠纷实际上主要依托体育组织内部解决。故而,学者们对此进行了多且深的研究。例如,有学者研究分析了法治化进程中中国足协内部纠纷解决机制的进展与存在的问题。其指出,中国足协内部治理的法治化为各体育行业协会之典范,但相关纠纷解决机制仍存在若干需要改进之处。现行中国足协纠纷解决规则在管辖范围、仲裁申请、仲裁受理与答辩、仲裁庭组成、庭审方式、举证规则、仲裁裁决等方面还存在提升空间。同时,其也存在外部监督机制缺失、内部救济机制不足、仲裁机构独立有限等缺陷。由此,相关学者建议:修改已经过时的《中国足球协会仲裁委员会工作规则》;增补有关内部仲裁程序的规则;提高仲裁委员会的独立性,消除中国足协内部可能存在的行政干预;加大调解机制的作用;完善内部救济和外部监督机制。另外,还有学者研究了国际篮联仲裁机制的发展并提出了中国的借鉴建议。其指出,篮球仲裁庭是国际篮联认可的独立机构,其从设计到实际运作均致力于通过仲裁简单、快速地解决球员、代理人、教练和俱乐部之间的纠纷。篮球仲裁庭的运行机制与仲裁规则,为篮球领域的纠纷当事方提供了高效、便利的解决方式。国际篮联仲裁程序机制上的创新性,使得其在实际运行中较为成功,符合公开标准的裁决书,有助于增强其透明度、公信力及可预测性。篮球仲裁庭在机制和运行上的成功,对中国篮协也有一定的借鉴作用。

总之,在现实中能够作为平息体育纠纷案件主要手段的体育组织内部解决方式,其重要性不言而喻。从国际范围来看,真正能够以最低成本解决包括运动员在内的所有涉及体育活动主体的相关纠纷,仍是体育组织内部解决方式。因此,尽管学者们似乎对此更重视,讨论更多,但也应当给予体育组织内部解决方式更多的关注。同时,从具体实践来看,加强各类体育协会内部纠纷解决机构的建设更具有现实意义。这既可以为未来我国统一的国家体育仲裁制度的构建提供足够的前提经验,也更有利于及时化解体育纠纷所带来的各种冲突矛盾,还可以降低纠纷主体解决问题的成本,实现真正的体育公正。

4. 国际体育仲裁

自21世纪初以来,我国对于体育法学的研究工作日渐进入一个新的高潮,而其中的前沿问题非国际体育仲裁问题莫属。也可以说,国际体育仲裁问题是许多体育法学人进入体育法学领域的试金石。所以,学者们对于国际体育仲裁问题的研究也一直是历久弥新。例如,有学者以平昌冬奥会俄罗斯运动员参赛资格纠纷为例,研究了国际体育仲裁院对体育组织规则与决定的审查问题。其指出,震惊体坛的俄罗斯运动员大规模使用兴奋剂事件引发了一系列后果,国际奥委会对俄罗斯奥委会实施禁赛,俄罗斯运动员经由国际奥委会特别设立的邀请程序方得参加平昌冬奥会。国际体育仲裁院平昌冬奥会特别仲裁处经审查认定该程序具有法律依据且实施得当。然而,该程序实际设立了一项特别参赛规则:存在兴奋剂违纪记录的俄罗斯运动员不得参加平昌冬奥会。该规则有违反"一事不再罚"原则之嫌,但特别仲裁处由于未能充分行使抽象审查的权力,未能为俄罗斯运动员的权利提供适当救济。这对我国的体育法治建设也有启迪意义。因为我国现有针对体育组织决定和规则的外部审查机制存在主体单一化、缺乏独立性的缺陷,不利于运动员权益的保障,所以应尽快建立具有可操作性的体育仲裁制度。同时,也有学者对平昌冬奥会俄罗斯运动员及辅助人员体育仲裁案例进行了述评,并辨析了奥运会参赛权的法律性质——权利抑或特权。其指出,俄罗斯奥委会遭国际奥委会暂停成员资格,导致很多无辜运动员无法参加平昌冬奥会,国际体育仲裁院平昌冬奥会特别仲裁处处理的数起案件均涉及俄罗斯运动员的参赛资格问题。国际奥委会运用其对奥运会的专属权利,无正当合理理由拒绝符合参赛条件的俄罗斯清白运动员参赛,有构成垄断的嫌疑。符合参赛选拔条件,且不存在禁止性限制因素(如兴奋剂禁赛处罚在身)的清白运动员参加奥运会,是他们的权利,而不是国际奥委会赋予他们的特权。切实保护运动员参赛权利是各国和地区法院和国际体育仲裁院在处理体育参赛资格案件中的一贯立场,平昌冬奥会仲裁分庭的实践过于保守。体育善治的改革,要求必须对《奥林匹克宪章》进行修改,最大限度地保护运动员的参赛权利,实现《运动员权利与义务宣言》的宗旨。另外,还有学者论述了国际体育仲裁公开听证机制。《欧洲人权公约》第6条第1款和瑞士国内法为国际体育仲裁的公开听证提供了制度支持。随着佩希施泰因案在欧洲人权法院的审结,《与体育相关的仲裁法典》新增了上诉仲裁公开听证条款。然而,条文的立法技术尚未成熟,在例外条款的规定上存在瑕疵,建议将"法律审查"和"一审程序已公开"这两个例外条款删除,并将可申请公开的案件类型由"纪律性事项"改为"上诉类案件"。从国际体育仲裁公开听证的已有尝试来看,仍存在诸多问题并建议国际体育仲裁院加大资金投入,建设满足公开听证要求的仲裁场所,完善相关硬件设施;效仿投资仲裁中公开听证的制度设计,从登记程序公开、庭审过程公开和裁决书公开三个维度,为体育仲裁实现公开听证创造条件。今后,中国建立体育仲裁机制时,应当考虑引入公开听证条款。同时,学者们也研究了国际体育仲裁院仲裁机制特点以及在此基础上得出的启示。此外,还有学者对我国海外体育产业投资的风险防范与争端解决进行了分析研究,提出应采取适当方式(如国际体育商事仲裁和国际体育投资仲裁)解决争端,切实保障中国投资者的利益。

总体来说,学者们对于体育仲裁的研究,已经从原有的单纯介绍性或传播知识性的研究,转到对于体育仲裁制度本身或者国际体育仲裁及其诸多组成部分的制度或规则的研究。应当说,随着我国参与国际体育纠纷的程度越来越深,所涉及的相关案件也越来越多,这就促使学者们对于体育仲裁或者国际体育仲裁制度有了更加深刻的理解和认识,对于其中所出现的问题和在理论上的不正当、不合理的地方,有着更为深刻的反思。不过,学者们对于国际体育仲裁的研究立场或者思路仍旧存在一定的局限性。尽管学者们对于国际体育仲裁已经有了极为广泛与细致的研究,对于国际体育仲裁的方方面面都给予足够的关注和探讨,但是总是站在支持国际体育仲裁院的立场上,来对国际体育仲裁相关规则和制度进行研究。例如,学者们对于国际体育仲裁强制性的讨论,虽然已然明确其中的问题所在,却仍旧对此进行模糊化处理,潜在性地仍旧支持国际体育仲裁的强制性存在。而这一问题本身在国际范围内有着极强的争议性,更多的中立学者对此都持否定性的批判立场。因此,对于国际体育仲裁的理解与研究本身应当跳出国际体育仲裁院或国际奥委会预设的基本立场,从遵循我国具体国情,遵守法治基本要求,以及尊重运动员等相对弱势群体权益的角度出发,重新反思国际体育仲裁制度的优势与不足,从而为国际体育仲裁自身的发展、我国参与国际体育仲裁的程度深入和我国体育仲裁制度的构建与完善,提供足够的智力保障。

而从我国更为具体的体育纠纷解决的现实环境来说,1995 年《体育法》的颁布实施对我国体育事业的发展和壮大发挥了巨大作用,但也应当看到,正是由于体育事业的发展和体育产业的壮大,特别是我国运动员、体育组织以及企业等主体频繁活跃于世界体坛,也催生了越来越多的体育纠纷,面临着越来越多的法律风险。而体育纠纷的解决机制必须与国际主流方式接轨。但一直以来,我国并未真正建立起正式的体育仲裁和调解机制;同时,由于中立性受到影响,体育组织内部仲裁机制也无法发挥其应有的作用,使得很多体育纠纷无法得到圆满解决,运动员及相关主体的合法权益得不到维护。例如,因辽宁足球俱乐部承诺发放拖欠前辽宁足球俱乐部球员、教练的工资,协商未果后,球员、教练向中国足协仲裁委员会提交仲裁申请,中国足协仲裁委员会以辽宁足球俱乐部被取消注册资格,不在受理范围为由,拒绝受理仲裁申请。随后,球员、教练又向辽宁省劳动人事争议仲裁委员会申请劳动仲裁,也未被受理。之后,球员、教练向沈阳市和平区人民法院提起诉讼。法院经过审查后认为,辽宁足球俱乐部曾系在中国足协注册的职业足球俱乐部,球员是经中国足协注册为辽宁足球俱乐部的职业球员,双方之间的争议事项发生在辽宁足球俱乐部属于中国足协会员期间,故应由体育仲裁机构负责调解、仲裁,排除人民法院管辖。至此,球员、教练的维权之门已经被全部堵死,陷入了非常尴尬的境地。这说明修改《体育法》、建立专门的体育仲裁机构解决体育纠纷是非常必要的。而对国际体育仲裁、调解机制的研究,不仅能为国内建立体育仲裁、调解制度提供经验和启示,同时也能为我们活跃在世界体坛提供法律保障机制。因此,上述关于体育纠纷解决的研究,具有重大理论和实践意义。

(三)《体育法》修改研究

1995 年 8 月 29 日第八届全国人民代表大会常务委员会第十五次会议审议通过《体育法》。该法自颁布实施以来,一共经历了两次修正。第一次是根据 2009 年 8 月 27 日第十一届全国人民代表大会常务委员会第十次会议《关于修改部分法律的决定》进行修正。该次修正内容为:第一,由于明显不适应社会主义市场经济和社会发展要求,删除了《体育法》第 47 条规定:“用于全国性、国际性体育竞赛的体育器材和用品,必须经国务院体育行政部门指定的机构审定。”第二,由于相关法律的位阶和名称发生变化,将第 51 条至第 53 条中的“治安管理处罚条例”修改为“治安管理处罚法”。第二次是根据 2016 年 11 月 7 日第十二届全国人民代表大会常务委员会第二十四次会议《关于修改〈中华人民共和国对外贸易法〉等十二部法律的决定》进行修正。该次修正削减了体育竞赛全国纪录审批权力,将审批改为确认,反映了行政审批体制改革的要求,突出了政府的服务性地位。尽管如此,经过二十多年的发展,《体育法》已经不能适应社会发展的需求和体育行业的发展壮大,特别是全球体育的兴起所带来的冲击。因此,《体育法》的修改一直是理论界和实务界重点关注的问题。

1.《体育法》修改理念、模式以及架构研究

学者们对现行《体育法》的立法理念和篇章结构进行研究后认为,在《体育法》修改时,应当对修法理念进行重塑,对篇章结构进行重构。现行《体育法》存在权利彰显不足、执行力弱、无法适应体育事业快速发展和各类体育融合发展的时代要求等弊端。换言之,现行《体育法》未体现以体育主体的权利义务为中心的立法观念,是其执行力低、法律性差的根本原因。并且,现行《体育法》以体育类别为基础的学校体育、竞技体育、社会体育"三板块"结构已不能适应我国体育事业快速发展的形势,在现有基础上进行局部修改难以彻底消除现行《体育法》的弊端。因此,《体育法》修改应构建以体育基本制度为先导,以体育主体的权利和义务为中心的篇章结构,实现由以行政权力为导向的管理型立法向以权利确认为导向的维权型立法的转变,以增强立法的科学性、时代性、前瞻性,实现以制度为基础的体育治理体系和治理能力的现代化。同时,也有学者对我国《体育法》的修改模式进行了研究。从法律修改模式来看,我国《体育法》的两次修改是法律修正模式的适用,采用的是包裹立法模式,但它不能对《体育法》进行全方位的修改,而我国经过二十多年的发展,客观情势发生了很大的变化,体育观念、行为模式等都需要作出全面的修改,故修正模式不适合《体育法》全面修改的要求。《体育法》需要在立法理念、结构框架以及立法技术方面进行全面修改,而这种全面修改的模式就是法律的修订模式,《体育法》的修改要从修正模式转向修订模式。学者们还从对域外立法经验的借鉴,提出对我国《体育法》的修法理念和制度设计的修改建议。另外,有学者研究了体育产业税收优惠的规范设计与体系构

造问题。其指出,通过税收优惠助导体育产业发展的整体考量,借助《体育法》修订契机,创设专门的体育产业税收优惠规范具有必要性。秉持《体育法》优于税法的设计先导,坚持体育主管部门深度参与的立法策略,立足体育产业税收优惠体系建造的立法定位;依循从量能课税到比例原则,从税收法定到授权立法的设计基准;恪守易懂性、结构性、有效性和整体性的技术标准,遵循"税收优惠主导型"设计方案。

回顾1995年我国制定与出台《体育法》的立法背景,不难发现当时《体育法》的相关立法工作实际并不如学者们所预想的那么充分。事实上,最初《体育法》的制定与出台是与北京亚运会的举办和接下来的北京申奥工作息息相关的,从很大程度来说,当时的《体育法》具有一定突击立法的性质。从这一角度出发,《体育法》的理念、模式以及架构存在较大问题,尤其作为体育领域的"基本法",《体育法》本身不仅对于运动员权利、体育组织义务,以及体育行政机关和体育组织之间权力的区分与界限都未能有明确规定,对于已经成为公民基本权利的参与体育运动权利本身更是毫无体现。因此,学者们对于《体育法》的修改理念、模式以及架构的研究是适时的、必要的和充分的。只有对于《体育法》的理念、模式以及架构进行足够预先研究,才能够指导具体修法工作的展开。当然,其中的争议无可避免,就像对《体育法》进行单纯的小规模修改,还是进行大范围修订,都具有合理性与正当性。对于最终《体育法》修改采取何种模式,这种预先的探讨十分必要。因此,不仅应当将对《体育法》具体条款的修改、设计的理论研究作为一项长期性工作,还要进一步协调理论研究与现实修改立法工作的同步与切合,最终为《体育法》的整体修改立法工作铺平道路。

2.《体育法》具体条款的修改、设计研究

在对《体育法》具体条款的修改、设计的研究中,有学者讨论了新时期关于《体育法》授权立法条款的设置问题。随着时代发展,体育环境出现了很多变化,《体育法》也应不断优化完善。基于此,以新时期《体育法》授权立法条款的设置问题作为切入点,分析各类不足,再以此为基础,重点论述新时期《体育法》授权立法条款设置的价值以及建议,以期通过分析问题所在、完善对应理论,为实际工作提供参考。同时,学者们也对《体育法》中关于学校体育场地设施的条款进行了研究。在迈向新时代的进程中,学校体育被赋予新的历史使命,学校体育场地设施也在发展中产生了新的问题与矛盾。修改《体育法》中学校体育场地设施条款内容成为解决当前问题,提升学校体育场地设施治理能力的必要途径。从法的实然角度出发,当前学校体育场地设施条款存在配置条款法律关系主体不明、义务性条款法律责任缺位、使用条款限制学校体育场地设施多功能发展的实然性问题;从法的应然角度出发,修改学校体育场地设施条款应该遵循学校体育"健康第一"的思想,满足建设健康中国和依法治理的应然性要求。因此,应当明确法律关系主体,增加法律责任条款,修订使用限制内容,增设新的内容条款。另外,还有学者论述了职业足球劳动合同中的法律适用冲突问题。区别于普通的劳动合同,球员和俱乐部之间的职业足球劳动合同存在特殊性,引发了多层次且复杂的法律适用冲突,其中既有足球行业规则与国家法的冲突,又有国际规则与国内规则的冲突,还包括国家法之间的冲突。我国现行劳动立法的预先安排存在明显不足,使得职业足球劳动合同中的法律适用冲突尤为严重。未来有必要将足球行业规则纳入中国足协制定的格式合同范本当中,而且应当在立法层面正视足球行业对职业足球劳动合同关系稳定性的需要。或者将职业足球运动员排除于《劳动法》的适用范围,使法院在审理职业足球劳动合同案件时将足球行业规则视为正式法源,或者在《体育法》中明确职业足球劳动合同属于应通过体育仲裁解决的竞技体育领域的争议,并及时建立中国的体育仲裁机构。

《体育法》作为体育领域的基本法,自1995年颁布实施以来,为中国体育行业的壮大和体育事业的发展作出了巨大贡献。但《体育法》也要与时俱进,体育总局自2010年启动《体育法》的修改工作以来,一直在努力推动相关工作。而对《体育法》修改的研究也一直是体育法学研究的重要课题,也是推动《体育法》修改工作的重要力量。总体来说,《体育法》修改研究主要体现在以下三个宏观方面:第一,《体育法》修改的理念和价值取向;第二,对《体育法》章节的设置问题,例如总则和分则中有关社会体育、学校体育、竞技体育、体育社会团体、体育产业、法律责任等各部分进行修改和增设问题;第三,具体条款的问题,例如修法中完善立法语言、设置定义条款和授权条款等。一言以蔽之,理论界对《体育法》的修改问题从多方位、多角度进行了研究,提出了很多具有价值和意义的建议和措施,这些建议和措施均是修法工作应当予以参考的重要内容。殷切地希望《体育法》的修改工作能够尽快"瓜熟蒂落",以回应社会需求和人民的呼声。

(四)《民法典》对体育领域的影响研究

《民法典》的编撰和出台,对社会各方面均产生了深远而实质的影响,当然也包括体育法学研究领域。

1.《民法典》与体育强国建设的关系问题

由于《民法典》事关公民参与体育运动权利的具体有效实现,以及体育产业未来发展的法治保障环境,因此《民法典》的出台与体育强国建设有着密不可分的联系。对此,有学者指出,《民法典》的颁布实施将进一步助力与保障体育强国建设。对"身体"观念的发掘、理解与展开构成了《民法典》与体育价值契合的重要表现,《民法典》对人的生命健康权设置的至上地位与体育的价值理念完全契合。在明确各类体育场地设施的权属、安全保障义务和满足特殊人群体育健康需求方面,《民法典》将进一步发挥对全民健身活动的促进与保障作用。在竞技体育领域,《民法典》的出台将为运动员产权机制的分配、单项体育协会治理和职业体育治理奠定坚实基础。《民法典》通过一套完整的市场交易规则,将为体育产业主体从事市场行为提供稳定的行为预期,为体育产业无形财产权的开发、利用与保障提供更多渠道与可能。在促进人的全面发展的意义上,《民法典》和体育强国建设可以达至有机统一。

《民法典》作为“权利宣言”,与社会的每个个体息息相关,民事权利问题本质上是民生问题,其根本目的是增进人民的幸福感和获得感,维护广大人民的根本利益。习近平总书记在党的十九大报告中明确指出:“中国特色社会主义进入新时代,我国社会主要矛盾已经转化为人民日益增长的美好生活需要和不平衡不充分的发展之间的矛盾。”体育事业作为人民追求美好生活道路上的重要一环,《民法典》将为人民体育保驾护航,促进人的全面发展。同时,《民法典》作为市场经济的基本法,将为体育产业的前进保驾护航,促进体育事业的发展。《民法典》是我国市场经济发展的必然要求,是市场经济体制得以稳健运行的法治保障。《民法典》采取的是民商合一的立法体例,它进一步健全和完善了民商事法律体系,建立了较为完整的基本法律制度和基本行为规则。明确的法律规定,设定了较为明晰的市场交易规则,将为体育产业的市场主体提供积极的引导和合理的行为预期,因此将对体育事业的发展和壮大以及进一步的健康发展起到积极的促进作用。

2.《民法典》中自甘风险原则在体育领域的理论和适用问题

对于体育法能否成为一门独立的学科,最早的支持观点便是来自有关体育运动中暴力性行为负面后果的责任承担问题。若遵循民事法律原则,行为者对体育运动的任何伤害性结果都应承担相应的民事法律责任。但是,一旦如此进行裁定,体育运动将不再具有任何存在价值与存在必要,或者说体育运动本身将会立即消亡。因此,自甘风险原则就具有十分必要的理论指导性和现实需要性,即通过自甘风险原则便可以为不具有严重后果、本身就是体育运动必需组成部分的暴力性行为提供合法性与合理性的法治基础。故而,《民法典》中自甘风险原则在体育领域的理论和适用问题也将成为体育法学研究的重点与热点问题。对此,有学者指出,《民法典》规定的自甘风险免责条款所涉及的“文体活动”,是“大体育”概念,指各种体育活动和其他以健身、休闲、娱乐为目的的身体活动。这些活动既包括有组织的体育竞赛活动,也包括体育健身活动,还包括户外休闲娱乐活动。《民法典》自甘风险原则应用范围包括体育活动同场竞技参与者之间发生的伤害,观众在观看体育比赛时因场上竞赛行为发生的伤害,非商业性的、“AA 制”的户外探险旅游活动中发生的伤害。明知风险、自愿参与、固有风险和无故意无重大过失是构成自甘风险的要件。《民法典》规定自甘风险的目的是不使体育活动参与者在各方均无过错的情况下承担赔偿义务,有利于我国体育、休闲娱乐、户外运动、旅游行业的发展。虽然现行《民法典》对自甘风险的规定只免除了其他参与者对于体育固有风险的责任,但《民法典》对公平分担进行了限制,将使体育赛事组织者、体育场馆经营者、管理者和开展体育活动的学校在各方均无过错的体育伤害中,不至于再按照公平分担原则承担责任。

同时,也有学者研究了自甘风险原则适用于学校体育伤害侵权案件的司法价值与挑战。其司法价值主要表现在:体现公正与正义、提升秩序与效率、彰显自由与平等,完善侵权责任法,削减学校体育法治化发展“赤字”,为学校体育培养合格人才提供重要保障。目前我国应从推动立法、支持法官自主解释、完善保险及社会保障机制等方面共同解决这一社会高度关注的问题。与此类似,学者们还分析了自甘风险原则在搏击运动中的适用和嬗变问题。搏击运动可以适用自甘风险原则,我国司法实践对此总体也持认可态度。不同于其他体育项目,搏击运动本身即以击倒甚或伤害对手为目的,导致正常风险和异常风险皆有可能造成人身损害,因而适用自甘风险原则具有较为明显的特殊性。适用自甘风险原则要求受害人应当能够完全意识到造成损害的风险,从而需要基于危险活动发生特定损害的概率加以判断;行为人承担责任的情形也不应限于故意或重大过失。日常训练以及未成年人参加搏击运动原则上均可适用自甘风险原则。

另外,有学者基于191个司法案例,对我国大众滑雪伤害事故中的滑雪场责任问题进行研究后认为,大众滑雪伤害事故后果严重;案件属于侵权责任纠纷;责任认定较为简单;依据《侵权责任法》(2021年后为《民法典》)等法律,滑雪场有安全保障义务,具体可分为五类;司法实践中存在滑雪场担责比例偏高问题,自甘风险条款的确立可能加重该问题。我们建议:政府应强化监管和惩处力度;业界建立经验交流与赔偿协商机制;滑雪者应养成良好的滑雪习惯;滑雪场应积极购买附高风险运动的意外伤害责任保险并提高额度。

事实上,《民法典》的颁布和实施,将为体育领域的人格权保护提供坚实的法律保障。《民法典》将“人格权”单列一编,其保护对象包括民事主体享有的生命权、身体权、健康权、姓名权、名称权、肖像权、名誉权、荣誉权、隐私权等权利以及自然人享有的基于人身自由、人格尊严产生的其他人格权益。上述关于自甘风险规则研究主要涉及体育领域的生命权、身体权、健康权纠纷问题,而对姓名权、名称权、肖像权、名誉权、荣誉权、隐私权等侵权纠纷还涉及较少,因此,这个领域的研究具有较为广阔的前景,例如运动员的肖像权保护问题,运动员的名誉权、荣誉权保护问题等。需要指出的是,在我国法律中首次确立了自甘风险原则,明确了侵权人和文体活动组织者的责任问题,即只有在侵权人存在故意或重大过失的情况下才承担侵权责任。在以前,法院在司法实践中一般是依据公平责任原则和过错责任原则判决被告承担相应的责任。因此从这个意义上来说,有利于消除体育活动组织者的诸多顾虑,让人们更有动力和信心参加体育活动,促进体育事业的发展。简言之,作为"社会生活的百科全书",作为市场经济的基本法——《民法典》的颁布和实施,将影响着社会生活的方方面面,也将为体育行业和体育事业的未来发展奠定坚实基础。

(五)体育领域知识产权法律保护研究

体育领域的知识产权保护一直是体育法学领域中经久不衰的前沿问题与热点问题。对此,相较于体育法学的其他热点问题,对于体育领域的知识产权会有诸如《奥林匹克标志保护条例》等专门的法律法规予以格外保护,在《奥林匹克宪章》中也有相应的专门规则进行保障。体育实践中,体育赛事节目、奥林匹克标志、体育赛事组织者的传播权问题等一直是需要进一步探究的主要问题。

1. 体育赛事节目的保护路径研究

体育赛事节目的法律保护一直都是体育法学中不可或缺的经典话题。对此,有学者在研究了赛事直播节目侵权保护的裁判法理后指出,在融媒体时代,通过网络、手机软件非法盗播赛事直播节目现象日益增多,违法成本低廉,法律保护存在较大缺失。当涉及赛事直播节目的侵权争议提交至法院时,我国法官发展出各异的裁判法理,力图在现行法框架下予以审慎应对。通过对这些裁判法理的考察显示:赛事直播节目的解释路径包括著作权意义上的作品解释论,邻接权意义上的录像制作者权解释论和广播组织权解释论,竞争法一般条款解释论。裁判法理的未来发展将向传统民法框架回归。同时,学者们也从广播组织权角度对体育赛事节目的知识产权保护问题进行了研究。近年来,各大互联网公司斥巨资抢夺体育赛事节目播出资源却饱受盗播之苦。体育赛事节目相关纠纷频发,法院对体育赛事节目的权利属性和保护路径看法不一,导致判决结果各异。我国新《著作权法》为广播组织扩张了转播权并新增信息网络传播权,但未解决广播组织权利主体和权利客体等相关问题。由此,应当将广播组织权的主体范围扩大至新型的网络传播主体,确定广播组织权的客体为载有节目的信号,基于利益平衡原则对权利进行一定的限制,如赋予公众免费观看重大体育赛事活动的合理机会并给予未获独家转播授权的媒体一定的新闻报道的自由。并且,还应明晰体育赛事节目的法律性质及其权利归属和权利内容,将有助于妥善处理体育赛事节目产业链上各相关主体的利益,在权利的专有和公有之间划分合理的界限。也有学者研究了体育赛事节目的法律性质。无论是理论界还是实务界,对体育赛事节目法律性质的认定都存在严重的分歧。基于独创性的基本原理以及著作权/邻接权二元立法模式存在的问题,综合《伯尔尼公约》、美国法、欧盟法有关体育赛事节目法律性质的规定,我国立法对体育赛事节目在创造性程度上的要求不应过高。体育赛事节目只要达到最低限度的创造性程度,就应当构成作品,归入“以类似摄制电影的方法创作的作品”这一类别,受《著作权法》保护。北京市知识产权法院作出的新浪诉天盈九州案终审判决否定了体育赛事节目的作品属性,是对我国《著作权法》的机械适用,不仅存在法律解释和适用上的问题,同时也与目前世界各国将视听成果纳入作品范围予以著作权保护的趋势背道而驰。此外,体育赛事节目的《反不正当竞争法》保护路径看似“一劳永逸”,实则其作用具有局限性,应当审慎适用。与之类似,其他学者还以邻接权的客体为视角,分析了体育赛事节目录像制品保护的困境与出路问题。目前我国司法实践中法院多以独创性低为由将体育赛事节目认定为录像制品给予邻接权保护,这实际上是将独创性较低的思想表达作为邻接权的客体。从制度产生的根源以及相关国际条约的规定来看,邻接权的保护对象应为对现有内容的传播。在著作权法中规定邻接权制度的目的并不在于保护独创性低的思想表达,而在于保护传播者对作品的传播利益。判断某一内容是否属于邻接权客体,不应当根据其独创性的高低或有无,而应当看其是否属于对现有内容的传播。体育赛事节目本质上属于对体育赛事现场实况的传播,以此为由将其认定为录像制品给予邻接权保护,显然更符合邻接权制度的一般原理。

此外,学者们还从邻接权即赛事视听权角度分析了意大利体育赛事保护的经验及其启示。体育赛事的举办和体育赛事节目的传播意味着大量经济收益回报。欧洲国家分别尝试通过合同、物权、著作权等方式对体育赛事的视听权益进行保护,至今仍未出现统一的保护方案。意大利作为传统体育强国,创设了体育赛事视听权。《意大利著作权法》以及《意大利体育法案》对体育赛事视听权的法律属性、行使方式予以细致规定。由于缺乏法律的明确规定,我国在体育赛事视听权益的保护问题上仍处于探索阶段,对体育赛事视听传播利益的保护效果不佳。为了实现对体育赛事视听权益的有效保护,可以借鉴意大利经验,以修订《体育法》《著作权法》及颁布"体育赛事视听权运营及保护条例"为核心,构建符合我国实践的体育赛事视听权益保护体系。

另外,也有学者提出了构建人工智能技术背景下的体育赛事专有权。体育赛事转播中侵权纠纷的请求权基础争议较大。体育赛事不是著作权的客体,其视听记录的录像制作者权以及广播组织权对于互联网播放的规制乏力。尤其在未来人工智能主导的体育赛事传播中,视听记录播放的智能化和内容多样性将颠覆体育赛事视听记录制作者和信号传输者的传统版权法地位。应通过《体育法》确立体育赛事专有权,在此基础上,赋予体育赛事转播权人与其独占许可地位相称的独立侵权诉讼请求权。

2. 奥林匹克标志及其他体育商标保护研究

奥林匹克标志及其他体育商标保护是最为传统的体育领域知识产

权问题。对此学者们有着充分而新颖的研究成果。例如,有学者在研究了奥林匹克标志隐性营销的法律规制问题后指出,伴随体育产业化的发展,营销成本不断攀升,隐性营销这种成本低廉的搭便车方式应运而生。其中,针对奥林匹克标志的隐性营销面临行为认定困难和各方利益平衡等问题,存在规制的困境。2018 年,我国修订了《奥林匹克标志保护条例》(以下简称《条例》),以平衡合理使用和私权专有为立法思路,对奥林匹克标志使用和隐性营销进行了规范。分析现有立法和实践,尚需在提高专门法位阶,明确对隐形营销的规定,强化奥林匹克标志作为传统知识产权保护,加强国际合作等方面进行完善,以提升我国对奥林匹克标志的保护水平。学者们还研究了奥运隐性营销惩罚性赔偿制度的构造。奥运隐性营销行为侵犯了奥林匹克标志权利主体知识产权、奥运会赞助商合法权益和消费者知情权,淡化了奥运会蕴含的商业价值,影响了奥运会开发市场的健康发展。然而,传统补偿性赔偿无法弥补奥运隐性营销行为造成的损害。我国应当借鉴美国、英国、加拿大、澳大利亚等国奥运隐性营销惩罚性赔偿的立法经验,在《条例》中增加相关惩罚性赔偿条款,规定惩罚性赔偿的适用条件,确定惩罚性赔偿金的计算标准,对奥运隐性营销行为进行必要的立法规制,为成功举办 2022 年冬奥会、提升我国体育大国形象、繁荣奥运经济提供有力的法律保障。同时,学者们在研究了奥林匹克标志的侵权问题后指出,《条例》的修订对我国冬奥会的顺利举办具有重要意义。通过对《条例》中关于奥林匹克标志侵权行为的认定,《条例》将以商业目的使用相同或近似的奥林匹克标志,以及利用与奥林匹克运动有关元素进行隐形营销等不正当竞争行为作为侵权的判定标准。奥林匹克标志侵权认定应以"利益平衡""合理人标准"为原则,侵权认定的限制主要包括非商业性使用、在先使用、善意使用等。为加强奥林匹克标志的保护和促进体育产业发展,建议提高奥林匹克标志保护的立法级别、明确规定奥林匹克标志权利的限制条款。

另外,还有学者从美国商标法的立法视角与司法实践出发,论述了体育品牌的商标法保护路径问题。其指出,针对体育品牌的保护,商标法是涉及面最广、最值得研究的领域之一。从立法角度出发,美国《兰哈姆法》是调整有关商标法律关系的一个典型范例,其突出贡献在于将商标权利保护的普通法原则法典化。该法把在先使用原则作为确定商标归属的依据,而混淆的可能性则是商标侵权行为中的主要认定标准。在司法实践中,美国奥林匹克委员会和国家橄榄球联盟的球队都曾因商标侵权问题提起法律诉讼,这些判例为商标法在体育领域的具体适用提供了充分的解读和阐释。目前,我国保护奥林匹克知识产权的法律框架已经基本形成,但如何更好地执行《条例》并将其延伸到其他体育商标的保护仍有待实践检验。而美国商标法的多因素评价体系、立法与执法的有机结合、商标注册制度都是值得借鉴和推广的体育品牌保护措施。

3. 体育赛事组织者的传播权问题研究

关于体育赛事组织者的传播权问题方面,学者们在研究了域外经验和中国实践后,提出了体育赛事组织者的传播权实现途径。体育赛事组织者是指组织、策划体育赛事,享有相关权利并承担相应义务的个人或组织。传播技术的发展使体育赛事的观众规模迅速扩大,在带来巨大收益的同时,也让体育赛事组织者面临权利保护的难题。鉴于我国当前无明确保护体育赛事组织者传播权的法律,以往的相关判决中常用体育赛事组织的章程证明体育赛事组织者对其体育赛事享有传播权。体育赛事组织的章程具备一定的法律效力,但由于赛事传播权属于绝对性权利,而体育赛事组织不具备立法主体资格,其章程规定不能作为体育赛事组织者享有赛事传播权利的法律依据。对比他国采取的保护模式,认为我国可在《体育法》《著作权法》上明确对体育赛事组织者传播权的保护,同时权利人还可借助《民法典》的相关规定,主张其对体育赛事节目享有的控制权。

体育领域知识产权保护的对象和范围是极其广泛的,这就决定了我们的研究领域不能仅限于某个或某几个领域,必须进行全方位和广泛的研究。当然,就上述研究内容来看,在某几个领域的研究特别是体育赛事转播权的保护路径研究,已经非常深入和细致。当然,这些研究还局限于理论范畴,而且还存在较大争议,这就需要立法机关在未来立法和修法过程中进行立法确认以寻求统一以及司法机关法律的准确适用。

(六)体育领域数据保护问题研究

当今社会是一个数据社会,大数据的运用已经深入社会的方方面面,在开展体育活动过程中,同样存在收集、存储、使用、加工、传输、提供、公开等处理数据的行为,特别是处理运动员、教练员等个人的信息和数据行为。因此,对体育领域的数据保护问题进行深入研究探讨,也成了 2020 年体育法学研究的一个重要领域。

1. 体育活动中个人数据特别是运动员数据的保护问题研究

运动员数据保护问题是公民数据权保护在体育领域的一种具象化表现,也是当前体育法学研究的前沿问题。对此,学者们在对体育赛事中运动员数据采集的规制问题进行研究后指出,2022 年冬奥会将在北京举行,组织工作涉及一系列法律问题,其中,运动员数据采集因涉及隐私权和人格权,尤为引人关注。特别是 2018 年欧盟通过并实施的《一般数据保护条例》,对运动员数据采集及跨境传输的法律义务要求得更加严格,使之一跃成为奥运会等国际体育赛事组织工作中的重要部分。在当前的国际体育赛事中,存在由于数据采集范围不清晰、数据利用目的超出权限导致的损害运动员权利以及“数据主权”对抗等问题。由于运动员数据具有财产属性,且信息公共性突出,现有的人格权、隐私权法律保护体系覆盖面不足,“知情同意”机制的实际效力也存疑。因此,需要在数据采集范围、利用限制、保护方式上作出安排,完善运动员数据采集的法律规范体系,平衡运动员数据的保护和利用。同样,学者们也研究了反兴奋剂活动中个人数据保护问题。个人数据不同于传统隐私,是指所有能直接或间接识别到个体的数据。无论是欧洲法下的人格尊严和人格自由,抑或美国法下的财产控制都强调个人对自身数据的支配。反兴奋剂活动有赖个人数据的充分供给和处理,各国数据保护法的相继出台引发了公众对个人数据权利的更多关注,也给反兴奋剂活动带来了深刻挑战。尽管世界反兴奋剂机构也在努力回应并试图完善个人数据保护,但反兴奋剂活动中的个人数据处理依然与数据保护存在矛盾。在数据处理的合法性方面,虽然反兴奋剂组织在处理数据形式上经过了数据主体的知情同意,但体育组织和运动员天然的实力差距导致此种知情同意无论是在“充分知情”抑或“自愿同意”方面都饱受质疑。“公共利益说”虽在一定程度上弥补了同意的缺陷,但因反兴奋剂活动的私法性质,导致其无法真正成为数据处理的合法性基础。在数据处理的行为相称性方面,反兴奋剂活动不符合行为相称性所要求的必要性原则和目的限定原则。平衡反兴奋剂活动中数据处理和个人数据保护,可引入合法利益豁免,构建平衡测试机制,解决数据处理合法性问题。赋予运动员知情权、被遗忘权、有限的拒绝权、访问权和更正权等数据权利,建立数据安全和数据处理的监督和救济制度,加强对数据主体的保护,以符合数据保护法的标准。另外,还有学者在对运动员个人数据处理中“同意”原则的适用进行检视研究后指出,“同意”原则是个人数据处理的基本原则,体现在各国数据保护立法和国际性文件中,也被国际体育组织所遵循,背后体现了数据自决而非他决的理念。但是运动员特殊的身份属性导致其难以控制和支配个人数据,在与体育组织博弈中的非平等协商地位也导致其难以就数据处理作出自由有效的同意,同时“同意”原则在一定程度上也阻碍了体育大数据等新兴产业的发展。运动员的数据保护需要突破传统“同意”模式,构建数据处理中“同意”原则的否弃机制,引入平衡测试和数据访问权、被遗忘权,使数据处理者的行为规范更具合理性。

2. 体育赛事的版权和数据财产权保护问题研究

在体育赛事的版权和数据财产权保护问题研究中,有学者指出,在体育赛事直播侵权纠纷中,法院跳过体育赛事权利而径行分析体育赛事节目或画面保护模式的通常做法欠妥。明确体育赛事财产权的性质可以使赛事直播在权利基础上正本清源,并统一赛事直播侵权纠纷的司法保护标准。理论上否定体育赛事可版权性的理由并不能统一适用于所有赛事类型。一些具有美感性和艺术性的体育赛事可解释为舞蹈作品或杂技艺术作品,从而获得版权保护。将来的《体育法》修订应当明确规定“体育作品”。非作品性体育赛事应当通过数据财产权加以保护,这既符合国际发展趋势,也符合国内产业导向,同时与保护客体的性质相适应。在现行法律体系之下,体育赛事数据财产权的保护可以通过适用《民法典》关于民事权益保护的一般条款得以解决。在《体育法》修订中,我们需要明确规定体育赛事数据财产权,其具体内容包括数据采集权、数据传输权、数据使用权、数据处分权和数据收益权。

数据利用和保护问题广泛存在于各个领域,体育领域也不例外,特别是对运动员、教练员等个人信息和数据的保护问题。就目前来说,这部分的研究文献还不算多,研究还不够深入,主要集中于运动员在体育活动中的个人数据的内容、性质、权能以及数字人权等问题。在体育实践中,为了有效打击兴奋剂违规行为,对运动员实行“行踪规则”和严格责任原则等,这些规则、制度的实施势必与运动员数据权利的保护形成矛盾。因此,可以预见,未来数据保护问题是体育法学中大可作为的研究领域,也将是学者们重点关注和研究的领域。

(七)体育法基础理论研究

1. 体育权利与义务

体育权包含抽象体育权和具体体育权。在对抽象体育权的研究中,有学者从人权角度探讨了体育权的衍生与发展。马克思主义人权观认为,人权是随着社会发展不断变化发展的。体育权随着经济、社会、文化的不断进步,逐渐受到全球人民的高度重视。当下,体育权逐渐兴起,成为一项新兴人权,无论其内涵是基本人权说、宪法权说、受教育权说还是体育运动权说,都是以肯定体育运动是一项人权为基础的。体育权基于马克思主义人权观及人类命运共同体等理论形成并得到认可,势必推动人权事业的进步和人类命运共同体的实现。未来体育权的发展也不可限量,将逐渐融入新时代人权谱系结构之中,并成为中国人权发展的重要内容,基于其特殊性还有望引领世界人权潮流。也有学者在研究了国际体育赛事中的人权责任与适用标准后指出,国际体育赛事中频繁出现的人权争端对国际体育赛事的利益攸关方提出了挑战,但国际体育赛事中的人权责任不能仅仅归咎于体育组织,而应当由多方当事人组成的赛事组织共同承担。传统上解决体育争端的体育仲裁院并不是解决国际体育赛事中运动员人权争端以外的其他人权争端的合理机构。无论是国家法院、区域人权法院还是体育仲裁院处理人权争端,原则上都要将《联合国工商业与人权指导原则》作为衡量当事各方人权责任的标准,国际体育组织也应当在赛事的申办、筹办和主办过程中将该原则作为衡量当事各方遵守人权的标准之一。另外,学者们还从国际人权的视角研究了奥运遗产的性质问题。国际奥委会在《遗产战略方针》中,将"奥运遗产"定义为举办奥运会或体育赛事为居民、城市、赛事等带来的长期收益。在价值层面,它突出了体育人权的重要性,其所承载的奥林匹克精神与国际人权中的平等、和平、发展等核心理念也有着趋同的价值。从历史与近些年的国际实践来看,奥林匹克运动对于推动人权实现的作用有目共睹。一方面,奥运带来的外部环境的变化促进了人权内涵的落地;另一方面,人权实现本身也正成为"奥运遗产"的一部分。不过,在奥林匹克实践中仍存在强迫迁徙、侵害劳工权益、过度保护强势团体等违背国际人权法的现象,近年来为国际体育组织所关注。2008 年北京奥运会在"绿色、科技、人文"的理念指引下已经留下丰富的奥运遗产,2022 年冬奥会将使北京再次成为世界瞩目的焦点。我国应充分继承奥运场馆、基础设施、体制机制、弱势群体保护、志愿服务体系等奥运遗产,提前做好冬奥会"奥运遗产"的人权保护制度设计,借鉴国际重大赛事人权保护最佳实践做法,提升管理的规范性与决策民主性。应构建"奥运遗产"监测保障体系,在建立指标的基础上,可以利用外部资源实现长期的监测与评估,形成闭环机制,使北京奥运人权遗产成为国际奥林匹克运动的辉煌篇章。同时,学者们也从法理角度分析了残疾人体育权利的法律保障问题。残疾人体育权利是一项基本人权,法律是对人权保障最集中的体现。对残疾人、残疾人体育权利的概念进行界定;基于法哲学原理,对残疾人体育权利的人权属性作出分析;依据残疾人体育权利的法律渊源,探究我国残疾人体育权利的法律保障。残疾人体育权利具有应有人权、法定人权和实有人权三种形态。残疾人体育实有权利的实现,需要建立健全残疾人体育法律体系。为此建议:树立权利本位的法理念;规制残疾人体育侵权行为;改进残疾人体育权利保障模式;设定例外和豁免条款;加强配套法规建设,以期进一步改善残疾人体育权利保障现状,推动中国残疾人体育事业健康、持续发展。此外,学者们从赋权增能的理论视角分析了中国部分残疾人参与体育的困境与破解策略问题。

在对具体体育权的研究中,学者们讨论了奥运会临时仲裁中运动员知情权的制度保障。其以法理视角分析了运动员知情权的内涵、外延及其功能,探讨了运动员知情权的制度保障现状。奥运会体育仲裁制度的强制性有利于提高仲裁速度和保证竞赛的“时间正义”要求,但同时也会限制运动员知情权的行使;奥运会体育仲裁制度内容的缺失性直接导致运动员的知情权无法得到可靠保障;奥运会体育仲裁制度的不确定性也会导致运动员知情权的行使处于游离之中。其主要原因在于价值理念存在冲突、管理权力极为垄断、监督机制尤为乏力。建议秉持“程序正义”价值优先原则,完善相关体育仲裁制度内容,强化体育仲裁监督机制,以维护和保障运动员的知情权。也有学者以足球领域入籍运动员为切入点,研究了我国入籍运动员的权利与义务。入籍运动员平等享有公民的权利并平等承担相应义务,但基于入籍运动员在身份、职业、语言、文化等方面的特殊性,需要对其入籍到退役全阶段的权利义务进行特别规定。在入籍阶段,其面临入籍条件与参赛资格的双重制约,需要满足入籍国国籍法及相关国际体育组织的规章制度;在职业发展阶段,其也面临公平竞争与人格利益方面的权利保障与义务履行问题;在退役阶段,其劳动者法律地位与社会保障也需特别加以明确。同时,学者们也研究了我国青少年足球运动员转会法律困境及其纾解之道。我国青少年足球运动员转会面临立法实践和规则实施两个层面的法律困境。在立法实践层面,存在法律文本中部分概念性质模糊或标准不明,如“工作合同”的合同名称无法表明其法律性质,青少年业余球员培训协议的法律性质不明,“正当体育理由”援引条件严苛、标准模糊等问题;在规则实施层面,存在法律规避行为泛滥、主体履约意识淡薄和联合机制补偿流于形式等问题。为规范青少年球员转会法律秩序,更好地保护青少年运动员的权益,同时兼顾投入了大量人力、财力的培训机构和俱乐部的利益,必须以问题为导向寻求解决方案。在规则内容的完善方面,应以两分性视角明晰青少年球员“工作合同”和“青少年业余球员培训协议”的法律性质,细化“正当体育理由”的适用标准,同时摆脱青少年球员转会实践中的法律适用困境。

在规则体系的健全及其配套措施的优化方面,应以利益平衡的立法价值为指引,严格规范青少年球员代理人的行为,预防和惩治合同违约行为,健全青少年球员转会纠纷解决机制。另外,学者们还研究了我国职业体育"限薪令"的法律困境及优化路径,我国户外运动安全的法律保障问题,以及从民事裁判实证分析角度,对老年体育伤害事故案件司法诉讼现状、特征及启示进行了研究。

2. 体育违纪责任与处罚

在对体育违纪责任与处罚问题研究中,学者们以俄罗斯前体育部部长诉国际奥委会案为例,对体育社团对政府官员禁赛措施进行了法律分析。由于俄罗斯集体兴奋剂丑闻事件,国际奥委会禁止俄罗斯原体育部部长参加今后所有的奥运会,引发在国际体育仲裁院进行仲裁,仲裁庭裁决国际奥委会败诉。体育社团对违反章程的政府官员施加的禁赛措施属于社团处罚,双方当事人之间由此产生了"准外部行政法律关系",这种禁赛措施可视为特殊的"行政处罚"。在对体育社团所作的决议进行法律审查时,仲裁庭应当遵循成立要件到合法要件之序。此案中仲裁庭就国际奥委会决议的法律效力进行判断时,缺失对程序合法要件的说理。这起案件昭示,体育社团应当注意其权力行使的界限,明确其行使的权力的性质,保障当事人的程序性权利。此案也反映了体育社团及其罚则在兴奋剂管制领域对国家政府官员的震慑作用非常有限。同时,学者们还在研究了体育纪律处罚监督机制的模式与中国道路后指出,体育纪律处罚权是体育组织一项非常重要的权力,对体育纪律处罚权的行使进行监督,既是权力必须受到监督的应有之义,也是保障受处罚者权利的需要。内部仲裁监督、外部仲裁监督、外部司法监督是目前体育纪律处罚三种主要的监督方式。用尽内部救济是寻求外部救济的前提条件,用尽内部救济后,外部救济途径存在单一制和双轨制两种模式。中国应该尽快完善自身的监督机制,建议进一步完善内部监督机制,建立纪律处罚的外部仲裁监督和司法监督机制。

3. 体育侵权责任

有学者在对体育侵权属于自甘风险还是过失相抵进行研究后指出,自甘风险和过失相抵是体育侵权案件中最常见的抗辩方式。前者将会免除加害人的赔偿责任,而后者只能按比例减少加害人的赔偿责任。虽然法律后果存在巨大差异,但目前对于体育侵权案件适用自甘风险还是适用过失相抵,没有一个明确的标准,没有建构一套稳定的规则。从美国法的经验来看,通过对自甘风险进行分类来解决自甘风险和过失相抵的竞合问题,并不是一个成功的范例。实际上,自甘风险和过失相抵的主要区别在于受害人能否认知风险的存在。通过运动类型、违规程度、年龄和精神状况、参与的自愿性、专业程度等五个要素的综合考量,法官可以推知当事人的意思,进而从参加体育活动的行为来判断是否构成自甘风险,最终正确适用法律。同时,也有学者对体育环境侵权类型进行了研究。目前对体育环境侵权的分类仰赖于逻辑上的演绎和理论上的构建,缺乏对司法实践的考量,脱离现实,将对体育环境侵权这一新型案件救济不足。应当分析“侵害”与“权益”在相关实践中的各种表现,以重构体育环境侵权的类型。依据不同的侵害行为和受侵害权益的性质,可将体育环境侵权案件划分为体育环境污染行为损害个人私益的纠纷、体育环境污染行为或体育生态破坏行为损害环境公益的纠纷、体育环境污染行为或体育生态破坏行为损害个人私益与环境公益的纠纷,并适用不同的规则处理三种不同特点的案件。由于体育环境侵权案件类型的复杂性和体育运动的公益性,应探索体育环境司法专门化,同时运用多种柔性手段和社会化多渠道进行救济。另外,有学者在研究高风险体育旅游项目侵权责任归因及涉及法律制度的完善中指出,高风险体育旅游项目因其自身特点,容易导致侵权责任事故的发生,并引发侵权责任纠纷,因此有必要对相关法律制度进行深入研究,以期形成完善的项目发展法律保障。高风险体育旅游项目的侵权责任法律制度既具有一般侵权责任的共性,又因其自身特点而具有一定的特殊性。同时,高风险体育旅游项目侵权法律制度在立法、行政、司法和配套制度等方面还存在一些不足,进而会产生各种现实性的问题。因此,应当在结合高风险体育旅游项目自身特点和侵权责任法律制度基本原理的基础之上,平衡保护旅游者合法权益,实现对被侵权人的救济和补偿,引导和规范相关产业健康发展等。综合运用立法、行政、司法等法律手段对相关法律制度予以完善,从而探索高风险体育旅游项目侵权责任法律问题的具备统一性、全局性、立体性和可操作性的解决方案。此外,学者们还对我国城市马拉松赛事人身伤亡事故的民事责任进行了研究,对手机用户直播体育赛事的侵权责任进行了分析。

4. 体育行政规制责任

关于体育行政规制责任,学者们主要在研究体育彩票发行与销售管理所存在问题后提出应当进行行政法反思。我国体育彩票发行与销售管理制度以国家特许、政府经营和多部门共同监管为特征。该制度在排除社会竞争、防止欺诈的同时,也引发了经营与监管合一的现象,导致体育彩票发行与销售机构腐败、彩票公信力下降。为此,立法者和其他规制者正在启动新一轮彩票立法与改革。我国过去倚赖行政规制,体育彩票国家发行和政府经营的规范基础薄弱,在此背景下进行改革,需要在立法过程中作大量精细化处理,确保发行与销售管理和行政规制体系相协调,并在国家治理现代化中寻求出路。

5. 体育刑事责任

有学者基于批判积极刑法立法观的视角,对对抗性竞技体育伤害行为的实质解释论进行了研究。在对抗性竞技体育比赛中,出现了越来越多的恶意犯规甚至伤害行为,入罪论时有抬头,正如企图以刑法积极管控几乎所有的社会风险的积极刑法立法观一般。应尽量以非刑事措施,规范造成重大伤害甚至死亡结果的对抗性竞技体育伤害行为,不应动辄以刑法对其进行规制,从而更有效地展现非刑法规制力量所发挥出的社会秩序合理化功能。一般而言,不需要刑法规制的对抗性竞技体育伤害行为,属于运动员在规则允许的范围内实施的,或在并未明显超出规则允许的范围内实施的,造成某个或某些运动员身体受伤的行为。对于行为人蓄意借助对抗性竞技体育比赛这一事由,实施在实质上是故意伤害乃至故意杀人行为,应考虑由刑法予以规制。总体而言,规制值得刑事处罚的对抗性竞技体育伤害行为的刑事罪名主要包括过失致人死亡罪、过失致人重伤罪、故意伤害罪和故意杀人罪。为了促进对抗性竞技体育的健康发展,必须结合各项对抗性竞技体育比赛的规则本身以及特点进行实质考量,在法理上,应基于正当化事由及责任阻却事由的实质解释,将一定的对抗性竞技体育伤害行为不定罪量刑;在司法上,应借鉴刑法私法化理念,对入罪化的对抗性竞技体育伤害行为予以活性化处理,以实现法益保护与人权保障之间的相对平衡。同时,还有学者对操控竞技体育比赛犯罪的罪名选择与路径转变进行了研究。操控竞技体育比赛犯罪破坏了公平公正的竞赛秩序,对于体育行业具有严重的危害性。在我国现行刑法罪名体系下,虽然有赌博罪、受贿罪、非国家工作人员受贿罪等罪名可以评价该行为,但是由于这些罪名立法针对性的缺失和这些行为自身具有特殊危害性等原因,仍然存在以偏概全、未能完全符合罪刑相适应原则要求等缺陷。基于竞技体育领域中国家治理能力现代化的需要,对该行为需要设置独立的罪名予以规制。独立制罪,不仅具有宪法和体育法的基础,有利于罪刑相适应的实现,更有利于填补刑法漏洞,实现对该行为的准确评价、合理处罚与有效预防。同样,其他学者也从对德国操纵体育比赛的刑法规制角度进行了类似研究。竞技体育领域不断有操纵体育比赛的丑闻发生,许多国家开始完善本国刑事立法。2017 年德国出台第 51 次刑法修正法,规定为体育博彩非法获利之目的操纵体育比赛构成体育博彩诈骗罪,同时又单独设立了操纵职业体育比赛罪,成为当前操纵体育比赛刑事立法的典型。其立法特色在于,以体育诚信为主要目标法益,采用抽象危险犯的构罪模式,并在法条中巧妙运用指涉体育规则的概念或词语。我国完善操纵体育比赛的刑法规制,可以从明确刑事立法所保护的法益、选择适当的犯罪构成模式、平衡刑罚介入与体育自治等几个方面,为操纵体育比赛犯罪化做好理论准备。

6. 体育合同法律关系

体育合同问题根系发达,枝叶繁多,研究成果浩如烟海。例如,有学者从比较法的角度研究了中日劳动法规中职业球员的劳动者属性问题。2016 年人力资源和社会保障部等部门联合发布的《关于加强和改进职业足球俱乐部劳动保障管理的意见》肯定了职业球员适用《劳动法》,但该意见对全盘适用抑或选择性适用《劳动法》、个别劳动关系法与集体劳动关系法适用范围是否一致等问题未作出细化规定。该学者通过对日本劳动法规及日本学界关于职业球员劳动者属性认定的分析,认为中国在认定职业球员为劳动者的同时,仍有必要分别划定职业球员在个别劳动关系法和集体劳动关系法上的适用范围,并设定收入门槛,收入额在收入门槛内的适用或部分适用个别劳动关系法,反之则依据集体劳动关系法通过工会与使用者自主交涉,从而保障全体职业球员的基本权益。同时,也有学者对奥运会主办城市合同进行了法律解析。《主办城市合同》系奥运会筹办过程中的纲领性文件。签约主体包括合同生效时尚未成立的奥组委,而奥组委加入合同并承担义务可能突破合同的相对性。从形式上看,该合同系格式合同,条款具有广泛性、持久性、主体不平等性等特点;从实质上看,该合同具备类似于委托合同和行政合同的特点。《主办城市合同》具有公私混合、兜底条款多、规则化和溯及既往地适用等特征,合同条款多为主办城市及国家奥委会设定义务。从维护主办城市利益的角度出发,在合同签订过程中应当厘清各方的权利义务关系,建立合同的知识管理体系;在合同履行过程中,应充分发挥奥组委作用,完善合同义务传递;对奥运立法秉承审慎态度。今后的奥运会主办将由目前的“申请制”改为“邀请制”,这样的改革将有利于发挥主办城市的能动性。另外,学者们基于对“邹市明案”的法学与经济学的思考,研究了体育经纪合同的“兼容”与“平衡”问题。体育经纪合同是对运动员人力资本产权进行投资处分的载体,实践中,体育市场投资者与运动员通过体育经纪合同确定权利义务。但是,由于人力资本产权并非法学概念,造成学界对此类合同法律性质的认定发生混淆,导致投资者与运动员发生利益冲突时所适用的合同规则不明,阻碍社会资本向体育产业流动,不利于体育经纪产业发展。通过厘清体育经纪合同的法律性质,构建其与人力资本产权理论“兼容”的法律基础,并以美国拳击产业为例,结合美国《阿里法案》《职业拳击安全法案》,进一步将人力资本产权理论转化为法学意义上的具体合同规则与原则,同时辅之以相关法律法规进行细化。此外,学者们还对体育人才协议中的道德条款进行了研究,同时论述了道德条款义务与运动员权利的协调问题。

7. 体育治理

体育治理是近十年来不仅在体育法学领域极为火热的话题,更是整个体育学领域的重要前沿问题。对此,有学者从软法之治角度研究了我国单项体育协会治理路径。新时代单项体育协会的治理与发展,不仅需要硬法也需要构建完善的软法体系加以保障,这是现代体育治理的客观要求。因此,脱钩与实体化后的单项体育协会,需要通过制定软法弥补硬法鞭长莫及的缺陷,发挥软法在单项体育协会治理中柔性、灵活性及协商性约束的优势,使其成为平衡、协调、规制各主体利益的“内部法律”,促使软法与硬法相衔接,确保单项体育协会治理的有效性与实效性。同时,学者们基于对苏、浙、沪三省、市的调查实证分析,研究了地方足球协会软法治理模式、困境与对策。依据软法的制定主体和实施主体的不同,提炼概括了当前地方足球协会的两种软法治理模式,即省级层面地方足球协会“政府主导型”软法治理模式和市级层面地方足球协会“多维互动型”软法治理模式,继而归纳了当前地方足球协会软法治理“程序缺失、责任制度不规范、承诺滞后和权利救济缺失”四个困境,从“内部法人治理结构、相关主体法治观念、软法的程序、监督问责机制”四个方面阐释了产生软法治理困境的原因,最后提出四项地方足协软法治理的对策建议。另外,也有学者对奥运会广告规制问题进行了研究(兼论北京冬奥会广告规制应对)。国际奥委会为保护奥林匹克财产、遏制隐性营销所进行的奥运会广告规制,在新媒体时代饱受冲击。为平衡奥林匹克财产保护和运动员权利保障之间的价值冲突,国际奥委会修订了《奥林匹克宪章》中的广告规制条款(即第40条),虽然适用对象范围逐步扩大,新增弹性变通条款,但仍受质疑。因此,国际奥委会在2015年制订豁免计划,2019年修订《奥林匹克宪章》第40条,原则上放开广告限制,但奥运会广告规制有赖于国家奥委会的具体实施和制定细则。为保障运动员权利,基于我国现行法律法规,北京冬奥会应研讨第40条的适用原则,强化国际协调治理,借鉴域外经验制定北京冬奥会广告规制的实施细则。其他学者还研究了奥运会网络隐性营销法律规制问题。奥运会网络隐性营销的滋生和蔓延成为社会关注的焦点,既严重损害奥运赛事相关权利人的合法权益,也无情吞噬着奥林匹克精神和奥运无形财产。奥运会网络隐性营销主要有网络传播的混同模仿、隐性侵犯传播专有权、域名抢注、网络链接等表现形式。我国当前奥运会网络隐性营销的法律规制面临适用法律的依据缺失、诉讼主体资格难以确定、侵权损害赔偿数额确定困难、侵权救济难免出现滥诉情形等难题。建议借鉴域外曾举办过奥运会国家的有益经验,构建奥运会网络隐性营销防范法律体系,加强奥运赛事相关域名的法律保护,增加规制奥运会网络隐性营销相关条款,完善奥运会网络隐性营销执法机制,从而实现对奥运会网络隐性营销的有效规制。

除此之外,学者还研究了以下体育治理问题:体育赛事转播权市场销售行为的反垄断法规制及启示问题,美国大学竞技体育的制度治理及其特征问题,美国职业体育伤病保险制度及研究进展问题,设立中国体育产业投资基金的若干法律问题,奥运规则对于主办国立法影响问题,粤港澳大湾区体育产业协同发展的法治保障问题,奥运会法律备战策略问题,国外职业足球俱乐部股权改革经验与启示,以及从法哲学的视角研究了电子竞技的合法性问题。同时,有学者从东京奥运会延期问题研究了奥运会重要事项及其变更的依据之憾与规则完善。还有学者研究了我国高危险性体育项目的立法缺陷及其完善问题。另外,有学者还从中国特色社会主义法治思想视角研究了体育自治的本土化路向问题,以及从"完整性"视角,对职业体育法治进行了研究。

8. 体育法学研究

有学者对体育法治若干基础理论问题进行了研究。体育法治是中国法治国家和法治社会建设的有机组成部分,体育法治涉及非常广泛的基础理论问题。主要对体育法能否成为独立的法律部门,"体育行业法"能否成为一个新的划分概念,体育法治新思维、体育规范体系的概念和结构,《体育法》中的授权规范分析,体育组织能否成为行政诉讼被告,奥运会临时仲裁机构对发生在奥运会期间的争议进行仲裁是否意味着国家司法权的让渡,如何理解体育规则中的公平性等基础理论问题进行研讨。对以上问题的研究不仅有助于深化和丰富体育法治理论,而且对于体育法律实践也具有启示作用。还有学者探讨了新时代体育强国建设背景下的中国体育法研究问题。信息化、大数据、全球化时代和中国特色社会主义法治体系建设的全面推进以及中国体育国际地位的不断提升对中国体育法研究产生了深远影响。新时代体育强国建设对中国体育法研究产生了新需求,我国学者应尽快通过深掘基础理论、遵循问题导向、重视比较研究、践行实证考察等进路来创新中国体育法理论与制度,重点研究北京2022年冬奥会主办期间重要法律问题的前瞻对策、新时代青少年体育发展的法治保障、《体育法》及相关配套法规的优化与完善、海外体育法的前沿动向与新发展、增强国际体育法律规则发展的中国话语权等课题,以构建具有中国特色、中国风格、中国气派的并且能够深度融入世界学术话语体系的中国体育法学。

在现代法律关系中,任何法律都包含了权利义务内容,体育法也不例外。因此,上述关于体育权利与义务的研究,可归入作为体育法基础理论的体育法律关系范畴。在法律关系中,有权利即有义务。而对于义务的违反,必然产生法律责任的问题。在传统的法律部门中,一般将法律责任与法律关系、权利与义务分开论述。因此,上述关于体育违纪责任与处罚、体育侵权责任、体育行政规制责任、体育刑事责任的研究,可归入作为基础理论的体育法律责任研究的范畴。需要指出的是,体育违纪责任与处罚属于体育法的特殊现象,体现了其固有的体育自治的“软法”属性,这是与传统法律关系的本质区别。而对于体育合同法律关系而言,尽管其仍然属于法律关系范畴,但由于其具有特殊性(如俱乐部对球员商事人格权的使用问题),特别是职业运动员的工作合同,存在诸多不同于普通劳动合同的特殊之处,因此分而论之亦有其必要性。由于现代体育强调依法治体,实现体育法治和使体育治理走向善治是体育治理的总体目标。因此,体育治理是体育法基础理论不可或缺的议题。而体育法学研究的内容之一便是依法治体,实现体育法治和使体育治理走向善治。因此,可以说,体育法基础理论的研究没有终点。

三、体育法学研究项目

全国哲学社会科学工作办公室、教育部以及体育总局在科研项目上对体育法学的支持,是推动体育法学发展的重要力量。2020年,国家社会科学基金项目、教育部人文社会科学研究规划基金项目、体育总局决策咨询研究项目继续对体育法学研究进行支持,下面对三类基金项目关于体育法学2020年立项情况进行梳理和分析。

(一)国家社会科学基金项目立项分析

国家社会科学基金项目支持涉及法学、体育学等23个学科。体育法学作为法学和体育学的交叉学科,可以从这两个学科进行申报。国家社会科学基金项目是我国社会科学领域最高级别国家级课题,为推动哲学社会科学繁荣发展、巩固马克思主义在意识形态领域的指导地位、服务党和国家工作大局作出了积极贡献,包含重大项目、重点项目、一般项目、青年项目、西部项目、后期资助项目等。2020年,中国政法大学马宏俊教授担任首席专家的"反兴奋剂法治体系及防控机制研究"项目获得国家社会科学基金重大项目立项。2016年至2020年国家社会科学基金重大项目体育学立项14项,其中3个项目为体育法学方向,除"反兴奋剂法治体系及防控机制研究"外,另两个获批的体育法学方向国家社会科学基金项目是"中国体育深化改革重大问题的法律研究""《中华人民共和国体育法》修改重大问题的法理学研究",反映出体育法学在我国体育学术研究中的重要地位。

2020年国家社会科学基金体育法学方向项目除重大项目之外还包括重点项目、一般项目、青年项目、西部项目、后期资助项目等。其中,重点项目有2个,分别是:"中国足球多元共治一体化发展模式建构及其实现路径研究”和“体育产业高质量发展的制度阻滞与治理现代化研究”。一般项目有6个,分别是:“法治视域下体育社会组织治理研究”“中国体育仲裁制度研究”“我国政府购买公共体育服务的政策工具研究”“农村体育组织在乡村治理中的作用与治理能力提升路径研究”“大型体育赛事公共安全风险的整体性治理研究”“残疾人体育治理的价值导向和路径选择研究”。青年项目有3个,分别是:“中国体育仲裁制度的生成困境与路径选择研究”“中国体育产业高质量发展助力体育强国建设的机制与路径研究”“智慧社区健身和健康深度融合的协同治理路径、机制与政策体系研究”。西部项目有1个:“我国运动员职业发展权利保障体系构建与实现路径研究”。后期资助项目有3个,分别是“学校体育伤害事故的法治应对研究”“国际体育仲裁的法律适用问题研究”“国际体育组织自治权的法理基础及运作机制研究”。

(二)教育部人文社会科学研究规划基金项目立项分析

近年来,作为新兴学科以及法学与体育学的交叉学科,体育法学获得了教育部人文社会科学研究规划基金项目的大力支持。2020年教育部人文社会科学研究规划基金项目体育法学方向年度项目涵盖了规划基金项目和青年基金项目两类。其中有4项规划基金项目,分别是:“校园足球损害责任认定论的实证研究”“我国中小城市群众休闲体育消费现状、政策引导及促进模式研究”“健康中国视域下运动戒治毒品成瘾的实证研究”“健康中国背景下普通大学生在体育竞赛中的失范行为干预研究”。6项青年基金项目,分别是:“我国新时代体医深度融合协同发展路径研究”“协会改革背景下中国奥运备战战略创新研究”“我国校园足球与职业足球青训的协同治理研究”“我国政府购买体育公共服务政策执行的阻滞与消解研究”“青少年校园足球政策执行力提升路径研究”“体育非物质文化遗产利益相关者的利益诉求与履行路径研究”。此外,教育部哲学社会科学研究后期资助项目中有关体育法学研究有1项重大项目:“国际体育赛事法律问题研究”。

(三)体育总局决策咨询研究项目立项分析

体育总局每年都会向大专院校、科研院所和有关单位组织申报决策咨询研究项目。体育总局决策咨询研究项目一般包括重大项目、重点项目和一般项目三类。2020年,体育总局决策咨询研究项目体育法学方向年度项目,上述三类项目均有立项。其中有2个重大项目,分别为:“‘十四五’体育发展规划专题研究-体育法治”“推进体育治理体系和治理能力现代化的制度路径研究”。有10个重点项目,分别为:“‘拿干净金牌’的反兴奋剂理论体系研究”“体教融合的政策举措研究”“我国社会足球场地设施建设的困境及破解对策研究”“中国特色职业体育法律制度建设研究”“中国足球自治规则的法治化研究”“文化领域与体育领域市场管理法律法规制度建设比较性研究”“国际体育仲裁裁决的司法审查制度研究”“全民健身志愿服务制度建设研究”“粤港澳大湾区体育体制机制创新‘试验区’的探索性研究”“体育事业治理体系变革背景下我国运动员保障体系研究”。有5个一般项目,分别为:“中国特色青少年体育俱乐部治理体系构建研究”“改革试点全国性体育协会薪酬规范管理研究”“新时代体育市场事中事后监管体系研究”“新时代中国老年体育现状、挑战与对策思路研究”“政府购买公共体育服务的政策工具分析与优化策略研究”。

从上述立项基金项目可以看出,体育法学的研究沿着“立足中国大地,创新中国思想,解决中国问题”的研究思路和方向,为中国体育事业的发展建言献策。从内容上看,这些研究项目既有对体育法治建设的宏观探讨,也有对具体问题的精深探索;既有对国际体育法治建设的持续跟进,也有对外国体育法治建设的挖掘思考。这体现出我国体育法学研究工作者宽广的研究视野,深厚的家国情怀。

四、体育法学学术会议

目前国内对于体育法学的研究,仍旧处于一种相对原始的、未能很好地形成自身独有的学术品格的阶段。体育法学内在的固有价值还在进一步酝酿之中,其外在更多的还是表现为“体育与法”。体育法学作为体育学与法学的交叉学科,双方的学者大致还是基于自身学科进行相关研究,学科间的对话停留在仅在客观上具有交集的初级水平。因此,体育法学的进一步深入发展必然且急需更多、更有效的相关学术会议的召开,以此实现不同学科学者间的深入交流与对话,形成体育法学独特的学科价值与学术品格,从而构建起更为纯粹的体育法学学者和学术共同体,令“体育与法”升华为真正的“体育法学”,推进体育事业发展的法治化建设,并在此基础上加快体育强国建设,为实现 2035 年基本建成体育强国目标提供有力法治保障。

(一)2020 年度体育法学学术会议总览

2020 年对于中国的发展意义不凡,既是“十三五”规划的胜利收官之年,又是“十四五”规划的编制之年;不仅是我国脱贫攻坚取得决定性胜利的决战年,而且是全面建成小康社会取得伟大历史性成就的决胜年。在我国这样的发展历史背景之下,体育法学学术会议作为体育法学学术共同体中发挥整合作用的关键要素,能够推动中国体育事业发展所遇法律问题的实际解决,对于属于法治中国建设重要组成部分的中国体育法治发展,更具有不可忽视的正面促进作用。因此,在我国正处于实现中华民族伟大复兴关键时期,改革发展稳定任务艰巨繁重的具体国情之下,2020 年度各类体育法学学术会议的成功召开,有利于更好地发挥法治固根本、稳预期、利长远的保障作用,为开启全面建设社会主义现代化国家的新征程作出重大贡献。

但是,从马克思主义哲学发展的观点出发,发展不会一帆风顺,前途是光明的,道路是曲折的。2020年年初开始肆虐全球的新冠肺炎疫情不仅令包括我国在内的世界各国遭受了始料未及、前所未有的巨大损失,更使得我国的发展被迫在第一季度处于暂停状态。同样,体育法学学术会议也遭遇困境,包括中国法学会体育法学研究会2020年学术年会在内的,诸多于2020年计划召开的体育法学学术会议因为抗疫和防疫的要求与需要,被迫延迟甚至取消。应当说,新冠肺炎疫情作为一种不可抗力,的确对体育法学学术会议乃至整个体育法学研究的发展与进步造成了客观上不可逆的损失。

然而,在中央统一领导下,全国人民团结一心抗疫、防疫的努力之下,在疫情得到有效控制的前提之下,整个体育法学学术共同体竭力恢复了体育法学的研究工作,克服重重困难,利用各种新兴技术手段,重新召开体育法学学术会议,并取得了不错的成果。例如,中国政法大学体育法研究所利用线上会议的方式,恢复了体育法学学术会议的召开,并在此基础上相继召开了一系列体育法学线上学术会议,分别是:结合马宏俊教授主持的北京市社科重大课题"北京冬奥会的反兴奋剂法律体系及防控机制研究"召开的"反兴奋剂规则的国内与国际衔接问题"学术研讨会,研讨我国运动员培养制度体系问题的"从孙杨案看我国运动员的培养制度体系"学术研讨会,围绕2022年北京冬奥会上可能出现的反兴奋剂法律风险及对策的"从孙杨案看北京冬奥运反兴奋剂法律风险防控机制的建立与完善"学术研讨会,针对近期热议的国际体育仲裁案件中呈现的体育法治和法学教育问题的"从孙杨案看体育法律专业硕士的培养方案及教学改革——对交叉询问和程序规则的再认识"学术研讨会,以东京奥运会延期为切入点、围绕其所带来的相关法律问题的"东京奥运会延期的法律问题梳理及对策"研讨会,旨在提高我国体育法治建设和体育法治人才培养质量的"从孙杨案看我国体育法律师人才库建设"学术研讨会,围绕突发公共事件的界定、新冠肺炎疫情导致东京奥运会延期的合法性、奥运延期的法律后果、东京奥运会延期的合同处理、疫情管控的国际法依据、疫情管控声明的合同法效力、疫情管控和个人信息保护的关系、如何应对以个人信息泄露为由向法院起诉等议题所召开的“突发公共事件对重大国际体育赛事的影响”学术研讨会,以及“纪念《体育法》颁布25周年”学术研讨会。

同时,其他体育法研究单位也恢复了体育法学术会议的召开。譬如,北京市法学会体育法学与奥林匹克法律事务研究会、山西运城学院以《民法典》自甘风险条款对体育活动的影响为主题,联合主办了网络学术研讨会;体育与法律研究中心在京举办了疫情对足球行业的冲击及法律应对国际研讨会议;天津市法学会体育法学分会、体育与法律研究中心网、体育与法微信公众号共同举办了“解决体育纠纷司法困境与建立我国体育仲裁制度”研讨会议;上海市律师协会体育业务研究委员会联合北京市法学会体育法学与奥林匹克法律事务研究会,共同举办了“民法典立法对体育法业务的影响”线上研讨会;由中国国际经济贸易仲裁委员会举办的“疫情下逆市发展行业法律问题研究之——电竞行业合同价值、风险防范和仲裁争议解决”线上研讨会等一系列线上体育法学学术会议。

另外,受全国疫情得到基本控制的利好因素影响,本应于2020年6月举办的地方体育法学组织2020年联合学术年会(第九届环渤海体育法学论坛),于2020年10月在西安市得以顺利召开,此次年会论坛由各地方法学会体育法学组织与西安体育学院联合主办,陕西(高校)哲学社会科学重点研究基地体育法学研究中心与陕西省法学会体育法学研究会筹备组合作承办,得到中国法学会体育法学研究会的指导和地方法学会的支持,也成为2020年度为数不多的能够完全线下举办的体育法学学术会议。

(二)2020年度主要体育法学学术会议概述

地方体育法学组织2020年联合学术年会(第九届环渤海体育法学论坛)作为2020年内鲜有的、全程通过线下举办的体育法学学术会议,所论议题指向实践热点、瞄准学术前沿、关乎权利保障、解答治理之困,均为学术界、实务界、舆论界最关心的体育法学问题,凝结着新时代体育治理现代化的法学思考。而“纪念《体育法》颁布25周年”学术研讨会则聚焦“《体育法》修改”这一目前体育法学界理论性与实务性都较为前沿的学术话题,为我国《体育法》的修改、加强体育法治建设、推进体育治理体系和治理能力现代化建设作出新贡献。因此,这两次研讨会应当是2020年度体育法学学术会议中最具代表性的。

1. 地方体育法学组织2020年联合学术年会(第九届环渤海体育法学论坛)

党的十八大以来,以习近平同志为核心的党中央从坚持和发展中国特色社会主义全局和战略高度定位法治、布局法治、厉行法治,将全面依法治国纳入“四个全面”战略布局,在法治轨道上推进国家治理体系和治理能力现代化。这在体育领域便体现为体育现代治理与体育法治建设。而为更好地从依法治体的角度来研讨两者之间的关系,2020年10月23日至25日,在西安体育学院成功召开的地方体育法学组织2020年联合学术年会(第九届环渤海体育法学论坛)便是以此为论坛主题。

联合学术年会与环渤海体育法学论坛,是一个会议两个名称。环渤海体育法学论坛创立于2012年,每年举办一届。经过多年发展,论坛发挥的作用和影响力早就突破了环渤海地区,已经成为国内稳定、有品牌影响力的体育法学学术交流平台,得到中国法学会主要领导同志的肯定和表扬。本次年会论坛是在中国法学会体育法学研究会指导和地方法学会的支持之下,由各地方法学会体育法学组织与西安体育学院联合主办,陕西(高校)哲学社会科学重点研究基地体育法学研究中心与陕西省法学会体育法学研究会筹备组合作承办。

体育总局政策法规司副司长、一级巡视员李志全,国家督学、陕西省政协常委、博士生导师董小龙,中共陕西省委教育工作委员会、陕西省教育厅一级巡视员朱征南,北京市法学会体育法学与奥林匹克法律事务研究会会长刘岩,中国法学会体育法学研究会常务副会长王小平和副会长马宏俊、李智、吴炜,时任西安体育学院院长朱元利、副院长谢英,以及陕西省法学会和其他各地方法学会体育法学组织的负责人等出席会议,来自 18 个省、自治区、直辖市相关高校、政府部门、科研机构、法律事务机构等 68 个单位的 160 余位体育法学学者、律师、行政部门与实务界人士参加会议,并进行了热烈讨论。论坛共有大会学术报告 30 篇、书面报告 1 篇。本次年会论坛的学术成果既有对体育法学前沿理论的深入探讨,也有对时下体育法律实践问题的精辟分析,其所关注的体育法学学术问题众多,所涉的议题包括学术界、实务界和舆论界在内的整个体育法学学术共同体最为关心的各类前沿与热点问题,体现了从实践到理论再到实践的缜密结合。

此次年会论坛在“体育现代治理与体育法治建设”主题之下,共设立 5 个专题,即中国体育法治化进程、运动员权利保护、兴奋剂与体育纠纷解决、赛事法律问题与体育法学发展、体育治理与地方体育改革,实际具体讨论了体育的法治、自治与善治,《体育法》修改讨论及新时代体育法学研究展望,运动员权利保障及体育社会团体的人权责任,反兴奋剂治理体系与“孙杨案”评析,地方体育改革与体育纠纷解决等具体问题。

首先,在对体育的法治、自治与善治的讨论中,上海政法学院谭小勇教授从体育法治内涵入手,对我国体育法治体系建设成就及当前存在的短板进行了分析,并提出我国体育法治体系建设的核心任务及相关建议;运城学院陈华荣教授则阐述了体医融合发展的协同治理路径;华北理工大学黄璐教授则从中国足协调整改革问题入手来说明体育协会自治相关问题;暨南大学宋雅馨老师则在竞争法视角下,对德国反不正当竞争执法机构审查《奥林匹克宪章》第40条一案进行了分析,该案实际体现了体育自治内在包含于国家法治;中国政法大学体育法学博士研究生张于杰圣则从中外不同的制度比较,以及西方体育自治的固有弊端和我国实现国家介入体育自治的历史性与现实性出发,深入论述了我国不应完全照搬西方体育自治的发展模式,而应立足于本国国情的需要,不再排斥国家介入体育自治,反而应通过国家介入的法定化来优化体育自治,实现体育自治的良善发展,并提出相应的具体实现路径;上海体育学院李键副教授则基于全民健身背景讨论了我国体育用品市场法律治理模式转型;陕西中医药大学霍丁鹏老师阐述了全运会的善治演进。

其次,在对《体育法》修改的讨论及新时代体育法学研究的展望中,山东大学姜世波教授认为要消除《体育法》的诸多弊端,需在立法观念上进行重大调整;苏州大学赵毅教授则结合《民法典》分析了《体育法》在未来修改中需考虑的问题;武汉大学法学院博士生朱麒瑞则认为,更应注重新时代体育强国建设对中国体育法研究产生的新需求;而中央财经大学马法超副教授则以对美国体育法学期刊的相关研究为基础,阐述了其对我国体育法学学术期刊的借鉴意义。

再次,在对运动员权利保障及体育社会团体人权责任的探讨中,北京华城律师事务所董双全律师以"辽足球员讨薪案"为出发点,分析了体育协会下设仲裁委员会的权力与性质;重庆当代力帆足球俱乐部法务总监吕伟也从运动员讨薪具体案例出发,分析了我国职业足球运动员在《劳动法》中的具体法律地位;上海市锦天城律师事务所高级合伙人郑建军律师则对运动员人格权进行了相关法律分析;安庆师范大学王飞副教授讨论了运动员形象权保护的相关问题;浙江杭天信律师事务所高级合伙人楼宇广分析了归化外籍球员的相关法律问题;天津大学于亮副教授则阐述了其对体育社团人权责任的研究。

复次,在对反兴奋剂治理体系与“孙杨案”的评析中,福州大学李智教授提出了对反兴奋剂治理体系仍存在的不公正、不合理现象的矫正措施与具体路径;北京市君泽君律师事务所高级合伙人刘驰律师分析了由国内不同主体对于承担反兴奋剂工作的单位有不同表述所引起的诸多负面后果及有效的应对方法;湘潭大学宋彬龄副教授则从对《世界反兴奋剂条例》第 2.3 条的法理分析出发,阐述了其对“孙杨案”的一些不同看法;湖南警察学院熊英灼副教授则讨论了兴奋剂案件中运动员过错抗辩负担的发展趋势;深圳大学王祯老师基于 2019 年 11 月 18 日最高人民法院发布的《关于审理走私、非法经营、非法使用兴奋剂刑事案件适用法律若干问题的解释》,对我国兴奋剂犯罪刑法规制的罪名问题进行了相应法理分析。

最后,关于地方体育改革与体育纠纷解决的问题,西安体育学院张恩利教授在此背景下,阐述了其对陕西省举办大型赛事法律环境问题的研究;西安体育学院张彩红教授则以陕西省为例,进行了地方体育协会实体化改革的研究;常州工学院白杨教授分析了地方性体育社团内部治理问题,并指出了相应破解路径;岭南师范学院韦志明教授从《民法典》出发,分析了目前学校体育伤害纠纷处理中存在的问题及相应解决方案;南京师范大学刘韵老师则阐述了国际体育仲裁中的法律援助问题及其对我国《体育法》修订的影响;上海邦信阳中建中汇律师事务所高级合伙人戎朝律师则以 PP 体育与英超解约为例,从比较法的角度分析了疫情是否构成不可抗力的问题。

总之,地方体育法学组织 2020 年联合学术年会(第九届环渤海体育法学论坛)既是 2020 年新冠肺炎疫情发生以来全国体育法学界首次举办的线下会议,也是2016年至2020年间规模最大的体育法学学术活动。此次环渤海体育法学论坛将主题集中于体育现代治理与体育法治建设,是在深刻学习理解习近平总书记在教育文化卫生体育领域专家代表座谈会的重要讲话精神的背景之下,坚持问题导向,聚焦体育法学重点领域和关键环节,推进我国体育治理现代化的法治进程,为丰富和发展中国体育法治理论贡献力量,为我国体育强国建设提供重要的理论支持和实践参考,进而不断开创我国体育事业发展的新局面。

2. "纪念《体育法》颁布25周年"学术研讨会

2020年8月29日,中国政法大学体育法研究所以"纪念《体育法》颁布25周年"为主题,举办线上学术研讨会。《体育法》颁布实施25年来,为规范和保障我国体育事业的改革与发展,加强体育法治建设发挥了重要作用,取得了显著效果,同时也显现出不能很好适应当下体育法治建设需要的一些问题。此次研讨会以《体育法》的修改为核心,为日后全面修法提供了重要的理论支持,将对我国体育法治建设和体育法学发展起到有力的推动作用。中国法学会体育法学研究会会长刘岩、常务副会长于善旭、副会长王小平出席研讨会,中国政法大学体育法研究所所长马宏俊教授主持研讨会。来自全国多个省、市的高校教师、律师、体育工作者,共70余人参加研讨会。研讨会围绕《体育法》的总则、全民健身、竞技体育、体育仲裁等八个专题展开。各位专家学者围绕研讨会主题,深入探讨了《体育法》修改中需要关注的问题,对未来《体育法》修改工作提出建议。《体育法》的修改是一项复杂的系统工作,涉及方方面面的问题,参加研讨的师生踊跃发言,针对发言内容与报告人进行了更为深入的交流。部分专家学者就《体育法》的整体修改理念、修改思路等一些带有宏观性和原则性的问题进行了分析和阐述,特别是对体育法的性质定位、立法取向、基本概念、基本制度等涉及理论基础方面的问题进行了有益的探讨。

第一,山东大学法学院姜世波教授就《体育法》总则部分的修改作了报告。姜世波教授指出修改后的《体育法》总则将有如下重大变化:①重构体育法的立法目的,可以将对公民参与体育活动权利的完整保障,促进全民健康,建设体育强国纳入体育法的立法目的。②将体育自治原则,特别是体育社会组织的自治原则作为体育法原则。③通过法条明示确立进行体育活动的平等参与、公平竞争、遵守规则、保障安全的原则,并进一步将其整合为体育活动应坚持的基本原则。④规定体育事业全面、协调、可持续发展,与其他产业融合发展的原则。⑤规定体育人才培养体系建设的方针,主要体现为体育教育中的问题。⑥在体育国际交流中增加"尊重国际体育规则和惯例"。南京师范大学汤卫东教授进行了相应点评,其对公民体育权利部分应当在《体育法》总则中体现表示支持,并进一步提出应在《体育法》中明晰"体育"的概念,并进一步确立专属《体育法》自身的基本原则。

第二,清华大学法学院田思源教授就《体育法》全民健身部分的修改作了报告。田思源教授认为应当同步修改《体育法》及其特别法《全民健身条例》,以完善我国的全民健身法律制度。南京体育学院闫成栋教授在支持田思源教授的制度设计理念的基础上,进一步提出自己的制度治理的框架体系。具体而言:首先,应当确立公民自主的健身权利,以限制和规范公共服务的走向;其次,需要进一步讨论法律应当调整的是全民健身的行为过程,还是其相应的健康结果,抑或兼具两者;再次,应当重新考虑"体育社会团体"章在整部法律中的位置;最后,应将社会组织共性内容放在总则部分。

第三,中国政法大学法学院张笑世教授就《体育法》学校体育部分的修改作了报告。张笑世教授认为:①《体育法》的修改应适当增加体育行政部门对学校体育工作的职责;②学校体育一章的名称存在问题,应当进一步讨论是使用"学校体育"还是使用"青少年体育",即哪一名称更为合适;③应在高考制度中适当增加体育考核的内容;④将课外体育活动、业余体育训练和体育竞赛分开表述更为适宜;⑤通过保险等,改善安全管理和运动伤害风险防控制度;⑥在各项具体措施中施行督导制度。中国政法大学王小平教授对此作出点评:应当进一步关注体育教师权益和学生体育权利的保障问题,同时对学校体育场馆设施向社会开放的问题作出回应。

第四,中国政法大学法学院姜涛副教授就《体育法》竞技体育部分的修改作了报告。他认为,应当从权力到权利——竞技体育治理思路的整体转变,从身份到契约——落实权利本位,从政府到市场——体育资源配置的模式转变以及其他一些技术性问题处理的内容出发,实现竞技体育的法治化。对此,首都体育学院韩勇教授点评道,应当进一步明确竞技体育的概念和内涵问题,同时解决与其他章节的衔接问题。另外,竞技体育部分还应规定竞技体育各主体间权利义务的关系。

第五,潍坊学院法学院朱文英教授就《体育法》体育产业部分的修改作了主题发言。她认为,首先,需要界定体育产业的范围,并注意体育无形资产问题,即需要为体育无形资产的保护而增加一个兜底条款,同时确定体育产业中政府与市场的界限。其次,要注意体育产业所涉具体条文设计的问题。最后,还要关注体育产业与体育事业的关系问题。吴炜律师对此进行点评,他认为,体育产业新形态的提出具有很强的前瞻性,非常有利于中国体育产业发展前景,同时修法过程中还需对税收、未成年人保护及体育金融等问题给予更多关注。

第六,苏州大学王健法学院郭树理教授对《体育法》体育仲裁部分的修改作了报告。郭树理教授认为,首先,需要通过《体育法》的修改,彻底解决《立法法》同《体育法》之间关于涉及体育仲裁的司法制度确定的法律矛盾问题。其次,我国也必须尽快通过修法、立法方式建立与国际接轨的体育仲裁机制,如果体育仲裁机制不能及时建立,那么我国运动员的合法权益无法得到保障,缺失救济途径。最后,其提出对兴奋剂的管辖问题、未来仲裁机构的管辖权问题、体育仲裁案件是否应当公开的问题以及司法机关对仲裁审查的相关问题,需要予以更多关注。福州大学法学院李智教授对此点评道,体育仲裁制度的建立可以借鉴现有的国际体育仲裁。同时,还应当考虑到,未来建立的体育仲裁制度与现有法律制度的兼容性问题。此外,在修改《体育法》过程中,还应体现其本身的根本性和独特性。

第七,北京工业大学体育部韩新君教授对《体育法》保障条件部分的修改作了报告。韩新君教授认为,一方面,本次《体育法》修改应将保障条件作为一个独立章节,包括行业保障与运行保障,并且要对相关问题进行深入的田野调查,以了解其背后完整的社会背景,从而保证修法的客观性与可行性。另一方面,《体育法》保障条件部分的修改主要关注七大领域,包括保障条件定位和主体范畴、政府购买公共体育服务以及经费来源、政府监管执法、体育场馆设施保障、学校保障、人员保障、兴奋剂保障。这些基本属于操作层面的问题,都是《体育法》修改过程中必须反映、回应的问题。运城学院政法系主任陈华荣教授对韩新君教授的报告进行了点评。陈华荣教授肯定了保障条件部分的重要性,但认为还需要考虑全民健身,体育主体的参与保障,并提出国家应当打造全民参与体育运动的良好环境。另外,除体育教师以外,社会体育指导者、体育监管人员的保障等因素都应考虑;财政方面,政府购买、体育彩票公益金要更好地投入到全民健身建设;体育场地、设施投入的范围如何在政策上开放等问题都需要关注。

第八,上海政法学院体育部主任、体育法治研究院院长谭小勇教授分享了《体育法》体育社会组织部分的报告。他认为本次《体育法》的修改是完善而不是重新起草,不能面面俱到,要分类分级,重点解决核心任务,即对体育组织相关自治问题的解决,主要包含明确国内体育组织的性质和职责、探索体育组织自我治理的基本规范、确认发展体育社会组织的政府责任三方面。山西大学初民学院院长石岩教授进行了点评,他认为:其一,体育社会团体一章的名称还需斟酌;其二,体育社会团体的法律性质已然明确,无须再过多讨论;其三,体育社会团体管理职权和处罚权的确在我国现有法律制度中存在矛盾和冲突,目前的修法工作对此没有很好地进行回应,希望在未来改革中能够更重视体育社会团体的积极作用。

总之,《体育法》的修改是一项复杂的系统工作,涉及方方面面的问题。部分专家学者就体育法的整体修改理念、修改思路等一些带有宏观性和原则性的问题进行了分析和阐述,特别是对体育法的性质定位、立法取向、基本概念、基本制度等涉及理论基础方面的问题进行了有益的探讨。马宏俊教授对本次研讨会作出总结,他指出,研讨会不但为体育法修改工作的启动打开了良好的局面,也进一步扩大了体育法学研究力量。与会人士普遍认为,社会对体育事业发展提出新的要求,修改完善《体育法》应顺应时代的发展,这是全面贯彻落实习近平总书记重要思想的必然要求,也是全面推进体育强国建设的重要保障,更是贯彻落实依法治国重大战略的具体体现。